我国数据要素交易市场构建研究

郭 妍 著

科学出版社

北 京

内 容 简 介

本书基于《中共中央 国务院关于构建数据基础制度更好发挥数据要素作用的意见》提出数据要素交易市场双核心环节理念，认为我国数据要素交易市场构建应该从数据要素估值环节、数据要素交易环节两个核心环节入手。在数据要素估值环节本书沿着"理论梳理—模型拓展—案例验证"的思路，在数据要素交易环节，本书从"交易主体—交易机制—交易企业绩效"三个方面进行研究，对我国数据要素交易市场构建中的瓶颈问题进行全面、系统的分析研究。

本书能够为政府相关部门制定政策提供参考意见，还能够为相关行业的企业家决策提供理论支持，同时也希望能够为有关专家的进一步研究提供参考。

图书在版编目(CIP)数据

我国数据要素交易市场构建研究 / 郭妍著. -- 北京：科学出版社，
2025. 6. -- ISBN 978-7-03-082768-5

Ⅰ. F492.3

中国国家版本馆 CIP 数据核字第 2025F427N0 号

责任编辑：郝　悦 / 责任校对：贾娜娜
责任印制：张　伟 / 封面设计：有道设计

科学出版社 出版
北京东黄城根北街 16 号
邮政编码：100717
http://www.sciencep.com

北京中石油彩色印刷有限责任公司印刷
科学出版社发行　各地新华书店经销
*
2025 年 6 月第 一 版　　开本：720×1000　1/16
2025 年 6 月第一次印刷　印张：17 3/4
字数：338 000
定价：188.00 元
（如有印装质量问题，我社负责调换）

国家社科基金后期资助项目
出版说明

　　后期资助项目是国家社科基金设立的一类重要项目,旨在鼓励广大社科研究者潜心治学,支持基础研究多出优秀成果。它是经过严格评审,从接近完成的科研成果中遴选立项的。为扩大后期资助项目的影响,更好地推动学术发展,促进成果转化,全国哲学社会科学工作办公室按照"统一设计、统一标识、统一版式、形成系列"的总体要求,组织出版国家社科基金后期资助项目成果。

全国哲学社会科学工作办公室

前　言

近年来，随着全球数字经济的蓬勃发展，数据量在飞速上升，其交易规模也在飞速扩大，据 2023 年 5 月赛迪顾问发布的《中国数据安全防护与治理市场研究报告（2023）》预测，2026 年中国数据生产量将居于世界首位。自 2017 年 12 月习近平总书记指出"要构建以数据为关键要素的数字经济"[①]以来，我国关于构建数据要素（data factor）市场化配置体制的纲领性文件纷纷出台；与此同时，我国数据市场历经十余年的发展，正处于亟须突破发展瓶颈、实现升级发展的关键阶段，由此，如何全面构建我国的数据要素市场成为亟待理论界和实务界解决的重大命题。

当前国内关于数据要素的研究方兴未艾，但还存在一些不足，其中，最首要的问题是：关于数据要素市场构建的全局性研究很少，尚未形成系统全面、包含数据要素从估值到交易各环节的完整研究，这样就难以从顶层设计方面为我国的数据市场建设提供指导。

本书基于相关文献，结合《中共中央　国务院关于构建数据基础制度更好发挥数据要素作用的意见》（俗称《数据二十条》），提出数据要素交易市场双核心环节理念，认为我国数据要素市场构建应该从数据要素估值环节、数据要素交易环节两个核心环节入手，在数据要素估值环节，沿着"理论梳理—模型拓展—案例验证"的思路研究，在数据要素交易环节，从"交易主体—交易机制—交易企业绩效"三个方面进行分析，对我国数据要素市场构建中的瓶颈问题进行全面、系统的分析研究，从而为宏观监管、中观发展、微观决策提供理论指导与实践借鉴。

全书在内容上分为四个部分。第一部分是导论和文献综述，对应第一章、第二章。第二章运用 CiteSpace 软件对国内外"数据要素"相关研究

---

① 《习近平：实施国家大数据战略加快建设数字中国》，https://qnzs.youth.cn/preview/qnzs/tsxq/201712/t20171210_11128349.htm[2024-11-21]。

成果进行的文献计量分析和可视化展示，有助于全面了解本主题研究的大致历程、热点问题、演进趋势，进而通过对重点文献进行回顾，厘清目前研究的不足，从而明确本书研究的出发点。第二部分是对数据要素估值环节的系统研究，对应第三章至第五章。数据要素具有虚拟性、非竞争性、规模报酬递增、正外部性等特点，导致传统的资产评估方法不再适用于其价值评估，但目前前沿的一些评估方法又鲜见使用，因此，本书做了一些尝试，具有一定的创新性和推广价值，有助于数据估值环节公允原则的实现。第三部分是对数据要素交易环节的研究，对应第六章至第九章。这部分综合运用了多种方法，分别对数据要素交易主体、交易机制、交易企业绩效进行分析，并有针对性地提出相应的策略。第四部分是补充部分，对应第十章和第十一章。这部分对我国数据要素市场构建相关的保障制度，如对数据要素确权制度等进行了探讨，并总结全书，提出研究不足与展望。

　　本书的研究意义和创新体现在以下几方面：第一，提出数据要素交易市场双核心环节理念，明确指出我国数据市场的构建应该在"公允估值""公开公平交易"的方针指导下，从数据要素估值、数据要素交易两个核心环节全面入手。第二，在数据要素估值环节，对原有的实物期权（real option）模型结合 DEVA（discounted equity valuation analysis，股票价值折现分析）模型进行了修正，形成拓展 B-S（Black-Scholes，布莱克-斯科尔斯）模型，并基于具体企业进行了案例分析，此外，还首次尝试用数据势能模型进行企业数据资产（data assets）价值评估，这些探索都具有创新性，并有推广价值。第三，在数据要素交易环节，沿着"交易主体—交易机制—交易企业绩效"的思路，结合新兴方法，对如何实现"公开、公平的数据交易"进行了系统研究。研究创新具体又体现在以下方面：①创造性地将社会网络分析（social network analysis，SNA）的思想和方法引入数据要素交易市场，用社会网络分析法描绘了我国数据要素交易场外市场的结构，对这种网络的整体结构、二元特征等进行了度量和描述，有助于从中微观的角度，对当前我国数据交易市场的现状进行把握。②对我国数据交易机制的核心问题——定价机制进行博弈分析，从宏观、中观、微观三个层面拓展现有的基于博弈论的数据定价模型，结合数据交易中的特有情境，使博弈论和信息经济学的基础理论与方法在崭新的情境下得以深化和丰富。③对产业组织理论中传统 SCP（structure-conduct-performance，结构-行为-绩效）假说进行拓展，提出数据交易市场中的"分层垄断竞争结构"，并进一步对市场力量假说（market power hypothesis，MPH）、效率结构（efficient structure，ES）假说、平静生活（quiet life，QL）假说在数据交易市场上的适用性进行实证检验，拓展了产业组织理论的研究。

　　本书克服了目前我国数据市场上研究资料少、定量数据少、典型案例少、公开信息少等困难，在有限的数据资料基础上，又通过调查访谈、手动收集、理论推演等方式尽可能地多渠道补充素材，尽最大可能让研究能够更深入、细致。但囿于现实条件和个人能力，本书仍不可避免地存在不足。作者真诚地期待各位专家和读者不吝指正，以此推进本书的完善。期待本书能够为政府相关部门制定政策提供参考意见，为相关行业的企业家决策提供理论支持，同时也希望本书能够抛砖引玉，成为有关专家进一步研究的参考读本。

目 录

第一章　导论 ··· 1
　　第一节　研究背景与意义 ·· 1
　　第二节　研究思路与研究内容 ·· 11
　　第三节　研究方法 ·· 13
　　第四节　研究创新 ·· 15
第二章　相关概念与文献回顾 ·· 17
　　第一节　数据要素及相关概念 ·· 17
　　第二节　数据要素文献计量分析 ··· 20
　　第三节　数据要素重要文献回顾 ··· 25
第三章　数据要素估值环节基本情况 ·· 35
　　第一节　数据要素估值环节基本问题 ·· 35
　　第二节　数据要素估值模型与方法 ·· 40
　　第三节　数据要素估值实践 ·· 53
　　第四节　数据要素估值环节小结 ··· 57
第四章　数据要素估值案例一：基于数据势能模型 ·························· 59
　　第一节　案例企业基本情况 ·· 59
　　第二节　医疗健康大数据的特征及案例企业估值难题 ···················· 63
　　第三节　数据势能模型的提出及其成果回顾 ································· 67
　　第四节　估值过程与结果 ·· 70
　　第五节　估值结果分析、评价及展望 ·· 75
第五章　数据要素估值案例二：基于拓展 B-S 模型 ·························· 79
　　第一节　案例企业基本情况 ·· 79
　　第二节　评估模型的选择与拓展 B-S 模型的构建 ·························· 94
　　第三节　估值过程与结果 ·· 100
　　第四节　估值结果分析与验证 ··· 106
　　第五节　结论与展望 ··· 112

第六章　数据要素交易环节基本情况 …… 116
   第一节　数据要素交易环节基本要素 …… 116
   第二节　数据要素交易理论研究现状 …… 122
   第三节　数据要素交易环节实践现状 …… 128

第七章　数据要素交易主体分析及其培育策略 …… 147
   第一节　场外交易的现实描绘与社会网络分析法相关文献回顾 …… 147
   第二节　场外交易网络的社会网络分析 …… 151
   第三节　场内交易模式下典型数据供应商分析 …… 160
   第四节　场内交易模式下典型数据交易平台分析 …… 168
   第五节　数据交易主体培育策略 …… 174

第八章　数据要素交易机制分析及其完善策略 …… 179
   第一节　数据交易定价机制文献述评 …… 179
   第二节　场外交易模式下基本定价模型的建立和求解 …… 181
   第三节　场外交易模式下博弈模型的拓展优化 …… 186
   第四节　博弈模型数值模拟仿真 …… 190
   第五节　场内交易模式下经纪人机制的完善 …… 196
   第六节　数据交易机制完善综合策略 …… 200

第九章　数据要素市场结构-绩效分析及绩效提升策略 …… 202
   第一节　问题提出与理论回顾 …… 202
   第二节　模型演变 …… 204
   第三节　实证文献回顾 …… 206
   第四节　实证模型设定 …… 209
   第五节　实证检验及结果分析 …… 213
   第六节　稳健性检验 …… 217
   第七节　结论与企业绩效提升策略 …… 223

第十章　数据要素市场的保障制度构建 …… 226
   第一节　数据要素确权制度 …… 226
   第二节　数据产权登记制度 …… 235
   第三节　数据要素市场监管制度 …… 237
   第四节　数据要素治理体系 …… 243

第十一章　研究结论与展望 …… 247
   第一节　研究结论 …… 247
   第二节　不足与展望 …… 251

参考文献 …… 253
附录 …… 267

第一章　导　　论

本章为全书导论，在阐明研究的现实背景与理论背景、研究意义的基础上，对研究思路与内容进行了梳理，并说明了研究方法及创新之处。

第一节　研究背景与意义

一、现实背景

（一）数据市场的发展

近年来，随着全球数字经济的蓬勃发展，数据生产量在飞速上升，其交易规模也在飞速扩大。互联网数据中心（Internet Data Center，IDC）发布的《数据时代2025》显示，全球数据总规模从2015年的15.5ZB增加到2020年的60ZB，预计2025年将达到175ZB；而中国2018年产生了7.6ZB的数据，到2025年将达到48.6ZB，数据生产量成为世界第一。

另据《2023年中国数据交易市场研究分析报告》，2022年全球数据交易额达到906亿美元，预测2025年交易额可能增长到1445亿美元，2030年有望达到3011亿美元；2022年中国数据交易额约为876.8亿元，预计2030年可增长到5155.9亿元。

（二）我国数据市场相关政策

鉴于数据的流通交易对数字经济发展的重要性，各国政府都越来越重视数据市场的发展，我国也出台了一系列政策推动数据市场的建设。

2014年，大数据第一次被写进政府工作报告，树立了我国要在大数据方面赶超先进、引领未来产业发展的目标。

2017年12月，习近平总书记主持中共中央政治局就实施国家大数据战略进行第二次集体学习时指出,"要构建以数据为关键要素的数字经济"。

2019年10月,党的十九届四中全会会议决定"健全劳动、资本、土地、知识、技术、管理、数据等生产要素由市场评价贡献、按贡献决定报酬的机制"[①],这是首次在官方文件中提出"数据要素"的概念。

2020年4月,《中共中央 国务院关于构建更加完善的要素市场化配置体制机制的意见》提出"加快培育数据要素市场"的指导意见。

2021年3月,第十三届全国人民代表大会第四次会议通过了《中华人民共和国国民经济和社会发展第十四个五年规划和2035年远景目标纲要》,提出建立健全数据要素市场规则,建立健全数据产权交易和行业自律机制,培育规范的数据交易平台和市场主体,发展数据资产评估、登记结算、交易撮合、争议仲裁等市场运营体系。

2022年3月,《中共中央 国务院关于加快建设全国统一大市场的意见》再次强调未来须加快培育统一的技术和数据市场,加快培育数据要素市场。

2022年12月,《数据二十条》对外发布。从六大方面阐述了二十条指引,具体包括总体要求,建立保障权益、合规使用的数据产权制度,建立合规高效、场内外结合的数据要素流通和交易制度,建立体现效率、促进公平的数据要素收益分配制度,建立安全可控、弹性包容的数据要素治理制度,保障措施六大方面,是迄今为止最为系统全面的关于数据市场建设的国家级专项政策文件。

(三)国内数据市场发展历程

在宏观层面的政策推动和中微观层面企业的努力之下,我国数据市场的发展大致经历了以下三个阶段。

1. 萌芽发展阶段(2014年以前)

随着数字经济的发展,数据产量逐渐增加,出现了初具雏形的数据产品和数据交易,但这一阶段由于缺乏相应的法律法规、配套政策,数据交易多通过非正式渠道交易,处于法律的灰色地带,存在不少数据泄露、侵犯个人隐私权的现象。

2014年,大数据首次被写入政府工作报告,当年被称为中国的"大数据元年",2月成立的中关村数海大数据交易平台和12月成立的北京大数据交易服务平台是这一阶段的标志性事件。

---

① 《中共中央关于坚持和完善中国特色社会主义制度 推进国家治理体系和治理能力现代化若干重大问题的决定》,https://www.gov.cn/zhengce/2019-11/05/content_5449023.htm[2025-03-24]。

2. 快速增长阶段（2015~2018年）

在这一阶段，政府开始通过建立区域性或全国性数据交易平台来促进、规范数据市场的发展，同时，大型互联网企业和数据服务商的场外交易也蓬勃发展。在场内市场方面，2015年贵阳大数据交易所挂牌是这一阶段的标志性事件，以此为开端，各地的数据交易平台大量涌现，到2018年底，这一阶段数据交易平台新增21家。

另外，场外市场则形成了少数大型互联网企业和数量较多的中小数据服务商并存的格局。

3. 升级发展阶段（2019年以后）

2019年10月，党的十九届四中全会会议首次在官方文件中提出"数据要素"的概念，以此为标志，我国的数据市场迎来了新的发展阶段。

这一阶段的场内市场建设进入了"数据交易所2.0时代"，试图破解前一阶段数据交易机构发展过程中所存在的问题，新增数据交易所十余家，其中"北京国际大数据交易所"和"上海数据交易所"具有典型代表性。

（四）国内数据市场发展现实困境

综合二十余年来我国数据市场的发展，我们认为：数据要素要充分发挥其在价值创造中的作用，首先要基于公允原则对其合理估值，其次要在公开、公正的环境下，让它自由流动、充分交易，但聚焦到数据要素的估值和交易，我国目前还存在不少问题。

1. 数据尚无法确定公允价值

数据要素价值评估问题近年来是理论研究的热点，产生了一些新的模型和方法，但在实践中，却难以贯彻施行。2019年12月中国资产评估协会发布的《资产评估专家指引第9号——数据资产评估》，中国信息通信研究院发布的《数据资产管理实践白皮书（4.0版）》，均认为数据作为生产要素，具有给企业带来价值增值的特性，但数据要素（或"数据产品""数据资产"）的价值如何评估，理论界莫衷一是，落实到操作上，实务界也无从下手，传统的成本法、市场法、收益法显然已经不适用于数据这种特殊要素的估值，学者提出了数据势能模型、B-S实物期权模型、神经网络模型等新兴的方法，但新方法目前因为适用条件、参数设定等细节上缺乏统一标准，导致评估结果往往差异很大。并且，公允价值形成的基础条件是公开、活跃的交易，而目前我国数据交易环节也存在很多问题，使得数据要素更加难以确定公允价值。

2. 数据交易量与海量的数据产量相比明显不足

表 1-1 显示了近年来全球最大的五个数据市场的交易值及其增长状况，从中可以看出，我国的数据交易增长率在 2018~2021 年一直位列第一，并且自 2017 年以来数据交易值就排名世界第二，但直到 2021 年，数据市场交易值仍与排名第一的美国有很大的差距[①]，并且相比于我国巨大的数据生产量，交易值严重不足。

表 1-1 2017~2021 年全球最大五个数据市场状况一览表

国家	2017年 交易值/亿美元	2018年 交易值/亿美元	2018年 增长率	2019年 交易值/亿美元	2019年 增长率	2020年 交易值/亿美元	2020年 增长率	2021年 交易值/亿美元	2021年 增长率
美国	123	166	35.0%	212	27.7%	247	16.5%	306	23.9%
中国	17	28	64.7%	41	46.4%	54	31.7%	73	35.1%
英国	14.73	21.50	46.0%	26.80	24.7%	30.64	14.3%	35.87	17.1%
加拿大	4.53	5.88	29.8%	7.69	30.8%	9.25	20.3%	12.1	30.8%
法国	3.79	5.52	45.6%	7.43	34.6%	9.12	22.7%	11.53	26.4%

资料来源：《全球数据市场规模 2017—2021》

3. 数据市场头部企业的"数据自留"是数据交易不足的重要原因

经过多年发展，我国数字经济领域已经形成了"分层式垄断竞争结构"（苏治等，2018），即数字经济头部企业在核心业务市场形成了高度的垄断，而在低附加值的衍生业务领域，则有大量的中小型企业进行着激烈的竞争。具体到数据交易市场上，处于垄断中心地位的"数据资源类"企业和处于边缘地位、竞争激烈的"数据应用类"企业之间，也形成了"分层式垄断竞争结构"。

这种结构的效率及福利效应尚待进一步的研究，但数据市场头部企业凭借其垄断地位，对主要产生于互联网平台的大量用户数据"自留自用"（如在"阿里系""腾讯系"内部企业间自用），是目前我国总体数据交易不足的重要原因。

4. 规范的场内交易在全部数据交易中占比过小

据南都大数据研究院估计，2020 年，我国数据要素市场规模为 545 亿

---

① 另外，据《2023 年中国数据交易市场研究分析报告》数据，2022 年美国数据交易市场的交易额约为 417 亿美元，仍是全球数据交易市场规模最大的国家，2022 年中国数据交易市场的交易额为 876.8 亿元，约为 123 亿美元，与美国仍有差距。

元，2021年数据要素市场规模约为815亿元，但当前规范的场内交易占比不足5%。另据王青兰和王喆（2023）估算，2022年深圳数据交易所、广州数据交易所、贵阳大数据交易所、福建大数据交易所、上海数据交易所、郑州数据交易中心的交易总金额为24.32亿元，如果以总交易额876.8亿元计，则主要数据交易所的场内交易占比仅为2.8%。此外，据2022年上海数据交易所研究院的《金融业数据流通交易市场研究报告》，数据要素市场发展较为成熟的金融行业2017年至2021年来采购项目数量的复合年均增长率达到40%，年交易量在百亿元级别，但几乎都为场外采购。

5. 现有大数据交易平台并未实现促进数据交易的初衷

现阶段我国数据交易以场外模式为主，这种模式虽然能满足企业定向采购数据的需求，但由于存在信息不对称，很难形成供需关系指导下的市场调节机制，无法实现大规模的数据要素市场化配置。

为促进大数据的交易，大数据交易所/平台相继成立，表1-2显示了2014年至2023年，国内先后成立的政府主导型的数据交易机构的简况。

表1-2 我国政府主导型交易所/平台基本情况

序号	名称	成立时间
1	中关村数海大数据交易平台	2014.2
2	北京大数据交易服务平台	2014.12
3	贵阳大数据交易所	2015.4
4	武汉长江大数据交易中心	2015.7
5	武汉东湖大数据交易中心	2015.7
6	西咸新区大数据交易所	2016.4
7	华东江苏大数据交易中心	2015.11
8	华中大数据交易所	2015.11
9	河北大数据交易中心	2015.12
10	哈尔滨数据交易中心	2015.2
11	上海数据交易中心	2016.4
12	杭州钱塘大数据交易中心	2015.12
13	浙江大数据交易中心	2016.5
14	深圳南方大数据交易中心	2016.12
15	中原大数据交易平台	2017.2
16	青岛大数据交易中心	2017.4
17	山东省新动能大数据交易中心	2017.6

续表

序号	名称	成立时间
18	山东省先行大数据交易中心	2017.6
19	河北大数据交易中心	2015.12
20	吉林省东北亚大数据交易服务中心	2018.1
21	山东数据交易有限公司	2020.1
22	山西数据交易服务平台	2020.7
23	北部湾大数据交易中心	2020.8
24	北京国际大数据交易所	2021.3
25	上海数据交易所	2021.11
26	北方大数据交易中心	2021.11
27	西部数据交易中心	2021.12
28	福建大数据交易所	2022.7
29	湖南大数据交易所	2022.3
30	广州数据交易所	2022.9
31	深圳数据交易所	2022.12
32	长春数据交易中心	2023.8

注：此处删去十余家已停止运营的平台，仅保留目前还处于存续状态的数据交易平台。中关村数海大数据交易平台虽然已经停运，但因为其是国内首家大数据交易平台，具有里程碑意义；北京大数据交易服务平台虽然目前已注销，但作为"北京国际大数据交易所"的前身，故两者予以保留。

但是，经过多年的探索，大部分交易机构的发展始终未达到预期效果：①机构数量有所下降。近十年来政府主导型交易平台的总数最多达到四十余家，但十余家已停止运营。②业务范围窄、功能较单一。目前交易平台的业务大多仅限于撮合交易，确权估值、交付清算、数据管理、数据咨询等增值业务未能落地。③经营业绩不佳。前文列出不同机构和学者的估算结果显示，通过交易所进行的数据交易额总体上在全部交易额中占比在5%左右，整体上场内交易成交量低迷。虽然2019年之后"数据交易所2.0时代"解决了之前的一些问题，但总体来说，和预期差距仍然很大。

6. 数据交易定价方法无法有效促进数据交易

表1-3显示了国内外部分数据交易平台/交易所的定价策略，从中看出，目前大多数数据交易平台的定价方法无法实现智能化、自动化定价的目标，导致交易效率低，无法高效实现智能匹配。此外，存在信息不对称、第三方非法套利的情况，再加上大数据与传统的实物产品不同，其极易被复制、转卖，从而产生较高的外部性，使得传统定价方法不适用于数据定价，而

数据平台又无法开发出高效的新定价机制，从而使数据交易特别是场内交易长期低迷。

表 1-3　国内外部分数据交易平台/交易所的定价策略

定价类别	定价方式	数据交易平台/交易所
静态定价	固定定价	Quandl、Azure、Oracle（甲骨文）、Data plaza
	差别定价	Factual
动态定价	自动计价	浙江大数据交易中心、贵阳大数据交易所
	协商定价	武汉长江大数据交易中心、上海数据交易中心、华中大数据交易所、贵阳大数据交易所、浙江大数据交易中心
	拍卖式定价	上海数据交易中心

资料来源：中国信息通信研究院

以上问题是我国目前整个数据要素市场的瓶颈，导致数据难以确定公允价值、公开交易严重不足、交易的公平性和效率均不高。因此，如何突破瓶颈，激活数据的估值和交易市场，加速数据的顺畅流动，进而让数据要素充分发挥其价值创造的能力，是亟待解决的现实问题。

二、理论背景

在我国，"数据要素"这一概念是在党的十九届四中全会《中共中央关于坚持和完善中国特色社会主义制度 推进国家治理体系和治理能力现代化若干重大问题的决定》之后，从"信息资产"（information assets）、"数字资产"（digital assets）、"数据资产"等相关概念的基础上发展而来的，近几年来相关理论研究逐渐成为热点问题，而其中的核心研究命题即为"数据要素市场的构建"问题，目前国内关于数据要素市场构建的观点，主要有以下几种。

（一）构建全国统一的数据要素市场

陈兵和赵秉元（2021）对我国统一数据要素市场的构想是"管理集中"和"运营分散"："管理集中"是指整合现在分散的数据交易中心和平台，设立全国性的数据交易所；"运营分散"则是将数据交易中心的功能分为登记、评估、定价、撮合、结算等多个子系统，将各子系统在东西部地区均衡分布、分散运营。

（二）构建二级数据资产市场

陆岷峰和欧阳文杰（2021）类比股票市场的框架，提出建立二级数据资产市场的主张，其中一级市场的主要功能是估值，二级市场的功能是交易和定价。

（三）构建数据要素三级市场体系

从2020年国家发展改革委等多部委发布的《关于加快构建全国一体化大数据中心协同创新体系的指导意见》和2021年国务院《关于印发"十四五"数字经济发展规划的通知》可以看出：政府关于数据要素市场的设计主要包括"大数据资源中心—数据交易平台—数据资产化服务"三个层面：一是构建算力、算法、数据、应用资源协同的全国一体化大数据中心体系，形成"数网"、"数纽"、"数链"、"数脑"和"数盾"体系；二是培育具有数据登记结算、价值评估、交易撮合、争议仲裁等多种功能的综合交易平台，探索多样化交易模式；三是在金融、健康、电力等重点领域，探索数据资产化服务。

陆志鹏（2021）也提出了构建数据要素"资源—元件—产品"三级市场的设想。这个三级市场的基础是数据资源市场，主要进行数据的归集、清洗、治理、元件开发，将数据资源转化为数据元件，形成数据元件市场；数据元件市场的主要功能是数据的流通和定价；数据产品市场则连接数据产品的供需双方，以点对点方式完成数据产品及服务的最终交易。

（四）构建多层次数据市场

欧阳日辉（2022）提出建设多层次数据要素市场体系，具体包括：全国性市场与区域性市场、场内市场与场外市场、一级数据开发市场与二级数据交易市场、综合市场与专业市场、数据要素跨境市场等多个层次。

综合以上观点，作者认为：上述观点都有可借鉴之处，但统一数据要素市场的观点过于笼统，缺乏实际操作性；数据要素三级市场体系的观点稍显庞杂，较难进行理论分析；多层次数据市场的观点其实是由多种分类方法下的各个子市场集合而成，而不同的分类方法导致子市场各概念之间有交叉、重叠，也不利于用一个统一的框架进行分析；相对而言，二级数据资产市场的观点较好地把握了数据要素市场的两个关键问题——估值和交易，抓住这两个关键，数据要素市场的研究就可以纲举目张。

但是，对于二级数据资产市场这一提法，作者认为略有不妥：因为实际当中并不存在估值市场，即并非存在一个专供估值的场所（无论这个场所是现实的还是虚拟的），估值在整个数据要素的交易中，更多的是作为一个交易环节的预备环节存在，即估值环节是为后续的交易环节做准备，交易环节是估值环节的价值实现，两个环节共同构成数据要素市场。

因此，作者对陆岷峰和欧阳文杰（2021）构建二级数据资产市场的观点进行了修正，构建了本书的研究框架：①我国数据要素市场的构建，应该抓住估值环节和交易环节两个核心环节，两个环节互为依托、相互联动，以实现数据要素的合理估值、充分流动；②估值环节是基础，起到数据要素价值评估的基本作用，在这一环节，企业或个人生产的数据及其相关服务得到价值评估，评估过程应力求公允，为下一步进入交易环节做准备；③交易环节是目的，起到数据要素价值实现的作用，在这一环节，企业或个人以直接交易或通过中介平台间接交易的方式，力图使数据要素进行"公开、公平"交易，从而使要素通畅流动，发挥其在生产中价值增值的作用；④将交易环节的具体交易价格，再反馈回估值环节，供下一轮估值参考，如此往复，逐步实现要素价格向其价值精准靠拢。

进一步地，通过回顾文献发现，具体到数据要素估值环节，虽然个别文献介绍了一些新兴、前沿的数据估值模型与方法，但目前运用这些方法进行的实际研究很少，甚至一些方法和模型仅停留在理论层面，完全没有实际运用；而在数据要素交易环节，也存在定性研究多，定量研究少，理论分析多，实证研究少的问题。

基于以上理论研究背景，作者认为：全面、系统、深入研究如何构建数据要素市场具有重要性和紧迫性，其有助于从顶层设计方面为我国数据市场建设提供指导。因此，本书试图从微观上进行分析、从环节上进行梳理、从机制上进行把握，以此分析如何实现估值环节的公允原则和交易环节的"公开、公平"原则，对我国数据要素市场构建问题进行细致、深入、全面的阐述。

三、研究意义

本书的现实意义体现在以下几方面。

第一，明确提出我国数据市场的构建应该在"公允估值""公开公平交易"的方针指导下，从数据要素估值环节、交易环节两个核心环节全面入手，为数据市场特别是数据交易市场的构建提供了总体思路。

第二，在数据要素估值环节，系统梳理了前沿的数据要素估值理论、模型与方法后，结合具体案例企业，分别用新兴的数据势能模型和拓展 B-S

模型做了理论和实践的探索，两个典型估值案例有推广价值，对实现数据的"公允估值"有指导意义。

第三，在数据要素交易环节，从交易主体、交易机制、交易企业绩效等各方面，对如何实现"公开、公平数据交易"进行了系统研究。研究意义具体又体现在以下三个方面。

（1）用社会网络分析法描绘了我国数据市场场外交易的现状，有助于把握现实情况。本书克服了场外交易不公开、不透明对研究造成的困难，创造性地将企业之间的数据要素交易视为网络，手动收集数据，对这种网络的整体结构、网络特征进行了度量和描画，深入到以往研究未能到达的层面，有助于从中微观的角度，对当前我国数据交易场外市场的现状进行把握。

（2）对造成我国数据交易市场瓶颈的核心问题——定价问题进行博弈分析，从短期、中期、长期三个层面提出解决方案，并对博弈推演的结果进行仿真模拟，力图突破现实的瓶颈，解决定价机制问题。

（3）综合产业组织理论及相关实证模型，研究了"分层垄断竞争"市场结构下，数据交易市场结构-绩效的关系及其内在机理，分析了交易市场企业绩效差异及其原因，便于从微观上提高数据市场主体的绩效。

本书的理论意义则体现在以下五个方面。

第一，首次尝试用数据势能模型对企业数据价值进行评估，这一探索具有创新性，并有推广价值。

第二，对原有的实物期权模型结合 DEVA 模型进行了修正，形成拓展 B-S 模型，并对该模型的适用性进行了验证。

第三，创造性地将社会网络分析的思想和方法引入数据交易场外市场，将其中的现实问题映射成对应的社会网络分析的研究命题，从中提取、抽象出对应的科学问题，并运用社会网络分析对数据交易网络进行指标测度、结构刻画，拓展和丰富了社会网络分析的相关理论。

第四，从宏观、中观、微观三个层面拓展现有的基于博弈论的数据定价模型，结合数据交易中的特有情境，使博弈论和信息经济学的基础理论与方法在崭新的情境下得以深化和丰富。

第五，对产业组织理论中传统 SCP 假说进行拓展，指出数据交易市场中的"分层垄断竞争结构"，并进一步对市场力量假说、效率结构假说等在数据交易市场上的适用性进行实证检验，丰富了产业组织理论的研究。

第二节 研究思路与研究内容

本节先对研究的"数据"范围进行界定。国家工业信息安全发展研究中心、北京大学光华管理学院、上海数据交易所等联合发布的《中国数据要素市场发展报告（2021—2022）》认为：按照数据产生主体的不同，数据可以划分为公共数据、企业数据、个人数据三类。鉴于公共数据的交易通常为免费授权使用，而个人数据过于分散且只有通过企业购买等方式才能体现出其经济价值等原因，本书主要研究对象为企业数据。但由于上述三类数据之间在一定条件下可以转化，如个人数据和公共数据通过出售、授权使用等方式，可能成为企业数据，给其带来经济价值，故在个别章节，偶尔会出现上述三类数据的重叠、交叉。

本书的总体思路是——从数据要素估值环节、交易环节两个核心环节全面入手构建数据要素市场：在数据要素估值环节，沿着"理论梳理—模型拓展—案例验证"的思路进行；在数据要素交易环节，从"交易主体—交易机制—交易企业绩效"三个方面进行，对我国数据要素市场构建中的瓶颈问题进行全面、系统的分析研究，从而为其宏观监管、中观发展、微观决策提供理论指导与实践借鉴。具体思路如图1-1所示。

根据上述思路，本书具体内容阐述如下。

第一章为导论，就本书的研究背景与意义、研究思路与研究内容、研究方法、研究创新等进行阐述。

第二章相关概念与文献回顾。本章首先对核心概念"数据要素"及相关概念"数据资产"等进行了辨析；其次运用 CiteSpace 软件对国内外相关研究成果进行文献计量分析和可视化展示，全面了解该主题研究的大致历程、热点问题、演进趋势；最后通过对重要文献进行回顾，厘清目前研究的不足，从而明确本书的出发点及创新之处。

第三章、第四章、第五章对数据估值环节进行系统研究。

其中第三章数据要素估值环节基本情况主要对新兴的数据要素估值理论、模型与方法进行系统梳理，并对我国数据要素估值实践进行分析总结，发现目前研究的不足。

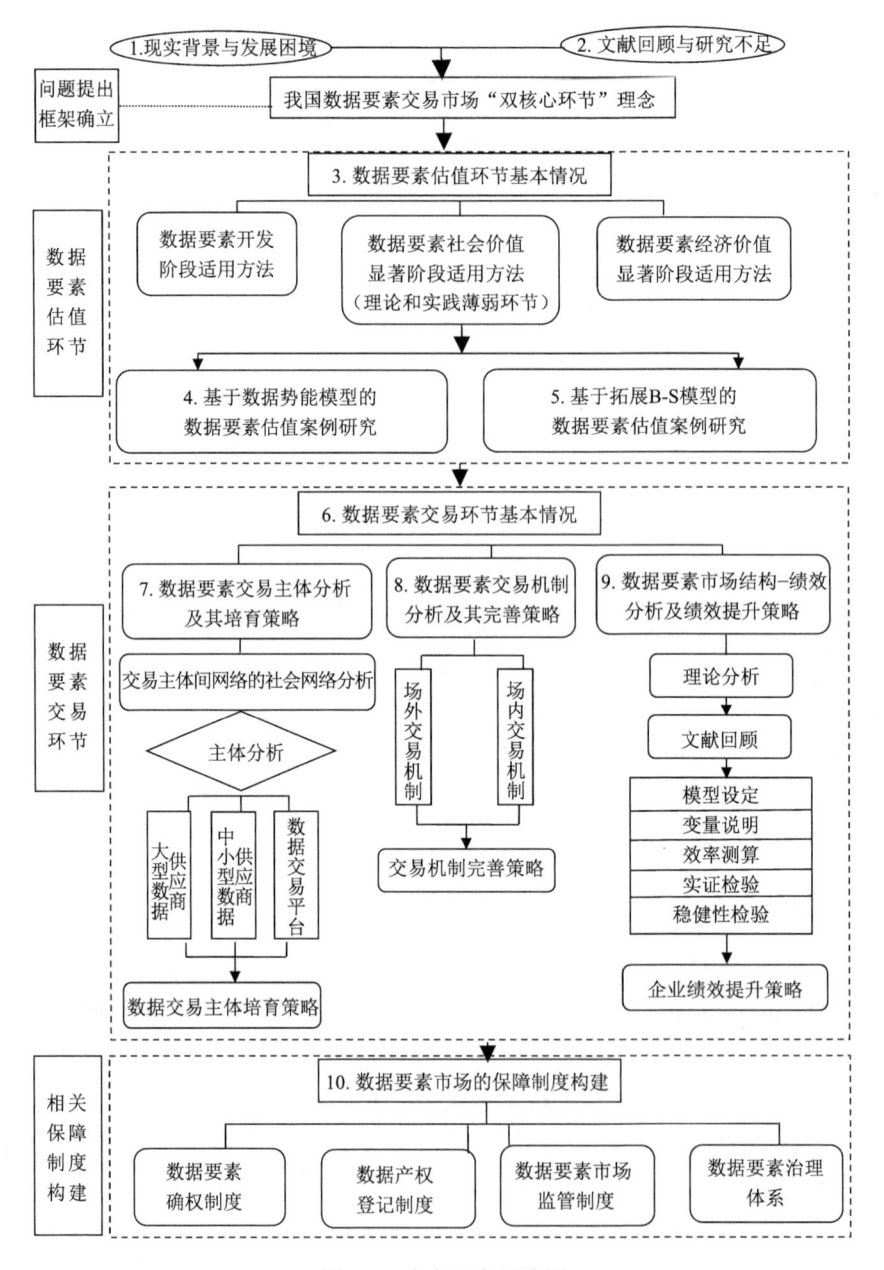

图 1-1 本书研究思路图

第四章、第五章分别结合具体企业，探讨数据要素的估值问题。由于数据要素具有虚拟性、非竞争性、规模报酬递增、正外部性等特点，传统的资产评估方法，如成本法、市场法、收益法等不再适用于其价值评估，但目前前沿的一些评估方法又鲜见使用，因此，本书做了一些尝试，如针对数据势能尚未转化为数据动能，数据社会价值大于其经济价值的企业，第四章首次尝试用数据势能模型进行企业数据资产价值评估；第五章则首先对原有的实物期权模型结合DEVA模型进行了修正，形成拓展B-S模型，并基于具体企业进行了案例分析，上述两个典型估值案例有推广价值，有助于实现数据估值公允原则的实现。

第六章至第九章对数据要素交易环节进行系统研究。

其中第六章数据要素交易环节基本情况首先对数据要素交易环节的基本要素，如交易原则、交易客体、交易主体、交易模式、交易机制等进行了梳理和界定，其次对国内外数据要素交易的理论研究现状和实践现状进行了全面的分析。

第七章为数据要素交易主体分析及其培育策略。在这一章里，沿用了第六章对交易模式的分类方法，将数据交易区分为场外交易和场内交易，首先分析场外交易模式下形成的社会网络及其特征；其次以典型企业为例，分别对大型数据供应商、中小型数据供应商、数据交易平台等多种交易主体进行分析，全面了解其现状及发展瓶颈；最后，提出我国数据要素交易主体培育的相应策略。

第八章为数据要素交易机制分析及其完善策略。本章在场外交易模式下，通过博弈分析重点研究数据交易的定价机制；在场内交易模式下，重点分析近年来开始试行的经纪人机制；最后根据理论分析，提出完善数据交易机制的综合策略。

第九章数据要素市场结构-绩效分析及绩效提升策略。本章综合产业组织理论及相关实证模型，研究了"分层垄断竞争"市场结构下，数据交易市场结构-企业绩效的关系及其内在机理，分析了交易市场企业绩效差异及其原因，针对性地从宏观、中观、微观三个层面提出了提升我国数据市场企业绩效的对策建议。

此外，第十章为数据要素市场的保障制度构建。本章对我国数据要素市场构建的相关保障制度——数据要素确权制度、数据产权登记制度、数据要素市场监管制度、数据要素治理体系构建等进行了探讨。

最后，第十一章是全书的研究结论、不足与展望。

第三节 研究方法

本书在研究中综合运用了以下研究方法。

一、案例研究法

案例研究法是经济管理领域常用的研究方法，本书将在广泛收集整理第一手的访谈资料和第二手文献资料的基础上，结合价值评估的模型与方法，对典型案例进行研究，并将所得经验等进行推广。

二、社会网络分析法

社会网络分析法是由社会学家根据数学方法发展起来的定量研究方法，其以社会主体通过行动联结而成的网络关系为研究对象，对网络关系的结构及演化进行研究，成为目前区域经济、世界政治和经济体系、国际贸易等多领域研究的前沿手段。本书拟对企业间数据交易形成的社会网络进行定量刻画，对其整体特征、聚类特征进行细致的研究。

三、博弈分析法

数据要素交易机制分析及其完善策略部分，需要用到博弈论的理论与方法。本书构建了三阶段 Rubinstein（鲁宾斯坦）讨价还价模型并进行了求解，在探讨博弈均衡结果的外部影响因素基础上，从三个层面提出降低外部性影响的模型拓展思路，再进行仿真模拟。

四、数据包络分析方法

数据包络分析（data envelopment analysis，DEA）方法是一种线性规划方法，它适用于处理具有多个投入和多个产出的多目标决策问题，可以对具有可比性的决策单位或决策方案的有效性进行相对评价。它作为运筹学和管理科学的交叉方法，已被广泛应用于不同行业，在处理多指标投入和多指标产出方面，具有独特的优势。本书在"数据要素市场结构-绩效分析"部分将运用该方法测定大数据企业的各项效率值。

五、计量经济学方法

在数据要素市场结构-绩效分析部分，将用到基于面板数据的多元线性回归方法，用一组模型检验市场力量假说、效率结构假说和平静生活假说。

总之，力求在方法上做到：①现实分析与理论研究相结合；②资料分析与实地调研相结合；③定性研究与定量研究相结合；④事实分析与逻辑分析相结合。

第四节 研究创新

本书在研究框架、研究方法、研究内容上都具有一定的创新,具体如下。

一、研究框架的创新

2019年党的十九届四中全会会议《中共中央关于坚持和完善中国特色社会主义制度 推进国家治理体系和治理能力现代化若干重大问题的决定》中,首次明确提出"数据要素"的概念,其与以往研究中的"数据产品"或"数据服务"有联系,又有不同。目前对我国数据要素市场构建问题的研究虽有一定的成果,但缺少定量、系统、深入的研究。

本书从系统的视角出发,抓住数据要素估值环节和数据要素交易环节两个核心环节,构建我国数据要素市场问题分析的框架,对其发展中的瓶颈问题进行全面深入剖析,以期达到纲举目张的效果:在数据要素估值环节,遵循"理论梳理—模型拓展—案例验证"的思路,在数据要素交易环节,从"交易主体—交易机制—交易企业绩效"三个方面,对我国数据要素市场构建中的瓶颈问题进行分析研究,弥补了现有成果的短板。

二、研究方法的创新

(一)运用新兴模型对数据要素价值进行评估

数据要素因其不同于传统实物产品的特点,在其价值评估上具有特殊性,传统估值方法已不适用于数据要素价值评估,但新兴的一些方法又往往停留在理论层面,缺少实际运用。

针对这一现状,本书首次尝试用新兴的数据势能模型对企业数据资产价值进行评估(以往个别研究是对公共数据价值的评估),此外,还大胆尝试、修正拓展了实物期权模型,形成拓展B-S模型,并基于具体企业进行了案例分析,这些探索都具有创新性和推广价值。

(二)借用社会网络分析法研究数据交易

目前我国数据市场的交易以场外交易为主,由于场外交易的资料不公开、不透明,难以进行定量、深入的研究。本书创造性地将企业之间的数据要素交易视为网络,将社会网络分析的思想和方法引入数据交易市场,将市场中的现实问题映射成为对应的社会网络分析的研究命题,从中提取、抽象出对应的科学问题,通过手动收集数据,基于社会网络分析方法对数据交易网络进行结构刻画、指标测度，对其整体结构、聚类特征等进行深入分析，丰富了社会网络分析方法的应用领域。

三、研究内容的创新

（一）构建博弈模型对数据交易定价问题进行理论推演与仿真模拟

目前国内对数据交易的核心问题——定价问题的研究不多，特别是在具有价值发现意义的基于博弈论的数据定价模型方面，成果很少，且研究尚未将数据要素的独有特点纳入考量，即与传统实物产品不同，数据容易被复制和转卖而产生较高的外部性，由此导致谈判失败的概率明显提高，且增加了成交价格提升的可能——这也是国内数据市场不活跃、交易定价难以增加的内在原因。

为了明确数据交易中价格发现的过程，本书构建了三阶段 Rubinstein 讨价还价模型并进行理论推演，然后在探讨博弈均衡结果的外部影响因素基础上，从宏观政策、中观行业联盟、微观技术手段三个方面，短期、中期、长期三个时段，提出降低外部性影响的模型拓展思路并求解，最后进行仿真模拟。既从理论方面解释了国内数据市场不活跃、交易定价难以形成的内在原因，又探索了三种外部性问题解决方法及其对均衡报价和交易成功率的作用，为进一步优化数据交易定价制度提供了更为直观的参考。

（二）运用产业组织理论模型研究数据交易市场绩效问题

近年来，数据交易市场上出现了"高度垄断"与"激烈竞争"并存的市场结构：一方面，数字巨头凭借先入优势使各自领域内市场份额高度集中；另一方面，中小型数字经济企业大量进入市场加入激烈的竞争——高度集中的市场结构说明行业存在垄断或垄断趋势，而大量企业进入与退出，又说明行业是一个可竞争市场。

那么，这种市场结构是否导致了"市场份额-企业绩效"的正相关关系？寡头企业的高额利润，到底是来自其"市场力量"的垄断超额利润，还是来自规模效率或者其他 X-效率？下游竞争激烈的小厂商绩效如何？造成其绩效现状的原因是市场结构还是其他？这些问题都是需要厘清却又还未被深入研究过的。

本书验证了数据交易市场中的这种"分层垄断竞争结构"对企业绩效的影响，对市场力量假说、效率结构假说、平静生活假说在数据交易市场上的适用性进行实证检验，拓展了产业组织理论的研究。

第二章 相关概念与文献回顾

本章首先厘清了数据要素及其相关概念，其次运用 CiteSpace 软件，对国内外数据要素相关研究现状进行文献计量分析和可视化展示，最后对这一领域的重要文献进行了梳理。

第一节 数据要素及相关概念

在国内，数据要素这一概念是 2019 年党的十九届四中全会《中共中央关于坚持和完善中国特色社会主义制度 推进国家治理体系和治理能力现代化若干重大问题的决定》发布后才正式出现的。在此之前，与其类似的概念有信息资产、数字资产、数据资产等，因此，要深入理解数据要素的概念，首先要从其相关概念入手。

一、信息资产

信息资产概念最初并非来源于经济界，而是源自计算机科学。Kaback（1977）将其推介的一种索引系统称为信息资产。Horton（1981）在《信息资源管理：它从何而来，将何去何从》一文中指出信息资产与其他资产存在重大差异。1994 年毕马威会计师事务所发布的《霍利报告》中，信息资产被界定为"已经或应被记录的具有价值或潜在价值的数据"。霍利委员会还建议组织识别出所有重要信息，将其作为企业的资产，信息资产应当按照价值和重要性进行识别和分类，以便更好地被管理和利用；而董事会应当像管理其他资产一样履行信息资产管理的职责，为企业带来更大的利益。

二、数字资产

1996年Myer（迈尔）在《维护数字资产技巧》一文中首次提出了数字资产的概念。之后，Gargano和Raggad（1999）认为数字符合资产的定义，具有商业价值且能够进行交换，他们发现数字作为一项特殊的无形资产，其潜在价值也可以通过运用技术手段进行挖掘。

21世纪后，随着"大数据"概念的兴起和相关技术研究的不断深入，对数字资产的研究也更加丰富。Yakel（2004）在《下一个千禧年的数字资产》中聚焦于数字图像这种数字资产的子类，提出它们不应只被视作"对象"，而应该被称为数字资产。2006年Niekerk（尼凯克）给出了数字资产的另一个定义："被格式化为二进制源代码并拥有使用权的文本或媒质等任何事物项。"后来，Toygar（托伊加尔）等沿用并发展了这一定义，认为："从本质上说，数字资产拥有二进制形式数据所有权，是产生并存储在计算机、智能手机、数字媒体或云端等设备中的数据。"2015年，《福布斯》杂志等媒体将比特币归为数据资产。2017年Genders（亨德尔斯）则指出，数字资产包括任何能以数字形式在线访问和持有的资产，数字资产的范畴逐渐向数字货币倾斜。

三、数据资产

数据资产的概念最早是由Peterson（1974）提出的，他将数据资产看作等同于政府债券、公司债券以及实物债券等的资产，这与现在的数据资产概念大不相同。

之后，上述信息资产和数字资产的概念大行其道，直到2011年世界经济论坛发布的《个人数据：一种新资产类别的出现》在报告中明确提出：一种新的资产类正在出现，那就是个人数据。迈尔-舍恩伯格和库克耶（2013）在其全球畅销书《大数据时代》中提出：数据资产的作用已经被人们充分认识，只是因为目前会计制度的规定尚未跟上实践的发展而难以在传统的会计报表中加以披露，但其被列入企业的资产负债表只是时间早晚的问题。

国内学者或机构对数据资产的定义主要有以下这些。崔国钧等（2006）认为数据资产是无形资产的延伸，是一种重要的经济资源，它具有固定资产的实物形态而主要以知识形态存在，能够为所有者提供某种权力、优势和效益。刘玉（2014）认为，数据资产是一种包含数字、文字、图像、方位甚至沟通信息等，能够带来经济利益的数据集合，所有可以量化、数据化的信息都有可能成为企业的数据资产。康旗等（2015）指出，并非所有数据都具备资产的属性，只有能够被组织控制、为组织带来收益且可以量化为货币的数据才能够资产化。唐薇（2016）基于交易所的数据处理方法，在定性上将企业自行产生的大数据作为无形资产进行计量。孙俐丽等（2017）指出，企业积累数据资产的目的是为用户创造新的价值，只有满足用户需求的数据才有价值，而满足用户需求的程度越高，数据的价值越大，此外，数据质量、形成过程、相关辅助因素等都会影响数据资产的价值。朱扬勇和叶雅珍（2018）提出：为避免多概念产生歧义，应将目前学者提出的信息资产、数字资产、数据资产等多个范畴统一为数据资产一个概念，并定义数据资产是拥有数据权属、有价值、可计量、可读取的数据资源，兼有无形资产、流动资产和长期资产的特征，是一种新的资产类别。中国信息通信研究院 2019 年在《数据资产管理实践白皮书（4.0 版）》中将数据资产界定为"由企业拥有或者控制的，能够为企业带来未来经济利益的，以物理或电子的方式记录的数据资源"。秦荣生（2020）借助 IASB（International Accounting Standards Board，国际会计准则理事会）对资产的定义，认为数据是满足"企业拥有和控制"、"有潜在经济利益"及"现时权利"等条件的资产。

四、数据要素

数据要素这一概念更多地源于我国学者的研究，其被认为是一种生产要素，具有与资本、土地、劳动等要素类似的性质，随着人类进入数字经济时代，数据已成为全新的生产要素，其将给企业带来很大的价值增值，从而促进企业转变增长模式，从宏观上，能够大幅提高生产效率，实现国民经济发展范式的跃迁。王颂吉等（2020）从技术层面出发，认为数据要素形成的前提条件是"大—智—云"，即具备云计算能力的超级计算机等将汇集的大数据资源进行数据治理后，形成结构化的数据产品。一些学者阐述了数据具有要素属性的原因，其认为数据的要素属性来自其价值属性，即数据当中凝结了数据所有者和开发者的无差别的人类复杂劳动。他们指出，数字经济时代，数据之所以成为新的、现实的生产要素，是因为在生产过程中，数据和土地、劳动力、资本等传统要素一样，发挥了价值增值的功能。李标等（2022）认为，数据具有独有的特点，如获取成本低、复制成本低、可得性高、即时性强、具备非竞争性、外部效应明显等，从而脱颖而出，成为一种全新、高效的生产要素。

第二节 数据要素文献计量分析

为从整体上把握数据要素相关研究的情况，本章先运用 CiteSpace 软件，对国内外相关研究现状进行文献计量分析和可视化展示，全面了解该主题研究的大致历程、热点问题、演进趋势。

一、数据来源

外文期刊检索数据来源于 Web of Science（科学网）数据库，设定文献检索的时间范围为 2000 年 1 月至 2023 年 10 月，检索条件是"（Topic=data element）OR（Topic=digital goods）OR（Topic=markets for information）OR（Topic=the design and price of information）OR（Topic=data exchange）OR（Topic=the ownership of data）OR（Topic=selling information）OR（Topic=pricing private data）OR（Topic=data pricing）OR（Topic= information products）OR（Topic=sell information）"，经过去重和删除不相关条目，最终得到 1432 篇外文文献。

中文期刊检索数据来自中国知网数据库，在高级检索中用（关键词=数据要素）OR（关键词=数据资源）OR（关键词=数据产品）OR（关键词=数据资产）作为检索条件，检索时间不限制，来源类别选定 CSSCI（Chinese Social Sciences Citation Index，中文社会科学引文索引），经去重和删除不相关文献，最终得到 816 篇中文文献。

二、发文量分析

图 2-1 为 Web of Science 收录的 2000 年至 2023 年国外数据要素相关的发文量，从中可以看出，国外对数据要素的研究整体呈增长趋势。2000 年至 2010 年，关于数据要素的发文量较少，年均发文量不足 50 篇。2011 年发文量突破 50 篇，自此有关数据要素的发文量波动上升，2019 年以后数据要素年均发文量达到 100 余篇，至 2022 年上升至 137 篇，国外对于数据要素的研究在数量上达到高峰。

图 2-2 为中国知网收录的国内数据要素相关文献数量。从文献的发文量来看，国内学术界对数据要素的研究也呈现一个上升趋势。2009 年以前相关文献发文量较少，不足 10 篇，表明当时对该主题的研究还未正式开始。2009 年以后，随着互联网、云计算和大数据的兴起，有关数据要素的文献明显增加，年平均发文量可达 30 余篇。2019 年，党的十九届四中全会首次提出将数据作为新的生产要素，国内对数据要素的研究迎来热潮，2019

年以后数据要素的相关文献年均发表量可达 150 余篇，在 2022 年发文量达到 195 篇。

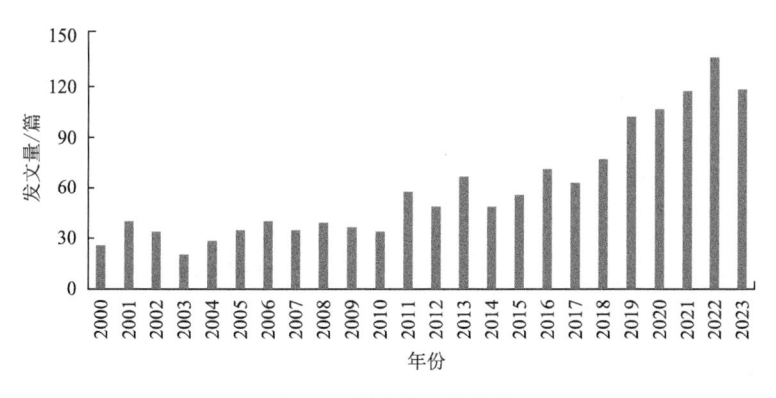

图 2-1　国外发文量分析

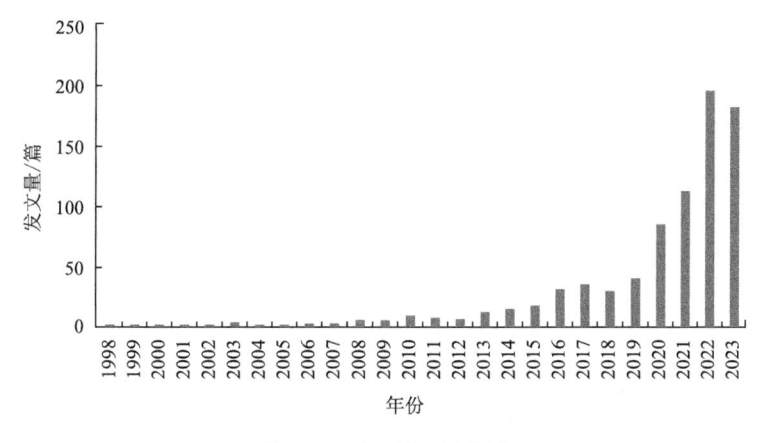

图 2-2　国内发文量分析

三、关键词词频分析

图 2-3 为运用 CiteSpace 对所获外文文献的关键词词频进行分析的结果，时间切片为 1 年。图 2-3 中，$N=287$，表示涉及的关键词共有 287 个，$E=1176$，表示关键词之间的连线有 1176 条。将关键词中心性大于 0.1 的作为关键节点，得到国外文献中心性关键词为 big data（大数据）、information（信息）、information technology（信息技术）、impact（冲击）、management（管理）、systems（系统）。

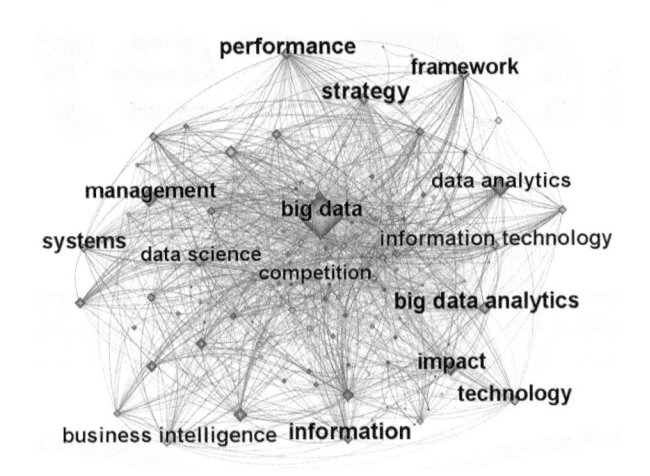

图 2-3　国外文献关键词词频分析结果

图 2-4 则显示了国内文献的关键词词频分析结果，时间切片选取 1 年。图 2-4 中，N=511，表示涉及的关键词共 511 个，E=1172，表示关键词之间的连线有 1172 条。同样将关键词中心性大于 0.1 的作为关键节点，得到国内中心性关键词为数据要素、数字经济、数据资源、大数据、数据资产。

图 2-4　国内文献关键词词频分析结果

四、关键词聚类分析

关键词聚类有助于了解文献的研究主题，分析和把握重点研究内容。关键词聚类模型常用两个指标来衡量聚类效果，即 Q 值（模块值）和 S 值（平均轮廓值），指标值越大，说明聚类效果越显著。一般情况下，当指标 Q 值大于 0.3 时，则认为聚类显著；当 S 值大于 0.7 时，则认为是可信服的聚类结果。图 2-5 是国外文献关键词聚类分析的结果，Q 值为 0.443，S 值为 0.7434，表明聚类显著，结果可信度高。外文文献共得到以下聚类关键词：digital goods（数字产品）、competitive advantage（竞争优势）、knowledge sharing（知识共享）、big data（大数据）、consumer behavior（消费者行为）、data analytics（数据分析）、data exchange（数据交换）、data pricing（数据定价）、big data analytics（大数据分析）、control transparency（控制透明度）。

图 2-5　国外文献关键词聚类分析

图 2-6 是国内文献关键词聚类分析的结果，Q 值为 0.5977，S 值为 0.8682。根据图谱得到 11 个关键词聚类，分别为数据资源、数据安全、数据要素、大数据、政府数据、数字经济、数据资产、数据产品、反垄断、事后监督、数据管理。

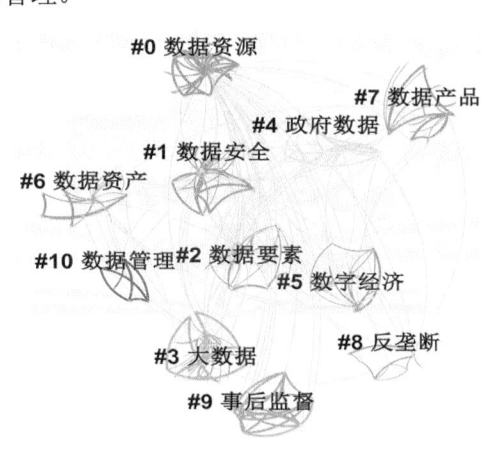

图 2-6　国内文献关键词聚类分析

五、关键词突现分析

关键词突现是通过考察关键词的三个指标变动情况（关键词的出现时间、被替代时间、某段时间内出现的频率）来分析某一领域研究趋势的方法。我们构造了数据要素领域的关键词突现指标：研究起始年份用"年度"表示；关键词首次出现和消失的年份分别用"开始"和"结束"表示；研究频率或强度用"强度"表示，该时间段内关键词出现的次数越多则指标值越高。

图 2-7 是国外文献的关键词突现分析结果，可以看出国外文献的大体研究趋势：2010~2014 年，突现词主要集中在 data integration（数据集成）、goods（商品）、information products（信息产品）等方面；2015~2018 年，突现词主要集中在 systems（系统）、cooperative data exchange（协同数据交换）、knowledge（知识）等方面，其中，systems 研究强度最高；2019~2023 年，突现词为 data markets（数据市场）、big data（大数据）、internet（互联网）、data models（数据模型）、privacy（隐私）、data privacy（数据隐私）等，data markets 研究强度最高，持续时间最长。

被引用次数最多的17个关键词

关键词	年度	强度	开始	结束
data integration	2010	4.16	2010	2012
goods	2010	2.71	2010	2016
schema mappings	2011	4.4	2011	2013
integration	2011	3.83	2011	2013
factor analysis	2012	3.18	2012	2017
information products	2010	4.35	2013	2014
network coding	2013	3.1	2013	2016
systems	2011	5.22	2015	2018
cooperative data exchange	2015	2.79	2015	2016
knowledge	2016	3.12	2016	2018
variability	2018	3.24	2018	2019
data markets	2019	4.19	2019	2023
big data	2017	3.14	2020	2023
internet	2018	3.13	2020	2023
data models	2020	3.08	2020	2023
privacy	2017	3.42	2021	2023
data privacy	2021	3.05	2021	2023

图 2-7 国外文献关键词突现分析

图 2-8 是国内文献的关键词突现分析结果，从中可以看到：2009 年以前热点突现词分别是图书馆、数据服务、知识服务，其中图书馆的突现强度最大，存在时间最长；2010~2019 年，突现词主要集中在大数据、数据资源、数据挖掘、云计算等方面，表明在这个时间段，主要研究如何通过大数据、云计算对数据资源进行开发和挖掘；进入 2020 年，突现词有数据、数据交易，表明该时间段，数据交易开始在数据价值发挥、数据要素潜力释放中显现重要作用。

被引用次数最多的12个关键词

关键词	年份	强度	开始	结束	1998~2023年
图书馆	1999	4.69	1999	2019	
数据服务	2007	2.44	2007	2013	
知识服务	2009	2.21	2009	2017	
电子政务	2011	3.24	2011	2013	
数据挖掘	2011	2.49	2011	2014	
云计算	2011	2.36	2011	2015	
大数据	2013	20.25	2013	2020	
开放数据	2013	3.13	2013	2018	
数据资源	2003	5.05	2015	2018	
人文社科	2019	2.19	2019	2020	
数据	2020	2.56	2021	2023	
数据交易	2021	2.15	2021	2023	

图 2-8　国内文献关键词突现分析

第三节　数据要素重要文献回顾

由上述文献分析结果可知，数据要素的研究热点已经初步形成，一些理论与实证文献开始涌现。鉴于数据要素及其相关概念的研究文献量相当大（前文文献计量分析中的总文献包含 1432 篇外文文献和 816 篇中文文献），本节仅按研究热点的发展趋势列出部分重要文献，以便从总体上掌握研究的全貌。在后文的第三章、第六章、第八章将分别针对数据要素估值、数据要素交易、数据要素定价模型的相关文献展开具体述评。

一、国外重要文献回顾

前文显示，国外文献中心性关键词为：big data（大数据）、information（信息）、information technology（信息技术）、impact（冲击）、management（管理）、systems（系统）等。而关键词突现显示研究热点出现了由 data integration（数据集成）、information products（信息产品）到 systems（系统）、cooperative data exchange（协同数据交换）、knowledge（知识），再到 data markets（数据市场）、big data（大数据）、data models（数据模型）、data privacy（数据隐私）等的转移，表明：国外文献通常以建模的理论分析为主，随时间研究热点由信息产品转移到数据交换，并进而发展到数据市场、数据模型、数据隐私等问题。

下面，我们将从数据要素的定义和特征入手，进一步梳理研究数据要素与经济增长关系的理论模型及微观影响机制，并对近年来数据市场构建中突出的数据要素隐私与确权问题进行文献回顾。

（一）数据要素基本概念及其特征

Jones 和 Tonetti（2020）认为，剔除"信息"（information）中"创意"（idea）和"知识"（knowledge），即是数据生产要素。即使数据本身不具有实体性，不能像土地、劳动力、资本一样以可见的方式直接用于生产商品，却能在生产过程中发挥类似催化剂的作用（这一点和技术类似），它可以通过产生新的知识，也可以通过进行分析、管理、预测，从而实现指导商品生产、提高生产效率的目标。

一些学者研究了数据要素区别于其他传统要素的独有特点，主要有以下方面。

（1）虚拟性。Jorgenson 和 Vu（2016）指出，虚拟性（或非实体性）是数据的突出特征，这一点使得数据与其他传统生产要素截然不同，而对数据等虚拟生产要素的依赖，又是数字经济区别于传统经济的主要特征。

（2）非竞争性。数据在一定程度上具有像国防这样的公共物品类似的特征，当使用者增加时，数据本身的价值通常不会受到影响。Acquisti 等（2016）认为，同一组数据可以被多个个人或企业共享，当新增一个使用者时，现有使用者的效用并不会减少，这表明数据具有非竞争性的属性。Veldkamp 和 Chung（2024）指出：非竞争性的存在决定了数据的高使用效率与巨大的潜在经济价值。

（3）规模报酬递增。这一特性源于非竞争性和外部性，从微观的企业层面来看，当多名员工同时使用企业拥有的数据时，数据不但不会被损耗，反而会产生更大规模、更多种类的数据，进而产生更多的信息和知识，呈现出规模报酬递增效应；从宏观层面来看，如果数据进一步被整个行业甚至全社会的相关群体共享，则其规模扩大、种类增加将会引致更大规模的经济效益（Jones and Tonetti，2020）。Veldkamp 和 Chung（2024）则通过模型具体推演了数据的规模报酬递增效应。

（4）正外部性。Kshetri（2014）用宝马公司的案例阐明了数据生产要素正外部性的实现路径：优化运营、推动创新、优化资源配置。另外一些学者则通过雅虎搜索引擎的案例，表明了在数据收集型企业生产效率的提升上体现出的正外部性。

（5）非排他性。如前所述，数据具有一定公共物品的属性，因此也具有一定的非排他性。但随着数据带来的经济价值越来越大，数据逐渐显露出排他性，而当数据的规模庞大到一定程度、种类丰富到一定程度时，数据要素就表现出高度的排他性，这就解释了现实当中数字巨头通常会将数据自留自用，而非分享或交易的现象。Varian（2014）的研究表明：大多数企业都不愿意公开自己产生、收集和拥有的各项数据，而这也导致了社会整体的福利损失。

（6）价值不确定性。这种不确定性体现在多方面：首先，数据资产具有事前不确定性；其次，数据资产价值和成本随时间具有不确定性，在首次创造生产数据产品时，成本非常高，但随后的数据复制成本比较低，根据摩尔定律，随着数据产品应用范围的扩大，数据资产成本将不断下降，甚至边际再生产成本会接近零；最后，数据资产的价值与具体的应用场景密切相关，同样的数据，当应用场景不同、使用者不同时，可能会产生不同的价值，也就是说，数据的数量、质量、时效等指标都是不确定、不固定的（Bajari et al., 2019），这也就导致了数据要素作用的发挥、数据资产价值的实现，与使用者的异质性紧密相关（Bergemann et al., 2018）。

（7）产权模糊性。数字经济时代，消费者在数字世界中移动时，会留下数字足迹，也就是生产出大量数据，但消费者在客观上没有处置和使用这些数据的机会，其往往由企业直接收集和整理，并带给企业巨大的利益（如向消费者推送相关产品的广告并最终达成购买等），即消费者生产的数据却使企业获利。更有甚者，很多企业在获利的同时，不但侵占了消费者时间和精力，甚至侵犯了消费者隐私，而消费者却无法获得补偿，根本原因是数据产权归属不清，这是数据要素市场发展的核心问题。这一特征将在"数据要素的隐私与确权"部分详细展开阐述。

（二）数据要素与经济增长的关系及其微观影响机制

这方面的研究成果主要体现在下面这些领域。

1. 测度数据要素对总产出的贡献

一些学者认识到：包括数据在内的零价商品无法进入 GDP 的统计范

围，导致 GDP 统计中数据生产要素的规模及其创造的价值不能充分地体现，于是，他们试图将数据要素对总产出的贡献定量测度出来。

Brynjolfsson 等（2019a）采取大规模线上选择实验来估计零价商品所创造的经济价值，并认为应该将这些没有计入传统 GDP 的价值加入到新的 GDP 统计口径中去，他们将其称为"GDP-B"。在实验中，Brynjolfsson（布林约尔松）等让 Facebook（脸书）的样本用户选择：如果放弃 Facebook 的免费服务，他们愿意接受的补偿金额将会是多少，该价格可视为数字化服务的隐性价格，实验结果显示补偿金额的中位数为 48 美元。

基于上述研究结果，Brynjolfsson 等（2019b）进一步估算出 Facebook 免费数字服务创造的年均经济价值，如果将这些未被统计到的消费者剩余计算在内，美国 GDP 年均增长将提高 0.11 个百分点。

此外，Brynjolfsson 等（2019c）在另一项研究中，用谷歌市场调研工具进行了更大规模的在线实验。这一研究旨在评估美国互联网用户对各种数字化产品及服务的欢迎程度，结果表明，不同类型的数字化产品中，最有价值的是搜索引擎，其次是电子邮件和数字地图。

还有一些类似的研究，如有学者基于美国的研究结果发现，得益于数字服务内容的创新，1987~2017 年每个互联网用户年均消费者剩余增加了近两千美元，2008~2017 年年均实际 GDP 增速提高了 0.3~0.6 个百分点。此外，加拿大统计局采用成本法测算了数据资产价值，结果显示数据要素已经给加拿大创造了巨大的经济价值，数据资产已成为加拿大知识产权的核心内容。

2. 将数据要素纳入经济增长函数

一些学者尝试将数据要素纳入经济增长函数。Agarwal 等（2019）认为：新知识的生产对维持经济增长至关重要，而新知识的产生从根本上来说是一个组合过程，因此，预测现有知识组合将产生什么结果的技术有助于改善经济增长前景，于是他们构建了一个新的知识生产函数，并结合 Jones（琼斯）的半内生增长模型进行了拓展，提出了通向经济奇点的新途径。他们认为：在一个新知识的世界里，人工智能技术通过组合现有知识，有助于缓解大海捞针式的创新，从而可以影响增长前景沿着过渡路径达到稳态。他们的研究结果明确了数据影响经济的核心机制和路径。但 Farboodi 和 Veldkamp（2020）的研究却发现：长期来看，数据要素的发展不一定会带来经济增长。对此，需要研究者继续结合更多的实践证据，进行深入的探讨。

3. 从微观视角探讨数据要素对企业的影响

除了从宏观层面进行研究，学者对微观层面上数据影响企业行为的机制也充满兴趣。综合起来，数据要素主要通过以下渠道影响微观企业从而影响经济。

（1）数据驱动型决策。数据的作用首先体现在能帮助企业进行更精准、更理性的决策，即数据驱动型决策。Brynjolfsson 等（2011）的研究结果提供了最早的关于数据驱动型决策与公司绩效之间直接关系的实证经验，他们基于 179 家大型上市公司的调查数据所做的研究表明：采用数据驱动型决策模式的公司的产出和生产率比其他情况下高出 5%~6%，此外，数据驱动型决策与绩效之间的正向关系也出现在其他绩效指标，如资产利用率、股本回报率和市值等中间。

（2）提高产品质量。数据提高企业绩效的第二条路径是其有助于提高产品质量。Veldkamp 和 Chung（2024）用结构模型和理论分析研究了数据带给生产（函数）的变化，他们调整了 Jones 和 Tonetti（2020）的模型，使用线性生产函数，其中将数据和劳动力视为替代品，使用数据作为人工智能的代理变量，发现当有更多的数据输入用来学习时，人工智能的有效性提高了。因此，数据的作用体现在：大量的交易记录数据能够反映消费者的偏好，通过人工智能对这些数据进行分析，能够使企业生产出更好地满足消费者需求的产品；同时，消费者需求偏好会随时间发生变化，而企业如果能够适应这种变化，持续对这种变化的需求数据进行分析，就能不断改进产品，从而保持长期的市场优势。

（3）进行数据挖掘。这里的数据挖掘其实包含了内部数据挖掘（进行大数据分析以提高企业组织内部信息透明度，改善决策质量）和外部数据挖掘（进行产品交易数据的分析，做出更细致、完整的客户画像，从而更好地满足消费者需求）两方面的含义（Kubina et al.，2015；Veldkamp and Chung，2024）。

（4）鼓励协同创新。当数据在相关企业间交流、共享时，将会使参与企业都受益，通过协同创新提升相关企业的效率。Akcigit 和 Liu（2016）通过一个"赢家通吃"的动态博弈模型研究这一问题，他们认为：创新通常是一个反复尝试的过程，虽然一些尝试获得了所寻求的创新，但另一些则导致了"死胡同"，而企业通常会从错误方向的竞争对手那里获益，所以他们不会透露他们的"死胡同"，于是导致其他公司也同样浪费了时间和资源。他们运用了一个包含两家公司和两条研究线的简单模型来研究这一普遍问题，他们描述了分散环境中的均衡，这种均衡会由于浪费的"死胡同"复制而导致显著的效率损失，结果发现，不同类型的企业遵循不同的创新策略，并造成不同类型的福利损失，而如果企业能够交流、共享创新过程中的各种数据，就能提高生产效率。在核心模型的扩展中，他们还研究了一种集中式机制，这一机制有助于激励企业及时披露其行为并共享其私人信息从而实现协同创新。

（三）数据要素的隐私与确权

如前所述，数据（特别是个人数据）具有产权模糊性。Kshetri（2014）基于多个国际咨询机构的调研结果，从数据收集、存储、共享和可访问性的角度，研究了大数据特征与隐私、安全和消费者福利问题之间的关系，此外还讨论了上述问题在不同成熟度、脆弱性和技术精明程度的消费者之间可能存在的差异，总体来看，数据安全及隐私应更多地引起人们的重视。

Acquisti 等（2016）梳理和综合了隐私经济学的各种理论和实证研究，揭示了关于隐私的经济分析是如何随着时间的推移而演变的，他们认为：大量的理论和实证文献表明，隐私保护既可以增加个人福利，也可能削弱社会福利；在数字经济中，消费者对其隐私做出知情决定的能力受到严重阻碍，因为消费者在数据收集的时间、目的和后果方面往往处于不完善或不对称的信息状态，应该关注保护和披露个人信息的经济后果，权衡利弊后做出决策。

在个人信息中的非敏感信息的产权归属问题上，目前学者的观点莫衷一是。一些学者认为：过往购买信息、出行方式等通常是个人日常行为的副产品，个人是这些信息的数据主体，与其相关的收益权也应该归属数据主体。一些研究表明，数据要素产权归属不清会影响个人数据的分享和交易，但如果明确个人对数据的所有权、控制权，将有利于促进个人数据市场的流通。还有一些学者认为，应该由个人还是企业拥有数据所有权这一问题没有绝对的最优解，而是取决于一些前提条件，如数据对企业的价值和消费者货币化个人数据的能力，或者消费者对隐私保护与数据交易收益的最优决策。

Jones 和 Tonetti（2020）的研究显示：如果数据所有权由消费者个人拥有，则数据交易量将接近社会最优化水平；如果数据所有权被企业掌握，则不但会导致企业滥用数据交易，而且可能会导致社会数据交易量不足，影响数据流通。

Varian（2014）的观点与众不同，其认为，数据是非竞争性物品，很少被"出售"以转让其所有权，而是更多地被许可"使用"于某些特定用途,它与竞争性物品更强调"所有权"明显不同,市场应更多关注的是数据的"访问权"和"使用权"。

二、国内重要文献回顾

前文文献分析结果显示,国内相关研究的中心性关键词为——数据要素、数字经济、数据资源、大数据、数据资产,2009年前其主要是图书情报领域的概念,2010年以后,突现词主要集中在大数据、数据资源数据挖掘、云计算等方面,2019年党的十九届四中全会后,数据交易经济管理领域的文献才逐渐丰富。我们按照与国外文献类似的分类,梳理出国内相关文献的研究主题,具体包括以下几个方面。

(一)数据要素的特征和价值属性

唐要家和唐春晖(2020)指出了数据要素的特征:作为数字经济第一要素的数据,数据要素具有显著的非竞争性和零边际成本特征,数据要素供给侧与需求侧协同的自强化机制使数据要素具有显著的递增规模收益和增长倍增效应。考虑到数据具有以上明显的外部性,对数据充分开放共享将大大提升生产效率和社会福利,其中,公共数据应首先进行开放共享,其次,可大力推进私人数据市场交易,而数据治理体系则是上述市场建设必要的、坚实的制度保障。王颂吉等(2020)认为,数据是数字经济时代的关键生产要素,数据要素的所有权归属于数据要素生产者,但由于其具有准公共性的特征,因此可能存在市场失灵问题,故需要由政府通过"看得见的手"对此进行调节,对数据的所有者给予合理的经济补偿。

王谦和付晓东(2021)认为,数字经济时代,数据作为新的生产要素参与价值创造,并呈现出渗透性、依赖性、虚拟替代性、动态精准性、共享低成本性、自组织等特征。数据要素作用的发挥主要通过以下途径:要素驱动、融合激发、协同提升、反馈正配。新形势下,加强数据基础设施建设、数据要素市场构建、数据要素治理是保障数据要素赋能经济增长、进一步挖掘数据要素潜在价值的关键。

李海舰和赵丽(2021)则从数据要素的特征入手,从理论机制上深入分析了数据成为生产要素的必然性,并进一步研究了数据要素的运行机制,而运行机制的底层逻辑,则是数据价值形态的逐步演进过程。

(二)数据要素对高质量发展和经济增长的重要意义

于施洋等(2020)全面论述了我国建设超大规模数据要素市场的重要

意义，从六个方面分析了深化数据要素市场化配置面临的挑战，从多个方面提出了解决方案。

王颂吉等（2020）也认为数据是数字经济时代的关键生产要素，数据要素有助于企业实现规模经济和范围经济，降低市场交易成本和企业管理成本，从而通过提升全要素生产率，推动经济增长。

谢波峰和朱扬勇（2020）从财政的视角分析了数据要素对国家财政的重要价值，他们提出了数据财政的范畴，并对其合理性进行阐述，因为数据要素具有准公共物品的性质，所以推行数据财政一方面可以促进数据开放、加速数字经济发展，另一方面又可以发挥数据在国家治理中的作用。数字经济时代，数据财政成为财政领域全新的重要工作内容。其研究进一步从多个维度勾勒了数据财政框架和实现路径。

（三）数据要素对经济促进作用的实证研究

杨艳等（2021）从地方数据交易平台的视角出发，使用 2009~2019 年长江经济带 107 个地级市的面板数据，运用多期双重差分模型实证评估了建立数据交易平台对区域经济发展的影响。

俞伯阳和丛屹（2021）则实证研究了数字经济及其他变量与产业结构高级化之间的动态关系。

宋炜等（2022）构建了一个数据要素影响工业全要素生产率的计量模型，基于我国工业企业近十年的数据所作的实证检验结果表明：数据要素通过与劳动力、资本等传统要素的深度融合和联动作用，对我国工业企业全要素生产率的提高有明显的作用；这种提升作用在资本密集型企业上比劳动密集型企业上要更为显著。进一步地，研究将研发决策区分为利用型研发决策和探索型研发决策两种，而后者能够推动数据要素与传统要素的联动，从而显著提高工业全要素生产率。

（四）数据要素市场化配置的路径

洪银兴（2020）认为，要素实现全面市场化配置是完善社会主义市场经济体制的两个关键要点之一，它与供给侧结构性改革紧密相关，而数据要素的市场化是数字经济时代提出的新命题。

戚聿东和刘欢欢（2020）基于生产力和生产关系协同发展的视角，提出数据市场化配置包括两个分配步骤（数据在各社会成员间的分配和创造财富效应的分配），在具体操作中的要点是：数据交易参与主体多元化、产权体系多元化，对数据交易的多种机制，如供求机制、价格机制、竞争机制进行完善。鉴于数据要素的准公共物品属性，可能会出现市场失灵现象，对此应进行合理规制。

于立和王建林（2020）则从生产要素理论入手，重新界定了包括数字要素的生产要素基本概念，总结生产要素优化配置规律，分析生产要素贡献评价中的难题与误区，讨论了数据要素的特点及相关政策问题。

孔艳芳等（2021）认为，数据要素已深度渗透至生产各领域，数据要素市场化配置是充分挖掘数据新要素潜能的内在要求与必然选择，它的关键在于赋予数据以"商品"属性，发挥市场配置的决定性作用，推动利益主体内部的封闭式流通向不同利益主体间开放式流通的转型过渡。中国要在尊重市场规律的基础上，着力于产权界定不清晰、市场秩序不完善、监管体系缺位等症结，构建起"内生演化+外部培育"双轮驱动的运行范式，以推动数据要素市场化配置体制机制的创新与完善。

陶卓等（2021）在归纳总结数据要素市场化配置经验启示与瓶颈的基础上，就加速推进我国数据要素市场化配置提出了对策与建议。

唐要家和唐春晖（2022）指出，数据要素具有独特的经济属性，其价值形成规律也有特殊性，这些都需要在制定数据市场政策时加以考量。数据要素的非竞争性属性以及价值实现过程显示，开放共享是基础前提，数据驱动的创新是根本驱动力，匹配的治理体系是制度保障。数据价值释放的治理制度体系应重点加强促进数据价值释放的基础性政策供给、创新数据市场化配置与交易机制、完备数据价值释放的治理制度保障。

此外，关于我国数据要素市场构建的几种观点，在导论部分已经论及，此处不再赘述。

三、国内外文献评价

综观数据要素研究的国内外文献，可以得出以下结论。

第一，国内外文献共同的研究热点是数据要素的特征、数据要素的确权、数据要素对经济发展的促进作用及其机理。

第二，国外文献对数据要素提升微观企业效率或增加宏观产出的研究更注重模型分析；而国内的研究则以定性分析为主。

第三，目前关于数据要素市场构建的全局性研究不足，尚未形成一个系统、全面、包含数据要素从估值到交易各环节的完整研究。

第四，具体到数据要素的估值方面（文献回顾详见第三章），虽然个别文献介绍了除传统的成本法、市场法、收益法之外的新兴、前沿的估值模型与方法，但目前运用这些方法进行的实际研究很少，甚至一些方法和模型仅停留在理论层面，完全没有实际运用。

第五，数据交易环节的研究也不成体系（文献回顾详见第六章），定性研究多，定量研究少，理论分析多，实证研究少。目前的一些成果对数据交易市场的大体结构、数据定价行为做了些研究，但由于方法的通用性、数据的可得性和可比性等问题，结论的权威性等大打折扣。

基于上述现状，作者认为：数据要素市场构建的全局性研究具有重要性和紧迫性，其有助于从顶层设计方面为我国数据市场建设提供指导。

而目前国内理论界对"数据要素市场构建"的基本理论观点，第一章"理论背景"部分已经阐述过，主要有构建全国统一的数据要素市场、构建二级数据资产市场、构建数据要素三级市场体系、构建多层次数据市场等几种观点，从可操作性、无重叠性、系统性、完整性等各方面综合来看，陆岷峰和欧阳文杰（2021）构建二级数据资产市场的观点比较适合作为全局性研究的基本框架。

因此，作者在构建二级数据资产市场观点的基础上做了修正，提出数据要素交易市场双核心环节的理念，认为：我国数据要素市场的构建应该从数据要素估值环节、数据要素交易环节两个核心环节入手，在数据要素估值环节，沿着"理论梳理—模型拓展—案例验证"的思路，在数据要素交易环节，从"交易主体—交易机制—交易企业绩效"三个方面进行，对我国数据要素市场构建中的瓶颈问题进行全面、系统的分析研究，从而为宏观监管、中观发展、微观决策提供理论指导与实践借鉴。

在本书后面的行文中，将从微观上开始分析、从环节上进行梳理、从机制上进行把握，依次分析如何实现数据要素估值环节的公允原则和数据要素交易环节的"公开、公平"原则，对我国数据市场构建问题进行细致、深入、全面的阐述。

第三章　数据要素估值环节基本情况

本章在分析数据要素特征、数据要素价值影响因素、数据要素价值评估注意事项等基本理念的基础上，按照数据要素发展阶段对其估值模型与方法进行了分类梳理，并对我国数据要素估值实践中的情况进行阐述。本章有助于全面掌握数据要素估值模型与方法的发展脉络和总体情况，以便后续章节集中笔墨对部分方法进行探索。

综合有关文献，本章创造性地提出数据要素发展的三个阶段：数据要素开发阶段、数据要素社会价值显著阶段、数据要素经济价值显著阶段。对不同发展阶段下适用的数据要素价值评估方法进行系统梳理、对比总结后发现：在数据要素社会价值显著阶段，不少企业对其拥有的具有很大潜力的数据要素进行估值的需求很强烈，但此时因为估值所需信息的不完备或方法比较前沿等原因，较少有研究者进行估值的尝试，有鉴于此，本书后续两章将分别基于这一阶段适用的数据势能模型和拓展 B-S 模型，选定相关典型企业进行案例研究，以弥补目前的不足。

第一节　数据要素估值环节基本问题

一、数据要素的特征

科技的迅猛发展推动人类社会进入了数字时代，数据已然成为一种重要的战略资源。数据要素在各行各业中发挥的作用越来越显著，收集、分析和利用数据也成为企业尤其是互联网企业赢得竞争、持续生存和成长的重要能力。当前，学术界普遍认同数据要素属于无形资产范畴，其主要特征可归结如下。

（一）非实体性

虽然数据往往是依托硬盘等实物载体而存在的，但数据要素本身没有实物形态。非实体性使得数据不存在消耗和折旧的问题，即使用数据不会让数据要素价值减少，甚至有一些数据要素还会随着时间的推移而增值。

（二）依托性

依托性一方面指的是存储依托性。数据通常被存储在一定的介质中，光盘、硬盘等都是常见的数据存储介质，同一数据也可同时存在于在多种介质中。

另一方面则是指业务依托性。数据常常依托于业务，二者紧密相连：在企业的日常经营活动中，业务人员无时无刻不在创造数据；经企业加工后，这些数据可以投入使用，形成数据要素，为企业创造价值；在盘点企业拥有的数据要素时，也要以业务为标准进行还原、分类、编目。

（三）时效性

数据的时效性表现在随着时间的推移，其价值会不断改变、出现波动。数据要素的时效性要求企业合理、准确地把握数据要素所处的经济效益区间，在正确的时机对数据要素及时加以运用。有一些数据要素一旦不能立即使用，就会出现"腐烂变质"情况，进而失去相应的价值；而某些数据要素所带来的收益则会随着时间的推移不断增加，如企业多年的财务报告有助于决策者来判断企业的运营方向是否合理，更好地规划企业的未来。

（四）可加工性

在大数据时代，任何一家企业都能够快速地获取到大量的数据，但数据通常需要经历加工过程。尤其是当企业获取大量原始数据时，需要对数据进行筛选、处理和分析，将其转化成有用信息，进而才能帮助企业获取经济利益。

（五）非依赖性

非依赖性指的是数据的存在独立于数据主体。非依赖性类似于会计中资产的不可辨认性，类似于商誉，正是由于其不可辨认性而不能被单独认定为一项资产。如果数据与主体是不可分离的，则不具备构成资产的条件，而且会丧失多介质存在性、非排他性等特质。非依赖性要求数据可以从数据主体分离出来，具备对外的应用能力。

（六）非排他性

与实物资产相比，数据要素具有非排他性。在物理层面，数据要素可以无限使用和共享，既可以被多次使用，也可以被多个对象同时使用，具有极大的潜在价值。

（七）增值性

数据要素的增值性体现在它能够提高企业的运营效率，更精准地定位客户、降低运维成本、改善内部控制等，开源节流，从而为企业带来超额收益。对于互联网企业来说，大数据是其宝贵的财富，通过数据分析，互联网平台能够掌握用户行为特征、兴趣与需求点，从而能够实现更精准的内容推送，大大提升用户黏性。

（八）价值易变性

数据要素的价值会受到多种复杂因素的影响。随着外部环境的变化和时间的推移，这些因素对价值的影响程度也在变动，现在看来没有价值的数据，在将来可能会产生更大的价值。技术的进步或者同类数据库的发展，也可能会导致数据要素出现无形损耗，表现为价值降低。

（九）权属不明晰性

企业拥有数据要素，不意味着数据要素所有权归属企业。公共数据、个人数据也可能被企业利用从而产生收益，但确权问题目前无论从理论上还是法律上都没有被彻底解决，因此，一般很难明晰这些能够产生价值的数据要素的权利归属。

二、数据要素价值的影响因素

（一）数据要素的质量

数据要素的质量是影响数据要素价值的最重要因素，其主要包括数据真实性、完整性、准确性、安全性等，此外，数据要素的质量往往与数据成本呈正相关关系，通常数据成本越大，数据价值越高。

（1）真实性。真实性指数据的真实程度。数据要素价值植根于数据真实性，数据偏差、数据造假都会使数据要素的使用价值贬损，甚至会导致数据的意义不复存在。

（2）完整性。完整性即数据反映被记录对象相关属性的全面程度。数据本身完整程度越高，数据要素价值越大。数据信息缺失严重，将会降低运用数据做出决策的准确性，达不到预期的数据运用效果。如果要补充或采集缺失数据，还会带来成本的上升。

（3）准确性。数据中可能会存在重复值、无效值、空白值等，这些会影响数据的准确程度。数据清洗就是为了排除这些异常值。数据准确性与数据清洗成本负相关：随着数据准确性的提高，分析处理过程中数据清洗的时间和成本会大大降低，从而有助于提高数据的价值。

（4）安全性。安全性指的是数据反窃取或反破坏的能力。数据安全性越高，给企业带来的收益风险越低、稳定性越高。高安全性的数据还意味着企业在保护数据要素的投入越低，数据要素价值也就越大。

（二）数据要素的应用价值

影响数据要素应用价值的因素主要是稀缺性、多维性、时效性和场景经济性。

（1）稀缺性。稀缺性指数据要素持有者对数据的独占程度。商业竞争的本质是企业间能力和资源的竞争，其中一个重要部分就是对稀缺资源的竞争，掌握稀缺数据资源的企业更容易在激烈的竞争中获得优势。比如，相较于姓名、年龄和邮箱等普通信息，司机驾驶习惯可以算作一种稀缺数据资源，它包括司机刹车油门踩动次数、超速频率、速度稳定系数等。驾驶习惯数据包含更多的商业价值，如保险企业可以运用这些驾驶信息分析司机的驾驶安全程度、出事故概率，进而对保费和保险金额做出精准计算，降低运营风险，提高经济效益。

（2）多维性。多维性指数据分析刻画用户形象的全面程度。例如，用户在购物软件或搜索引擎中输入口红、汽车、学区位置关键词进行浏览，搜索软件后台会分析运算用户性别、年龄段、需求偏好、受教育程度等特征，还会根据用户的 IP（Internet protocol，因特网协议）地址和设备型号推算用户的收入水平、购买能力等，经整理分析后，用户形象被刻画得越全面、越多维，数据要素的应用价值就越大。

（3）时效性。数据具有更新性和最佳使用时机，这决定了依靠数据做出的决策具有时效性。以交通信息数据为例，在智能化交管出现前，交通管理中心、驾驶司机收集到的交通信息往往是几十分钟前的信息，因为已过最佳使用时效，所以数据利用价值大打折扣。近年来随着智能交管的出现，交管中心和司机都可以获取实时的流量、路况信息，从而能够充分发挥交通信息的价值，起到分散车流、缓解交通压力的作用。可见，某些应用场景下，数据价值主要受时效性影响。

（4）场景经济性。场景经济性指数据要素的经济价值与其应用场景密切相关，不同的场景会导致其价值出现差异。

（三）数据要素的风险

在价值评估过程中，数据要素所处商业环境的法律限制和道德约束是必须考量的风险因素。这些限制和约束条件能够对数据要素的价值产生质的影响。

（1）法律限制。由于目前关于数据交易的相关法律尚未明确，数据的交易合法性会在一定程度上制约数据交易的发生，并对数据要素的价值产生较大影响。比如，按照规定，经去除标识化处理的个人数据可以用于交易，但这一限制会导致数据交易的合规成本和安全成本相应增加，在现阶段也成为影响数据价值和阻碍数据要素市场交易的一个因素。

（2）道德约束。道德约束指能够规范行为的社会舆论压力和自我社会责任底线。比如，某些获取到私人信息的企业，为了谋取不当利益，不恰当地使用用户信息，不尊重个人隐私，势必影响数据要素价值，损害企业声誉。

三、数据要素价值评估注意事项

（一）数据要素的风险衡量

如前文所述，数据要素价值受法律风险和道德风险影响，一项法律的出台很可能会导致某些数据要素的价值归零，也可能会导致某些数据要素的价值倍增。因此在数据要素估值的过程中，我们应充分考虑潜在风险发生的可能性和带来损失的大小。

（二）数据要素的场景经济性

数据要素的价值与其应用场景紧密相关，应用场景的发展变化会导致数据要素的价值随之变化，所以明确的应用场景能够使数据要素估值更为精确。根据资产估值的收益模型，如果能够对不同应用场景下数据要素的收益贡献进行合理预测，并计算总和，就可以求得数据要素的总价值。因此，在数据要素的估值过程中，我们需要尽可能关注数据要素的所有应用场景，并对每一场景下数据要素的价值贡献给予特别关注。

（三）数据要素的外部性

无限复制共享、多场景共用赋予了数据要素具有外部性的可能。在得到充分授权和合规处理的前提下，数据要素不仅可以满足企业自用需求，还可以被加工打包做成产品，对外销售，获取更多价值。

第二节　数据要素估值模型与方法

如前所述，数据要素具有价值易变性，随着外部环境的变化和时间的推移，其价值会发生变化，这也可以认为是数据要素随时间处于不同的发展阶段，从而造成价值的发展变化，于是就可能需要不同的评估方法来对其进行估值。综合现有文献（尹传儒等，2021；朱晓琴和王宣童，2023），我们根据数据要素所处外部环境和其自身发展阶段，对全部传统和新型估值模型进行分类梳理。

这样做的好处是：一方面全面掌握数据要素估值模型与方法的发展脉络和总体情况，另一方面也对常用方法的相关文献进行了回顾，以便在此基础上对新兴方法进行探索。第四章、第五章将重点运用数据势能模型和拓展 B-S 模型进行案例分析，在这一部分也会对其基本原理进行阐述。

数据要素发展阶段可分为：数据要素开发阶段、数据要素社会价值显著阶段、数据要素经济价值显著阶段。在不同的阶段，数据要素呈现不同的形态：原始数据、粗加工后的数据、精加工后的数据、社会效益形成的数据、经济效益实现初期的数据、经济效益实现的数据。在不同数据发展阶段下，数据要素价值的评估适用不同的方法。

起初，数据要素尚在开发形成阶段，未被正式运用，该阶段没有社会价值及经济价值。此时，适用的方法为模糊数学评价法和可变现净值法。

随后，数据要素通过进一步开发，被应用于一些实际场景，逐步产生社会价值，同时也具有一定的经济价值，总体上社会价值大于经济价值。此阶段适用的模型有数据势能模型和 B-S 实物期权模型。

接下来，数据要素在应用场景下，经济价值进一步显现，逐步高于社会价值，并且此时逐步有活跃的市场交易。数据要素经济价值显著阶段因为数据成本、交易价格等信息的丰富，适用的方法最多，经修正后的传统方法（如成本法、收益法、市场法等）和新兴的一些方法（如多属性综合评价比较法、神经网络模型等）都适用。

下文按照数据要素发展阶段将对上述模型和方法的基本原理进行概要梳理。

一、数据要素开发阶段适用方法

（一）模糊数学评价法

这种方法适用于处于开发初期、既没有显著社会价值、也没有经济价值的数据要素。其基本原理为：通过模糊数学评价法对数据要素进行估值时，需要根据数据的特征列出评价项目，对每个项目定出评价的等级，并用分数表示，最后将所得分数进行加权平均，得到加权评价分数。具体计算公式如下：

$$V = \frac{1}{100} \times M \times E \times S$$

$$E = \sum_{i=1}^{n} a_i s_i \ (i=1,2,\cdots,n) \qquad (3\text{-}1)$$

式中，V 为数据要素价值；M 为数据系统构建成本，包括初始建设成本、累计运维成本及管理成本；E 为数据质量调整系数；a_i 是第 i 个评价项目所占的权重；s_i 为第 i 个元素所得到的分数；S 为数据安全合规系数。数据质量调整系数 E 一般是第三方专家从数据的准确性、完整性、时效性等维度逐一进行打分评价，再经过加权平均后最终得出的结果。

模糊数学评价法经常与层次分析法（analytic hierarchy process，AHP）共同使用。王笑笑等（2019）认为，模糊数学评价法中权重的确定多采用层次分析法或专家打分法等主观人为确定的方法，受主观影响较大，可与人工神经网络结合以提升评估的准确性。

（二）可变现净值法

在数据要素开发阶段，如果随着外部应用场景的逐渐明晰，一些数据要素经过验证后被发现没有适合的应用场景，此时企业应及时停止对该数据要素的开发和投入，并对其现值进行处理，以及时止损。可变现净值法适用于这种情境下。

其基本思路是：将那些没有合适应用场景或将被淘汰的数据要素，类比于存货，利用可变现净值思路，按照成本和可变现净值两者中较低者计价的方法进行计量，从而得出这部分数据要素的估计价值。该方法可能需要配合其他方法（如市场法）来确定数据要素的预计未来处置价格。极端情形下，数据可变现净值接近于零。

该方法的具体步骤是：首先确定企业对淘汰数据要素的预计处置日；再结合其他方法，如市场法、现金流折现法等估算数据要素于预计处置日的处置收益；其次估算需要额外发生的处置成本，如交易成本、相关税费等，根据以上步骤所得到的结果，计算数据要素于预计处置日的可变现净值；最后估算合适的折现率，将可变现净值折现至估值基准日，得到数据要素于估值基准日的价值。

二、数据要素社会价值显著阶段适用方法

（一）数据势能模型

2021年，普华永道在《开放数据资产估值白皮书》中首次借用物理学中的势能（potential energy）概念作为理论基础，推出数据势能新概念及相应的估值模型数据势能模型，该模型适用于经过精细化加工处理后形成一定应用场景的数据要素，这一阶段的数据要素处于能量的存储积累的状态中，蓄势待发，虽然没有产生商业利益，但在以数据驱动社会发展的重要趋势下，形成了不同程度的社会价值。从形式上看，数据势能模型可以看作模糊数学评价法的进一步发展，其公式如下：

$$V_d = mgh \qquad (3\text{-}2)$$

式中，V_d 为数据要素价值；m 为数据开发价值；g 为潜在经济价值呈现因子；h 为潜在社会价值呈现因子。具体说明如下。

1. 数据开发价值

数据开发价值，对应物理学中重力势能公式中的 m（质量），是相对固定的因素，具体计算公式如下：

$$m = m_0 \times \prod_{i=1}^{n} q_i \times s \qquad (3\text{-}3)$$

式中，m_0 为数据系统构建成本；q_i 为数据质量调整系数；s 为数据合规安全调整系数。

（1）数据系统构建成本（m_0），指构建数据要素所需的全部投入，包括初始建设成本、累计运维成本及管理成本，具体包括以下内容。①初始建设成本，数据存储占用的基础设施（如机房、机柜、存储设备等）成本；②累计运维成本：保障数据正常可靠服务所需的人力和物力成本；③管理

成本，数据加工、整理过程中涉及的人力（员工成本、服务商费用等）和物力（服务器、软件等）成本。

（2）数据质量调整系数（q_i），是第三方数据要素专家根据数据要素的质量特性进行打分评价，再经过加权平均后最终得出的结果。数据质量调整系数的评价维度分别是准确性、完整性、及时性、更新性和唯一性。具体如下。①准确性：衡量所采集数据的真实性和准确程度。数据的真实性和准确程度越高，可分析性越强，数据的价值也越大。②完整性：衡量所采集的数据是否缺失。完整的数据要素可持续利用程度高。若重要数据存在缺失，可能未来将支付额外成本进行数据补充。③及时性：衡量数据更新频率的快慢。反映数据世界和客观世界的同步程度，数据的及时性主要与数据的同步和处理过程的效率相关。④更新性：衡量企业对信息管理平台的更新程度。主要是统计最新的数据并对其进行增补，对过程中出现的问题进行修复，并对信息管理平台的功能进行完善。⑤唯一性：衡量是否存在重复数据。若数据重复性较高，会导致后续分析结果失真。

（3）数据合规安全调整系数（s），一般由第三方数据要素专家根据数据要素的安全性和合规性等维度进行打分评价，反映了对数据安全风险因素的综合考量。

2. 潜在经济价值呈现因子

潜在经济价值呈现因子类似于转换率，意在反映数据要素经济价值的潜在转换率。数据势能阶段的数据要素，尚没有直接形成正向现金流以及增量现金流，却蕴藏着巨大的商业潜能。

有别于物理学上传统的势能公式，在数据势能中，潜在经济价值呈现因子为非恒定因素，公式为

$$g = (1+g_e)^x \qquad (3\text{-}4)$$

式中，g_e 为数据要素带来的收入增长率（如数字经济生产总值的增长率）；x 为数据要素专家对数据要素应用场景多样性评分所对应的数值。

由于数据要素价值与数字经济发展呈显著正相关，因此，我们一般用数字经济生产总值的增长率作为计算潜在经济价值的关键参数。

通常我们认为，数据如果能在行业之间、应用场景之间流动起来，就能创造更大价值，数据在收集、分析和应用过程中不断流动，在不同的商业场景中进行运用，使得数据要素的经济价值呈现出指数级增长。因此，数据要素专家通常根据数据要素应用场景多样性进行评分，确定上述公式中的另一参数 x。一般来说，应用场景的拓展越广，参数 x 的值越会有

提升。

3. 潜在社会价值呈现因子

这个因子的具体计算公式为

$$h = d^a \tag{3-5}$$

式中，d 为反映社会价值最具代表性的量化指标，如下载量/活跃用户数量/重复访问量/数据使用频率及黏性/数据使用满意度等；a 为效率指数。

其中，d 是反映数据要素社会价值最具代表性的指标，该指标形式不唯一，但均需要满足如下特征。

（1）可反映全社会，包括个人、企业、政府对于数据的认同程度，以及数据要素的有效触及率。

（2）能体现用户对于数据要素价值以及对数据要素运用的认可，如用户在点击浏览数据后选择下载保留或者在一段时间内反复登录并浏览使用该数据，则更可能在未来对数据要素加以进一步的分析，在更长的时间里开发数据要素的价值。

（3）该指标的上升可一定程度上反映惠民效应，即公众对于数据要素价值的认可程度，进一步导致数据要素得到广泛流通并应用在更多场景中，逐步改变经济商业模式及社会生活方式，产生巨大的杠杆效应。

潜在社会价值呈现因子的函数表达式应该体现出数据社会价值的增长与 d 的正向非线性关系：在数据要素构建初期，社会各界对数据要素的认知以及开发利用逐渐形成，数据要素蕴含的社会价值贡献度较高；到了成长期，随着公众对数据要素认识的逐渐提高，新增单位指标蕴含的社会价值贡献会持续上升，但不如构建初期迅猛，且逐步向商业化转化，形成经济价值。因此，单从社会价值角度来看，其增长随着下载量的增加逐渐降低，符合边际递减规律，其函数图像的斜率也会从陡峭变得平缓。

（二）B-S 实物期权模型

实物期权是一种现实选择权，其创立者是 Myers（迈尔斯），是与金融期权类似的概念。它的核心思想是：战略投资所产生的价值，不仅包含投资项目直接带来的贴现现金流量，还应包含因拥有对未来投资机会的选择权而产生的隐含价值，类比于金融期权，一般将此种期权称为实物期权。

运用实物期权法可以对隐藏于实物资产中的期权价值进行评估，可以识别出企业的隐形价值和潜在机会。将这一思想运用于数据要素的价值评估，可以看到：数据要素的应用场景存在一定的不确定性，不确定情形下的数据要素估值中，可以将企业未来数据要素发展可能面临的多类情况，具体模拟为多种期权类型，包括扩张期权（企业未来的数据要素产生的收益能够满足要求回报率，则继续投入）、放弃期权（企业未来的数据要素产生的收益不能够满足要求回报率，则选择放弃）、延迟期权（延迟投入能够带来更大的收益）等。而后根据不同情况下相应期权的价值，结合该情景发生的概率并折现以得到数据要素在当下时点的价值最佳估计。

实物期权模型主要有 B-S 模型、二项期权定价模型[CRR（Cox-Ross-Rubinstein）]模型[①]等。学者一般认为 B-S 模型在数据要素的估值上计算简单，更为适应数据要素的特点。

B-S 期权模型，由 Fisher Black（费希尔·布莱克）和 Myron Scholes（迈伦·斯科尔斯）于 1973 年创立，它的提出标志着金融理论和资产评估领域实现了重大的发展。从实质上说，它是对收益法的一种补充，在一定程度上弥补了收益法未能考虑评估环境动态性的缺陷。B-S 期权模型的基本假设如下：

（1）股票价格随机波动，服从对数正态分布模式。

（2）在期权寿命期内，短期无风险利率 r 已知且不变，任何证券购买者可以 r 利率借贷任何数量的资金。

（3）股票或期权的买卖没有交易成本，所有证券完全可分割。

（4）在期权有效期内，标的股票不发放股利和其他分配。

（5）该期权是欧式期权，只能在到期日执行。

（6）没有无风险套利的机会。

（7）所有证券交易都是连续发生的。

基于以上假设，B-S 期权模型的具体计算公式如下：

$$C = S_0 \left[N(d_1) \right] - X e^{-rT} \left[N(d_2) \right]$$

$$d_1 = \frac{\ln \frac{S_0}{X} + \left(r + \frac{\delta^2}{2} \right) T}{\delta \sqrt{T}}$$

$$d_2 = d_1 - \delta \sqrt{T} \tag{3-6}$$

式中，e^{-rT} 为连续复利下的现值系数；C 为期权的价值；X 为实物期权的执行价格；S_0 为标的资产的当前价值；T 为期权的有效期；r 为无风险利率；

---

① 二项期权定价模型是由 Cox（考克斯）、Ross（罗斯）、Rubinstein（鲁宾斯坦）提出的一种期权定价模型，又叫 CRR 模型。

δ 为波动率；$N(d_1)$ 与 $N(d_2)$ 分别为标准正态分布下，变量小于 d_1 和 d_2 的累计概率。

李秉祥和任晗晓（2021）为了对数据要素进行估值，将数据要素价值的构成进行详细分析，提出四个主要部分并且进行量化，包括平台的用户数和点击量、数据资产使用权的应用产生的价值、数据资产所有权转移产生的超额收益、风险政策道德因素对数据产生量变甚至到质变的影响，以此衡量数据要素的初始价值。

由于 B-S 期权模型的计算过程包含较复杂的数学知识，对数学专业知识的要求较高，而且将 B-S 期权模型应用在价值评估的时候缺少直观性，即从输入参数到得出计算结果的过程中，很难被普通的资产评估人员理解，因此该模型在学术界研究时运用较多，在资产评估的实务中的应用较少。

三、数据要素经济价值显著阶段适用方法

随着数据要素发展的逐步成熟和外部交易条件的活跃，数据要素的经济价值继续上升，逐步超过社会价值，成为企业价值增值的显著因素，在这一阶段，传统的评估方法，如成本法、收益法、市场法经过一定修正和改良后可以适用于此阶段的数据价值评估；此外，多属性综合评价法、神经网络模型近年来也开始被采用。

（一）修正后的成本法

成本法是以被评估资产的当前重置成本为基础，从其中扣减相关贬值项之后得到其估值。基本计算公式为

评估价值=重置成本-实体性贬值-功能性贬值-经济性贬值

鉴于数据要素不同于普通资产的特点，学者从不同角度对成本法进行修正，并运用于估值实践。

1. 对成本内容细化

李永红和李金鹫（2017）对数据要素的取得来源进行了划分，其中通过自身积累形成的数据要素的成本主要由两部分构成，分别是期初的准备成本与运营过程成本两部分，得出计算公式：

$$V = C_0 + \sum_{i=1}^{n} C_i \qquad (3\text{-}7)$$

式中，V 为数据要素的评估价值；C_0 为期初数据要素的准备成本；C_i 为第 i 个运营周期数据要素的运营成本；n 为数据要素预期产生收益的期限。与

此同时，他们也指出，数据要素的价值具有一定的规模效应，其重置成本和实际成本存在非线性关系，这导致成本法的评估结果有可能与真实价值产生偏离。

2. 对成本项目简化

林飞腾（2020）认为，数据要素的价值往往会随着时间推移导致使用价值降低，即逐渐产生贬值，所以满足成本法评估的条件。同时提出由于数据要素不存在实体所以没有实体性贬值项目，因此将成本法评估公式简化为

$$评估价值=重置成本-功能性贬值-经济性贬值$$

进一步地，结合层次分析法对上述公式中各项因素进行了确定。

3. 与层次分析法结合

张志刚等（2015）、丁传琛（2023）均在研究中将层次分析法与成本法结合，以具体确定估值公式中各个影响因素项。

4. 两阶段修正成本法

邹贵林等（2022）分两个阶段确定数据要素的成本项：第一阶段与基本方法一样，先确定数据成本的各项因子；第二阶段增加了计算数据市场价的步骤，在可比交易价格法等三种方法中选用适宜的方法测算出数据的市场价，将成本价与市场价进行对比后，确定数据资产的最终价格区间。

但需要指出的是，尽管上述学者在对成本法进行改进上进行了不少探索，但仍然有很多学者质疑成本法在数据资产评估上的适用性。李泽红和檀晓云（2018）认为数据要素的价值可能会随着时间的推移增加，因而采用成本法是不太合适的。陈芳和余谦（2021）指出，成本法往往只考虑数据要素的初始成本，未能将后期的运营维护成本考量在内，此外也未考虑到数据要素的特点，即其价值在使用过程中损耗非但不能减少甚至可能会增加，因此用成本法进行评估有可能严重低估数据要素的价值。李秉祥和任晗晓（2021）认为，用成本法对数据要素进行估值，是站在重置资产的角度来加以考虑的，因此在对数据要素进行估值时，不仅要获取其数据要素的重置成本，还要获取数据要素的贬值因素等，但数据具有多样的数据类型，很难对某一类型数据的重置成本和贬值因素进行确定。黄海（2021）指出，数据要素不同于传统要素的特点导致很难准确估算它的数据要素的重置成本和贬值数额，因此用成本法评估数据要素的可行性较差。

（二）改进后的收益法

收益法的基本思想是加总被评估资产的所有未来收益，再按一定折现率折算成现值，以此作为其现时价值。收益法不仅能够应用于企业价值评

估中，还可以应用在一些特殊资产的评估上，如用于无形资产估值。目前国内外专利权、商标权、特许使用权等无形资产的估值主要运用收益法。数据要素常被视作特殊的无形资产，因此也有学者将收益法应用于数据要素价值评估。收益法评估的基本计算公式如下：

$$V = \sum_{i}^{n} \frac{R_t}{(1+i)^t} \quad (3-8)$$

式中，V 为数据要素的评估价值；R_t 为第 t 年数据要素的预期收益；i 为折现率；n 为数据要素预期产生收益的期限。

具体地，收益法又可细分为增量收益法、超额收益法、许可费节省法等。增量收益法的原理是数据要素的价值等于其所带来的各项增量效益折现值之和；超额收益法则是从企业整体收益中扣除其他相关资产贡献的价值后，将所得多余收益视为数据要素带来的超额收益；许可费节省法的思想是自身拥有某项资产（比如数据要素），可以不用向第三方购买该资产，从而可以节省定期支付的使用许可费，该许可费金额的折现值即为资产的价值。

实践中，许可费节省法通常被用于评估电影版权、专利、海域使用权、土地使用权等无形资产；在数据要素的评估上，比较常用的是超额收益法和增量收益法，其原理是对比企业拥有数据要素前后的收益差额或是在行业内进行平行对比得出数据要素为企业带来的利润，然后折现得出数据要素价值。

1. 增量收益法

这一模型的适用场景是：数据要素已基本实现商业化，能产生稳定经济效益，但主要是为企业赋能，如帮助企业降本增效或者助力企业获取更多用户和开拓市场等，但此时数据要素还不是企业的核心资产或最主要的价值驱动因素。

基于赋能的理念，这一方法的原理是：数据要素的价值等于其所带来的各项增量效益现值之和。在实践中通常是将没有数据要素的企业的利润与拥有数据要素的企业的利润进行对比，两者差异即为增量收益，所以也称为"有无对比法"。该方法的使用前提是企业内的数据要素可按照业务领域进行明确划分，业务领域对应要素对企业价值的贡献，这种贡献或是成本的减少，或是收益的增加。该方法具体公式如下：

$$V = \sum_{t=1}^{T} \frac{E_t - E_t'}{(1+r)^t} \quad (3-9)$$

式中，V 为数据要素的评估价值；T 为数据要素的经济使用年限；E_t 为企业在拥有被评估的数据要素的情形下各年度的经营收益；E'_t 为企业在假设不拥有被评估的数据要素的情形下各年度的经营收益；t 为期限；r 为折现率。

方法的操作步骤如下：①识别被评估数据要素为企业带来的赋能场景，如成本或费用的节省或运营效率的提升等。②预测和计算企业在拥有被评估数据要素的情形下，未来各年度能够产生的现金流以及经营利润。③假设在企业不拥有被评估的数据要素的情形下，预测企业未来各年度能够产生的现金流和经营利润。在该种情景下，企业可能需要花费额外的支出以获取数据要素的使用权，因而会增加企业的成本，或企业可能因为缺少数据要素导致其业务规模缩减，运营效率降低，从而影响收益。④必要时，对企业拥有和不拥有被评估数据要素的两种情形下的企业现金流进行因素修正，如考虑调整因子等。⑤计算上述两种情形下企业现金流的差额，得到被评估数据要素所带来的增量效益。⑥将上一步中计算得出的增量效益以恰当的折现率进行折现从而得到被评估数据要素的价值。

2. 超额收益法

与增量收益法类似，超额收益法是将数据要素给企业带来的超过平均回报率的收益作为评估依据，通过计算该超额收益的现值来估算价值。不同的是，其将风险因素纳入考虑，更注重风险收益特征，适用于对风险高、现金流不稳定的情况进行估值。

针对数据要素的特点，学者对收益法做的改进主要从以下途径进行。

1）增量收益模型中考虑增长期权

高文忠等（2023）将增长期权收益加入考量，在传统增量收益模型中增加了增长期权的价值。

2）超额收益法中修正折现率

陈芳和余谦（2021）将数据要素权属、安全性等特殊风险因素加以考量，对传统超额收益法中的折现率进行了改良，由此在收益法的基础上构建了一种新型的多期超额收益模型。

任紫娴和陈思（2023）则运用文本分析法对用户评价数据进行处理，以此对折现率进行修正。

3）增加或修正参数

胥子灵等（2022）在多期超额收益模型的基础上，针对评估企业的特点，增加了动态的客户留存率，同时修正了折现率和收益期。

但与此同时，也有一些学者质疑用收益法对数据要素进行价值评估的可行性。张咏梅和穆文娟（2015）认为数据要素的预期超额收益很难被确定，因此，用收益法评估数据要素的价值是行不通的。李永红和张淑雯（2018）则认为企业中数据要素产生的收益和产品产生的收益很难分开，因此，收益法不适用于对数据要素进行评估。李秉祥和任晗晓（2021）指出，收益法是用适当的折现率把数据要素未来产生的经济利益进行折现，会面临未来现金流难估计、使用期限不确定等困难。黄海（2021）认为，在不同的交易当中，数据要素的作用不同，数据要素为企业带来的未来收益也不同，进而导致收益法评估数据要素存在局限性。

（三）修正后的市场法

市场法是依据市价来确定评估对象资产价值的评估方法。在数据要素价值评估中，市场法可以理解为基于功能相似的数据产品价格，通过直接比较或是类比分析以得到数据要素价值的方法，一般认为这种方法得到的评估结果往往比较客观，易于被认可和接受，也更容易获得市场的认可。特别是，对数据交易市场的未来发展持乐观态度的学者更是认为市场法在将来会被大量使用。

本方法的一般步骤如下。①识别与被评估数据要素价值高度相关的影响因素。如前文所述，运用场景、使用方法、获利方式等的差异，会造成数据要素价值的差异，所以需要针对不同数据要素进行确定。驱动因素的选择没统一标准，一般会围绕数据要素的质量因素、容量因素、垄断因素、商业流通因素等方面进行考量。②选取可比的数据要素并收集其市场信息。③在可行的基础上，基于所有识别出的驱动因素维度，对被评估数据要素以及可比数据要素进行量化评价或打分，并对该因素对数据要素价值的重要程度（权重）进行分析，求取各自的综合评价系数。④基于可比数据要素的交易价格和综合评价系数，得到市场价值比率或乘数。⑤选取合适的市场价值比率或乘数乘以被评估数据要素的综合评价系数得到被评估数据要素的价值。

综上，运用市场法对数据要素进行价值评估的基本公式是：被评估数据要素的价值=可比实例数据要素的价值×技术修正系数×价值密度修正系数×日期修正系数×容量修正系数×其他修正系数。

进一步地，结合数据要素的特征，学者对传统市场法从以下途径进行修正。

1. 利用层次分析法计算技术修正系数

刘琦等（2016）认为随着数据交易市场的日渐活跃，在数据要素价值评估的过程中，选择市场法是可行的，但必须满足可比性的要求，可比性主要体现在数据为同一类型或是同一用途。此外，他们运用层次分析法综合了六个指标，对技术修正系数进行了改进。

2. 多选取参照对象并进行平均

李永红和李金鹜（2017）认为采用市场法评估数据要素时应当尽可能多地选取参照对象，然后将多个参照结果进行平均以保证结果的可靠性，具体公式如下：

$$V = \left[\sum_{i=1}^{n} V_i \times K_i\right] \div n \quad (3-10)$$

式中，V 为数据要素的评估价值；V_i 为第 i 个参照对象的市场价格；K_i 为第 i 个参照对象的综合调整系数；n 为选取参照对象的数目。

3. 结合层次分析法等方法进行改进

李永红和张淑雯（2018）首先基于层次分析法，从 9 个数据价值影响因素指标中得出每一项因素的权重，其次采用灰色关联分析法确定相应的可比数据资产，对市场法进行修正。

祝金甫等（2021）也运用层次分析法，基于 5 个方面共 21 个指标构建多准则评估模型对市场法进行改进。

张俊瑞等（2023）对交易性数据资产进行估值时，在市场法的基础上，提炼出影响数据价值的 5 个因素，结合层次分析法，构建了价值评估指标体系。

但同时也有不少学者认为，现阶段在我国使用市场法评估数据要素价值具有较大难度和不适用性。王建伯（2016）指出数据要素作为一种新型的交易类资产，在国内外交易的时间短、数量少，历史资料缺乏，难以建立价值评估的基础，容易造成评估结果失真。张迎等（2017）认为，大数据交易所可能为了集团利益高估售价，导致大数据要素的交易价格偏离正常的市场价格。王笑笑等（2019）指出：大数据更迭快，时效性强，而且具有地域特性，不同市场不同时期获得可比数据产品的概率很低，因此难以运用市场法对数据要素进行估值。陈芳和余谦（2021）认为，当前国内的数据要素交易市场尚不完善，市场的活跃度不足，交易价格不公开，可比案例少，这在一定程度上限制了市场法在数据要素价值评估中的应用。李秉祥和任晗晓（2021）也认为，市场法是基于相同或是相似市场可比交易案例的一种方法，但数据要素种类繁多且其价值具有不确定性，价值随着应用场景的变化不断变化。黄海（2021）指出，在不同的交易事项中，数据要素的价值不同，这导致数据要素的价值缺乏可比性，在一定程度上限制了市场法在数据要素评估中的应用。

（四）多属性综合评价法

多属性综合评价法是使用比较系统的、规范的方法对于多个指标、多种属性、多个单位同时进行评价的方法，是将主观评价和客观量化相结合的方法，基本步骤通常是：根据被评价对象的特点，提取重要特征属性构建指标体系，再根据不同的方法对指标进行赋权，同时对各个属性指标进行量化，最后将指标与各自权重结合后完成综合评价。

近年来最常用的多属性综合评价方法是 AHP，在数据价值评估中也有将 AHP 与其他方法结合进行改良的研究：周芹等（2016）将 AHP 与蒙特卡罗模拟法相结合；李菲菲等（2019）将 AHP 与模糊综合评价法相结合；宋杰鲲等（2021）也将其与直觉模糊决策法结合。这一方法在数据估值领域运用最多，具体综述详见尹传儒等（2021）的研究，此处不再赘述。

（五）神经网络模型

这一方法适用于数据要素交易市场成熟有序、具有大量的交易数据的情景。

神经网络模型是一种以神经元数学模型为基础、模拟人脑系统结构和功能、拥有学习能力的抽象数学模型。基于神经网络的数据要素估值模型，通常以数据自身特征，买方的需求，相关宏观经济、社会指标等作为输入值，对机器进行学习训练，通过模型自身不断模拟、学习，构建具有较高预测精度的交易价格预测模型。

倪渊等（2020）通过自适应遗传算法优化传统 BP（back propagation，反向传播）神经网络，构建了 AGA-BP（adaptive genetic algorithm-back propagation，自适应遗传算法-反向传播）神经网络模型，以提升其在数据要素价值评估上的精度。

在赵艳等（2022）的一项研究中，他们构建了一种基于 GCA（grey correlation analysis，灰色关联分析）-RFR（random forest regressor，随机森林回归）模型，通过对电影资源数据的实证检验，证明该文构造的模型的预测效果优于普通 GCA-BP 神经网络模型。

严鹏等（2023）以优易数据网的第一手数据为数据源，探究影响数据资产价值的主要影响因素。在此基础上，基于机器学习构建数据资产价值评估模型，并对样本数据进行实证分析。结果发现：数据容量、数据规模、数据质量、新鲜度和所属行业对数据资产价值起决定性作用。不同行业间的数据资产存在明显的"价值鸿沟",表现在高附加值行业的数据资产相较于其他行业具有更高的价值。进一步研究发现:基于机器学习构建的模型评估效果远远优于多元线性回归模型,其中,随机森林模型更适用于数据资产价值评估。

神经网络模型自身的动力学习特性如果与数据要素交易公开化信息相结合,那么建立的价值测算模型将具有较高的精确度和自动化程度,会为数据要素估值带来有力的帮助。但是,由于我国目前数据要素交易市场还在建设初期,尚不成熟,神经网络模型的普遍应用还有待时日。

第三节 数据要素估值实践

相对资本、土地等传统要素而言,数据这一要素还是个较新的概念,数据在被运用的过程中实现价值,进而促进经济的发展和技术的进步。学术界和实务界都认识到了数据要素在数字经济时代的重要性,在理论深耕的同时与案例结合进行了实践研究。近几年来,随着我国数据要素市场逐步发展,对数据要素估值的实证研究也逐渐增加。接下来以方法为线索,列出主要的估值实践探索成果。

一、模糊数学评价法

作为一种将定性评价转为定量分析的评价方法,模糊数学评价法特别适用于数据开发阶段,社会效益和经济效益均不显著但发展潜力较大的时期,不过由于这一阶段存在评估结果较难验证准确性、可靠性、有效性的问题,目前学术界对该方法进行数据估值的应用不多。宋栋等(2020)以个人隐私信息为例,运用与层次分析法相结合的模糊综合评价法,对个人隐私信息泄露数据进行了权重分析和价值估计。

二、数据势能模型

如前所述,数据势能模型由普华永道研究课题组于2021年最先明确提出,同年,在《开放数据资产估值白皮书》中将这一模型运用于公共开放数据的价值评估中。普华永道根据采集到的18个省级公共数据开放平台①的统计信息，同时整合其他渠道得到的信息披露和统计信息，对公共开放平台的数据要素价值进行了初步研究，并对数据势能估值结果进行宏观合理性测试分析，验证估值结果的合理性和科学性。

牟冬梅等（2023）将数据势能模型运用于电子病历数据的分析中，从以下三个维度阐述了电子病历数据势能的蓄积过程：形态维度的数据势能蓄积，体现在通过实现病历数据的结构化、多模态数据融合，提升数据质量；从空间维度来看，各个医疗机构间电子病历的互联互通能促进其数据势能的增加；时间维度的蓄积则体现在对患者全生命周期医疗数据的收集和储存上。进一步地，结合J医院电子病历数据对数据势能蓄积和释放进行案例分析，但未进行数据要素价值评估。

三、实物期权模型

翟丽丽和王佳妮（2016）运用改进的B-S实物期权模型对云计算联盟的数据要素进行评估，发现影响云计算联盟的数据要素价值的因素有联盟成员间信任差异度、企业贡献度、企业关注度以及企业的活跃度，构建了移动云计算联盟企业数据要素价值评估模型。

郭建峰等（2017）将实物期权法和突变级数法相结合，将财务指标和非财务指标进行综合考虑，提出了修正后的B-S实物期权模型，并运用该模型，基于财务和非财务指标，对沪深A股中排名连续的10家互联网企业进行价值评估，结合当时的企业市值进行比较，以此来确定有发展潜力的互联网企业。

王静和王娟（2019）采用B-S实物期权模型结合层次分析法，对蚂蚁金服、京东金融等五家互联网企业的数据要素进行了估值，验证了B-S实物期权模型能够较为准确地对我国互联网金融企业的数据要素进行评估。

李秉祥和任晗晓（2021）采用B-S实物期权模型这一动态评估方法分析得到数据要素期权价值模型，并选用2012年4月Facebook公司对Instagram（照片墙）进行收购的案例做实证分析，通过资产期权价值模型计得出Instagram的评估价值，结果与Instagram的收购价格相比，差距较小，验证了这一评估结果具有较高的准确性。

王治和李馨岚（2021）认为数据要素有别于传统资产，具有轻资产、高风险、更迭快等特征，估值方式应与传统资产有所不同。他们分别运用

---

① 18个省级公共数据开放平台为：北京市、天津市、上海市、重庆市、河北省、浙江省、广东省、山东省、四川省、贵州省、广西壮族自治区、河南省、福建省、江西省、海南省、陕西省、湖南省、宁夏回族自治区。

传统价值评估思路与 Schwartz-Moon（施瓦茨-穆恩）实物期权模型对企业泛微网络进行估值，结果发现，实物期权模型计算出的结果更接近于实际水平。进一步对三种实物期权模型（B-S 实物期权模型、模糊 B-S 实物期权模型、Schwartz-Moon 实物期权模型）进行敏感性分析的结果表明：Schwartz-Moon 实物期权模型评估误差最小，且模型稳健性最强，适用于不确定性高的互联网企业估值。

王玲等（2021）运用 Schwartz-Moon 实物期权模型对中兴通讯进行估值，将结果与传统自由现金流方法所得结果进行比较，认为前者所得结果更符合市场预期，而且其提供了一个价值区间，以便决策者进行弹性决策。

四、修正后的成本法

林飞腾（2020）对成本法进行改进后对某贸易公司收集的消费者服装购买行为大数据资产价值进行了评估。邹贵林等（2022）运用前述两阶段修正成本法对电网数据要素进行了估值。丁传琛（2023）、曾雪云和杜晟（2023）运用成本法分别对铁路数据、光大银行自有数据要素进行了估值实证。

五、改进后的收益法

这类方法的实践尝试较多。吴玉烁（2019）在对传统企业价值评估体系进行分析的基础上，结合软件行业特性选取更具有针对性的评估模型及方法，构建了新的价值评估体系，并基于收益法对金蝶软件进行价值评估，通过模型与案例企业平均股价相关性分析及数据合理性检验，印证评估模型的适用性。

李虹等（2020）将数据要素的收益分为给业务带来的超额收益和潜在收益两部分，分别采用现金流贴现法和二叉树期权定模型进行计算，对顺丰速运公司的数据要素进行了评估。

胡雯镟和任政亮（2020）以阿里巴巴为评估对象，基于 2017~2019 年所发生的一系列兼并收购行为，分析其披露的财报数据的变化，选择 EVA（economic value added，经济增加值）模型对其近三年投资行为所带来的企业价值变化进行评估，选择 DCF（discounted cash flow，现金流折现法）对投资规模不断扩张的阿里巴巴未来三年企业价值进行预测，验证了收益法在准确衡量具有发展潜力的互联网企业价值上具有代表作用。

陈芳和余谦（2021）在剩余法的基础上构建了一种新型的多期超额收益模型，以天士力医药为例，对其数据要素价值进行评估，研究还发现在天士力医药案例中，数据要素产生的超额收益有逐年递减的趋势。

嵇尚洲和沈诗韵（2022）根据数据要素的特性，将收益倍增法和情景法相结合，创建出用户数据倍加系数，利用这种方法来评估企业整体数据要素的价值，在实践中运用这一方法评估东方财富数据要素整体价值。

任紫娴和陈思（2023）、相羽帆和宋良荣（2023）在对超额收益法的折现率各自做了修正后，分别对拼多多、美的集团的数据价值进行了评估。

六、修正后的市场法

赵振洋和陈金歌（2018）运用市场法对圆通速递的整体无形资产进行了评估。祝金甫等（2021）运用改进后的市场法对我国 86 部已改编成片的 IP 文化视频产业内容价值进行了估值。张俊瑞等（2023）运用与层次分析法结合的市场法模型，评估了某旅游公司的旅游气象数据产品价值。

七、多属性综合评价法

多属性综合评价法的运用实践最为丰富。张志刚等（2015）将数据要素价值的构成分为两个部分，分别是数据要素成本和数据要素应用，采用层次分析法构建应用指标评价体系、用 yaahp 层次分析法软件计算权重，最终得出数据要素价值计算模型。魏晓菁等（2015）基于层次分析法设计了一个能够实现数据资产价值量化、数据可信度度量的管理方法，将其运用于电网数据管理。周芹等（2016）在研究中采用层次分析法分离数据要素在无形资产当中的贡献权重，然后使用蒙特卡罗模拟得出修正后的权重值，并由此测算出京东的数据要素的价值。石艾鑫等（2017）将数据要素价值评估体系分类为收集、处理和维护三部分，并在其基础上建立了评估指标体系。闭珊珊等（2020）梳理出了四个影响数据要素价值评估的关键影响因素，由此建立了 CIME（cost expense, intrinsic value, market demand, environmental constraints，成本费用，固有价值，市场需求，环境约束）模型，并进一步构建了三层评估指标体系。吴江等（2021）在充分考虑铁路数据要素的相关特征之后，建立了一个比较全面的数据要素价值评估体系，这一评估体系包含 1 个总目标、3 个一级指标、8 个二级指标和 21 个三级指标，建立层次分析法与模糊综合评价法的混合模型，并结合铁路主数据字段对该模型进行仿真实验。宋杰鲲等（2021）构建了包含数据成本、表观价值和服务价值 3 个方面 11 个指标的企业数据要素价值评价指标体系，并对其进行实证检验。姜玉勇（2021）指出数据的后期加工、使用等都可能影响数据要素价值，因此应当建立数据要素的动态变化监控模型，采用人工智能或机器学习技术克服传统评估方法的局限性。

八、神经网络模型

由于数据的可得性，这类模型目前的实践成果不多。王笑笑等（2019）将人工神经网络与模糊综合评价法结合，为减少人工干预，运用大量样本训练人工神经网络以确定大数据价值评估指标权重，进而构建大数据评估模型，以数多多数据交易平台作为研究案例，运用该模型对它进行实证研究，对该模型的准确性和适用性进行了初步验证。赵艳和倪渊（2019）在价值链理论的基础上，梳理了数字内容资源价值的影响因素，由此建立了估值指标体系，运用 BP 神经网络模型对京东电子书的数据资源进行估值，并将结果与采用多元线性回归模型所得结果进行比较，以检验 BP 神经网络方法的合理性和有效性。倪渊等（2020）基于武汉东湖大数据交易中心交易信息对 AGA-BP 神经网络模型进行实证检验。

第四节　数据要素估值环节小结

随着大数据技术的发展和数据价值被人们认可，学术界和实务界对数据要素估值的探索也不断跟进。但相关研究和实践都还不成熟完善。

就理论研究来说，还存在以下问题。

首先是数据要素的特点导致对其进行精确估值十分困难。尽管理论界探索了许多方法来对数据要素估值，或者在研究中对估值模型做了修正或改进，但各行各业经营特征不同，数据要素的来源不同，数据要素发挥的作用也不同，且数据要素具有的特性，如时效性、价值易变性等，都使得对数据要素的准确估值难度很大，研究只能尽量减小估值的误差。

其次是目前还不存在一种公认的方法来对数据要素进行价值评估。尽管学术界正如火如荼地开展一系列关于数据要素的研究，有效促进了数据要素价值评估相关理论的进一步发展，但一些评估模型缺乏实用性，要将复杂的方法运用到企业实践中尚存在较大的难度。

最后，现有方法仍有改进的空间。以前文所述 B-S 实物期权模型为例，其在估值时需要确定被评估对象的当前价值 S_0，通常将项目的预测未来现金流折现到评估基准日，从而计算出 S_0 的取值。但是当对一些轻资产的新兴互联网企业进行估值时，如果直接套用传统企业的价值评估方式测度其

当前价值 S_0，往往造成严重低估，所以需要对当前价值 S_0 的计算方式做适当调整，将传统的 B-S 模型进行拓展。

就实践运用来说，前文按照数据要素发展阶段对估值方法进行了分类，在数据要素开发阶段，因为其价值往往不是非常大，所以对其评估的实际需求不大，实践案例少；在数据要素经济价值显著阶段，各种基础参数的信息也比较完备了，实证案例比较丰富；而在数据要素经济价值上升、尚未超过社会价值的阶段，一些企业因为吸引投资者、上市等需要，对其拥有的具有很大潜力的数据要素进行估值的需求很强烈，但此时因为估值所需信息的不完备或方法比较前沿等原因，较少有研究者进行估值的尝试，具体来说，这一阶段适用的两种模型，特别是数据势能模型的实证案例很少，有鉴于此，本书后续两章将分别基于数据势能模型和拓展后的 B-S 实物期权模型，选定相关典型企业进行案例研究，以弥补目前的不足。

第四章　数据要素估值案例一：基于数据势能模型

如第三章所述，数据要素市场化早期的显著特点是：首先，数据要素的社会价值较大，且高于经济价值，之后数据要素的经济价值在社会价值基础上才逐步体现，而社会价值的评估较经济价值评估更难；其次，与社会价值伴生的准公共数据性质，往往导致数据权属的界定困难，进而导致估值困难。因此，数据要素所处市场化阶段越早、数据权属界定越模糊，其估值越难，相关的学术成果也越少。

但上述阶段，却是数据要素估值不可回避且具有重要开拓意义的一个阶段，本章和第五章尝试在这一方面做出有益的探索。本章在数年跟踪研究的基础上[1]，选定了一家处于市场化早期且数据要素类型具有一定准公共性质的企业——浪潮健康（山东健康医疗大数据有限公司的简称），拟运用数据势能模型对其数据要素估值进行探讨，以资提供借鉴。

第一节　案例企业基本情况

一、发展初期：准公共性质明显

1999 年，浪潮健康的母公司——浪潮集团有限公司（简称浪潮集团）通过提供 HIS（hospital information system，医院信息系统）、PACS（picture archiving and communication system，影像归档和通信系统）软件等信息化

---

[1] 自 2019 年起，作者团队即对本案例企业进行了跟踪研究，前期已经形成相关教学案例成果《浪潮健康：赋能数据医疗　共创平台生态》《三生三世　独木成林——浪潮健康平台生态系统构建之路》《借助数字化东风　探索资产化道路：企业数据资产化路径探索案例研究》，前两篇案例分别为中国管理案例共享中心入库案例，第三篇获得教育部学位与研究生教育发展中心 2021 年主题案例征集立项。

服务，开始涉足医疗卫生行业。2011年，在互联网云计算需求爆发之后，浪潮集团敏锐地抓住机遇，率先推出一系列行业云解决方案，当年协助山东省卫计委建设了全国第一朵"卫生云"，向卫生健康等公共服务领域深化拓展。

2015年，国务院发布了《促进大数据发展行动纲要》和《关于积极推进"互联网+"行动的指导意见》，围绕服务型政府，在公用事业、健康医疗、养老服务、社会保障等领域全面推广大数据应用。

2016年6月，国务院办公厅发布了《关于促进和规范健康医疗大数据应用发展的指导意见》（以下简称《指导意见》），明确提出要规范和推动健康医疗大数据融合共享、开放应用。

2016年10月22日，主题为"回归医疗本质、超越传统互联、融合所有力量"的"互联网+健康中国大会"在北京国家会议中心举行，与会者皆明确指出要积极发展、开发大数据，实现大数据与医疗健康行业的融合发展，加快创新互联网医疗健康技术的应用，加强医疗健康数据的安全保障，积极推进健康中国建设。

2016年10月25日，为推进健康中国建设，提高人民健康水平，根据党的十八届五中全会战略部署，国务院印发并实施《"健康中国2030"规划纲要》，提出要加强健康医疗大数据应用体系建设，推进基于区域人口健康信息平台的医疗健康大数据开放共享、深度挖掘和广泛应用；消除数据壁垒，建立跨部门跨领域密切配合、统一归口的健康医疗数据共享机制；建立和完善全国健康医疗数据资源目录体系；加强健康医疗大数据相关法规和标准体系建设。

截至2016年10月，国家相继出台了70多条相关"纲要"或"意见"，积极鼓励市场探索具备商业化价值的大数据产品，极大地坚定了浪潮健康不断发展健康医疗大数据业务的信心。

2017年，为进一步落实《指导意见》文件要求，国家卫计委先后选定了五个区域数据中心试点省（其中包括山东省），同时积极推进集团公司的建设。同年，作为推动筹建健康医疗大数据领域的"国家队"，浪潮集团依托自身的行业经验和大数据优势，承担了国家健康医疗大数据北方中心试点建设工作，并于2018年1月正式成立了浪潮健康。

浪潮健康将自身定位为大数据平台服务运营商：以研发大数据资源整合和服务技术为自身核心竞争力，以大数据为基础，开展平台化互联网医疗健康新服务，促进事业信息化和数字产业化的协同发展。2018年，浪潮健康在济南市持续发力，为济南市构建了异构、高效、安全可靠的区域健康医疗大数据平台，打造了以数据治理和共享服务为中心的平台新模式。

浪潮健康积极探索大数据平台建设，经过一年的努力，浪潮健康积累了大量的经验。2019年1月，浪潮健康成功中标内蒙古自治区卫生健康委员会基于电子病历的医疗综合服务平台和互联网+医疗服务平台，获得授权建设运营健康医疗大数据；2019年2月18日，浪潮健康与天津市签署了有关天津健康医疗大数据平台的建设和授权运营协议，协助天津市卫生健康委员会和天津市武清区共同建设天津健康云+大数据平台，短短三个月时间，完成三级医院数据汇聚并顺利开通"健康天津"APP，实现了快速突破。天津医疗大数据平台的建设标志着浪潮健康在大数据平台建设和运营得到了深化和拓展，在政务云的安全体系保障下，全量数据的采集与治理更加深入，基于平台的服务模式进一步细化。

2019年11月，浪潮健康在"中国数字健康医疗大会"上获得中国卫生信息与健康医疗大数据学会颁发的"健康医疗大数据济南平台建设与应用实践创新成果奖"和"基于大数据的互联网+智慧基层医防融合服务新模式优秀成果奖"两大奖项。

同年12月，浪潮健康凭借在健康医疗大数据采集管理、应用开发和产业发展方面的成就，获得"2019未来医疗100强榜"的"年度创新企业"称号，收获业内权威机构的认可。

此外，不到两年时间，浪潮健康建立的医疗平台生态战略联盟成员已经由最初的33家上升至130余家，平台生态系统得到了进一步拓展。

在看到上述成绩的同时，也应清楚地认识到：这一阶段，浪潮健康主要的工作大都是准公益性质的，从最初协助建设"卫生云"，到后来建设大数据平台，提供数据收集、清洗、归集等服务，由于数据权属问题，浪潮健康对数据要素不具有收益权，企业运营主要依靠政府、集团公司"输血"，无法自身"造血"，不能将数据要素与产品变现，未能形成盈利闭环。数据在这一阶段的社会价值是远远高于其创造的经济价值的。

二、"危""机"并存：疫情中逆势前进

2020年春节前后，新冠疫情突然暴发。这场疫情不仅改变了人们的生活和工作方式，也加速了健康医疗服务模式的更迭。

在市场变局与新冠疫情的双重冲击之下，浪潮健康为抗击疫情寻找高效、精准的高科技解决方案，迅速研发上线相关的疫情防控平台与电子健康码服务平台等服务系统，助力全国多地区实现医疗卫生、公安、交通等各类疫情相关数据资源快速汇聚交换，为各地政府疫情防控指挥部门提供

数据应用支撑。

疫情期间，浪潮健康与生态平台联盟企业合作，深入基层，取得了诸多实践成果，如成功为云南、内蒙古、天津、济南等省区市提供疫情防控专项服务，建成"云南疫情监测指挥平台""内蒙古疫情防控健康码融合服务系统""天津市区域流感监测大数据平台""济南新冠跟踪分析系统""入院实时监测大数据平台""区域大规模核酸检测服务平台"等大数据平台和系统。

2020年起，浪潮健康与百度强强联合，共同打造了抗疫的"槐荫模式"。它们协助济南市槐荫区39家社区卫生服务机构完成疫情防控排查工作，以点对点的方式自动拨打电话触达目标人群，将语音交流数据转换为疫情采集数据，并生成触达统计报告，定位高风险人群，协助政府相关部门高效率地开展辖区居民健康信息的采集与疫情摸底，为后续政府宏观防控提供数据决策支持，对潜在患者进行科学防疫知识宣教与就医引导，实现事前预警、事中防控、事后跟踪，极大提高了防疫效率。浪潮健康在疫情期间推动各类抗疫服务应用落地运营，其管理团队及企业本身荣获多项国家抗疫先进荣誉和12项行业荣誉。

2020年2月18日，浪潮健康成功完成1亿元的A轮融资，是我国在新冠疫情期间健康医疗大数据领域的第一单融资。

A轮成功融资后，公司继续与更多区域的大型医疗机构合作，推进健康医疗大数据平台建设和服务运营，同时助力政府公共健康与疫情防控大数据服务体系建设。

同年7月，浪潮健康和中南大学签署战略合作协议，旨在推动健康医疗大数据发展和"互联网+医疗健康"的建设，建立新的科技创新模式，即国际一流的全学科链和产业链深度融合。作为我国名列前茅的医学大数据研究建设的重点高校，中南大学在医疗大数据方面取得了卓越成绩，此次根据合作协议，中南大学下属的湘雅医院、湘雅二医院、湘雅三医院三家大型医院与数十个附属相关医院均参与到与浪潮健康的合作之中，双方在科技创新、人才培养和平台共建等重点研究领域深化合作，一起打造支撑创新孵化、健康医疗服务应用的大数据服务平台，共同培养、孵化以智慧医疗、医疗大数据应用技术等为核心的科研团队，将基础研究与应用研究打通、科研成果与产业运用联结，加快产、学、研的深度融合。

2020年12月，浪潮健康正式发布健康医疗大数据平台HDSP2.0。这是国内首个通过国家权威测试机构认定的健康医疗大数据资源管理操作系统，实现了异构多模态数据资源统一管理：它基于"高性能智算云中心+

大数据+全流程人工智能服务引擎"的数据底座,面向大型区域范围内的各类健康医疗机构,能实现开放式实时数据汇聚、治理、互联互通,进一步提升了健康医疗大数据实时互联能力,可以加速数据共享开放和"互联网+医疗健康"运营,同时为各类第三方提供中台服务,成为数字健康产业的重要支撑。

2020年末,浪潮健康与青岛市体育局、青岛市城阳区人民政府、山东大学签约合作,四方共同开展山东省体医融合标准服务试点,依托体医融合服务大数据平台,作为"政府主导、校企共建、产业化运营"路径的先行代表,共同打造体医融合服务新模式。

2021年初,浪潮健康与浪潮智业(厦门)健康医疗大数据科技有限公司基于新一代云和大数据技术,共同承担湖南北部的最大医院——常德市第一人民医院智慧医院项目,构建了面向未来15年的核心业务平台。

2021年2月,浪潮健康与天津市卫生健康委员会和武清区人民政府共同打造了天津健康医疗大数据超级平台,成功入选中国卫生信息化行业"智慧健康医疗创新应用奖"。

同年4月,浪潮健康又与国内首屈一指的面向医生的综合互联网平台企业梅斯医学开展全面战略合作,共同探索健康医疗大数据在临床科研、药械上市后研究、市场洞察等方向的应用与创新。

随着健康医疗大数据的应用维度不断扩大,浪潮健康的数据要素蕴藏着巨大的经济价值和社会价值。但截至目前,由于涉及复杂的数据授权问题,浪潮健康无法对数据进行大规模商用,这直接影响到了浪潮健康的数据变现,使其经济价值尚无法充分体现。A轮融资之后,如何对浪潮健康现在的价值进行合理评估,是多方关注的问题。

第二节 医疗健康大数据的特征及案例企业估值难题

一、医疗健康大数据的特征

本章案例企业涉及的数据要素属于健康医疗大数据,是大数据的一个子集。健康医疗大数据主要来自健康管理、医疗医药、公共卫生治理等领域,是为了实现健康医疗和公共卫生目标,在这一过程中产生或挖掘的相关数据。健康医疗大数据包括但不限于:政府直接提供的数据、合作企业提供的数据以及在诊疗过程中所产生的数据。医疗健康大数据具有以下特征。

（一）专业性和全面性

健康医疗大数据之所以具有专业性，是因为医疗卫生健康领域具有较高的专业门槛，采集、分析和应用医疗卫生数据都以专业的医疗操作为前提条件。

健康医疗大数据的全面性，是由于其来源范围广泛，它不仅可以来自专业的机构，如医疗机构和疾病防控机构等；也可以来自日常场景，如饮食、运动、睡眠等。

（二）人格性和公共性

现阶段，我国的医疗健康大数据的范围不再局限于医疗领域的数据，更多的是体现出强人格属性和公共治理价值。我们要在严格保障公民人格权的同时，将健康医疗大数据的价值充分发挥出来。

对医疗健康大数据的隐私保护，一直是个重要的问题，医疗健康大数据的保护路径主要是人格权保护和财产权保护：在健康中国的背景下，健康医疗大数据不仅包括根据法律法规必须进行披露、公示或共享的来自医疗、疾控和公共管理等领域的公开数据，有法律必须披露、应该公示或者可以共享的医疗、疾控、公共和管理等相关数据，还包括一些私密数据，如有关公民隐私和商业秘密的数据等。

（三）非结构化与结构化并存的数据形态

医疗数据自存在以来，一直是结构化与半结构化并存的形式。在大数据的概念提出之前，由于医疗行业具有严格记录信息的特点，病人诊疗信息通过病例、检查报告、用药记录等方式结构化存储。在大数据进入医疗健康领域之后，结构化与半结构化的数据价值得到了进一步提高。大数据的一大重要应用场景就是健康医疗领域，实践也在不断证明医疗数据挖掘和分析的重要意义。

二、案例企业数据要素的特征分析

针对本章案例主体——浪潮健康，其拥有的医疗健康数据除了具备上述医疗健康大数据的共同特征，还具有以下个性特征。

（一）蕴含巨大经济价值潜力

浪潮健康的数据要素经过不断开发和拓展，已经形成了较好的生态发展模式，其健康医疗大数据已在实践中为各地政府及卫生健康委员会、医疗机构等提供优质服务，帮助政府部门进行疫情监测、开展行业监管治理，不断与高校、企业和科研机构建立合作机制，加快健康医疗大数据产业化运营，同时研发个人全生命周期健康服务 APP，方便个人就医与健康管理。浪潮健康已搭建起一系列服务平台和对接端口，形成了相对完整的平台生态系统，并实现了一定的商业化。可以预计，随着浪潮健康体系应用的拓展、技术的升级以及合作企业的增加，其数据要素规模将持续快速增长，在实现社会价值的同时，经济价值将持续蓄力并实现，如为医疗研究企业、健康保险企业提供数据或调研报告等，迸发巨大商业价值的潜力。

（二）当前数据变现能力较弱

根据前文可知，浪潮健康最初建立是为了承担政府试点建设工作，进行健康医疗大数据平台技术研究、系统开发与应用服务探索，后续逐步承担起更多的政府任务，如建立疫情监测、行业监督以及健康管理等平台。浪潮健康所获取的数据大多是来自政府授权，浪潮健康并没有商用的权利；此外，数据确权问题是整体数据要素共同面临的问题，目前没有法律对数据确权问题做出明确规定，数据权利属性、数据权利主体以及数据权利内容均存在较大的争论，一般情况下，缺少个人授权的流程，私人数据的权利主体仍为个人，企业难以掌握控制权和所有权，但是数据确权又是数据流通、数据商业化的前提，这在一定程度上阻碍了数据变现。

（三）经济价值逐年上升

截至 2021 年底，浪潮健康几乎没有盈利现金流，其在政府和集团的资金支持下运作，根据政府要求承担项目，做数据整理清洗、平台搭建，旨在履行社会责任，社会价值比经济价值突出。浪潮健康在疫情前后的优异表现以及完成 A 轮融资等，都预示着浪潮健康有能力加快研发大数据平台，强化人工智能和区块链技术创新。随着进一步加强数据增值服务能力和提供互联网服务产品，在保障人民健康生活和发展数字健康的同时，浪潮健康将创造无限的经济价值。

三、案例企业估值难题

如前所述，目前常用的数据要素估值模型有传统的成本法、收益法、市场法和新兴的实物期权法、模糊综合评价法、神经网络模型等。前述的浪潮健康的数据特征，导致上述模型和方法都不适用。

（一）成本法适用性分析

成本法下，资产的价值为被评估资产重置成本扣减贬值耗损的差额，而成本仅从数据开发、构建及维护所花费的成本角度进行分析。与传统资产不同，数据要素的价值往往不仅在于相关设备和软件搭建的成本，更在于应用过程中产生的增值，所以在成本思路下，数据要素的价值可能被严重低估。浪潮健康的数据要素的最大来源就是其应用过程中的增值和潜在的经济价值，这些都是在成本法模型下无法衡量的。

（二）收益法适用性分析

收益法下，数据要素的价值取决于投入使用后要素的预期收益能力，该模型的底层逻辑是折现原理。由于其科学性，收益法得以在资产评估中被广泛应用，后续学者又提出多因素修正后的增量效益折现模型、非核心资产/因素剥离折现模型等修正模型。但是目前浪潮健康未显现商业化的运用，没有可以作为预测的盈利现金流的基础，短期内也没有具体的商业计划，未来收益难以估计。现金流量和折现率是收益法的核心，但这两者均难以预测和观测，客观上收益法也不适用。

（三）市场法适用性分析

市场法下，需相同或相似的可比数据要素作为比照，在拥有市场价格的基础上，根据目标资产的独特性进行修正，进而对目标资产进行估值。我国目前没有医疗大数据交易市场，更不存在公开活跃的交易市场，没有可获取的可比交易价格，因此市场法的估值思路在浪潮健康的估值上难以运用。

（四）实物期权法适用性分析

实物期权法下，对数据要素进行估值时，需要考虑数据要素的价值不仅包括数据产生的收益，而且包括决策者在投资、研发、生产等决策中的选择权所带来的收益，即期权价值。我们当前无法估计浪潮健康数据要素的未来收益，同时，由于浪潮健康的数据使用场景多样，且数据的价值在不同的使用场景下大多不同，基于现有信息估计不同场景下的价值具有较大的主观性，因而运用实物期权法对浪潮健康进行估值基本是行不通的。

（五）模糊综合评价法适用性分析

使用模糊综合评价法估测数据要素的价值，通常是基于模糊数学和层次分析法，先确定价值的影响因素，构建评价指标体系，再由相关专家通过打分得到各指标权重，最终得到数据要素价值。浪潮健康的数据要素的潜在社会价值和潜在经济价值远高于其原始投入成本，如果仅仅运用模糊综合评价法来对其潜在社会价值和潜在经济价值进行估值，将会因为缺少相应的标准而存在较大的主观性，进而导致错误估值。因此，仅运用模糊综合评价法对浪潮健康的数据要素进行估值是不太合适的。

（六）神经网络模型适用性分析

神经网络模型下，通过利用数据要素自身特征、数据要素购买方对数据要素的实践实例、一些宏观经济和社会指标等作为输入值和学习训练数据，以实际成交价格作为检验，通过模型自身不断模拟、学习、训练，在此基础上建立样本中输入变量（即影响数据要素价值的相关因素）和输出结果（数据要素价值）的关系，再代入未成交数据要素的因素变量，就可以得到数据的价值。神经网络模型需要数据要素交易市场成熟、有序、活跃，且具有大量的交易数据和数据要素交易信息。当下，我国的数据要素交易市场还在建设初期，尚不成熟，因此，神经网络模型的运用还有待时日。

综上，经过对浪潮健康的发展阶段、行业、外部环境等方面的综合分析，发现其数据要素具有以下特征：①短期内不以商业化为目标，目前的社会价值远大于经济价值；②随着数据医疗大数据的发展和数据确权问题的完善，浪潮健康的数据要素的经济价值将大幅提升；③目前没有产生盈利现金流，未来收益不好评估。另外，由于我国目前不存在公开、成熟、活跃的数据要素交易市场，以上估值模型均不适用于浪潮健康的案例。

第三节 数据势能模型的提出及其成果回顾

一、数据势能模型的提出

如前所述，由于公共（或准公共）开放数据自身的独特性，将传统估值思路应用于其估值时面临诸多挑战。2021年，普华永道在《开放数据资产估值白皮书》中首次借用物理学中的势能概念作为理论基础，提出数据势能新概念，并给出相应的估值模型，推动了公共开放数据的估值体系的研究。

物理学中的势能，是指储存于一个系统内的潜在能量，即还未释放出来的能量。根据物理学能量守恒定律，势能可以释放或者转化为其他形式的能量，这种能量就是价值。

公共数据开放的价值与势能的概念极为相似，该阶段的数据要素处于能量的存储积累的状态中，蓄势待发。虽然数据要素现阶段还没有产生一定的商业利益，但在以数据驱动社会发展的重要趋势下，形成了不同程度的社会价值。

公共开放数据价值包含数据开发价值与数据潜在价值：前者由全系构建成本与公共开放数据质量调整系数组成；后者则由公共开放数据的潜在社会价值以及潜在经济价值组成。

数据开发价值是指数据在尚未被公众使用时，其价值仅仅是提供数据所需要的成本，其关键价值驱动因素是全系构建成本和数据质量综合评分体系。

潜在社会价值是指在提供惠民以及智慧政务服务的过程中，数据的潜在社会价值逐步彰显，达到远高于其开发价值的"数据高度"，其关键价值驱动因素是用户下载量/点击量、人民整体生活质量及效率提升和人民幸福指数。

潜在经济价值是指数据要素应用于医疗、金融、教育、交通、能源等多个领域。随着应用场景的不断增加，数据要素的经济价值呈指数级扩大，其关键价值驱动因素是数据经济增长率（或GDP增长率）和潜在应用场景的多样化。

基于上述思想，数据势能模型借鉴了物理学上的重力势能公式，提出如式（3-2）所示的数据势能计算模型。

$$数据要素价值 = 数据开发价值 \times 潜在经济价值呈现因子 \times 潜在社会价值呈现因子$$

关于上述模型中各参数的界定与说明，在第三章中已有详述，此处不再赘述。

二、数据势能模型研究成果回顾

数据势能模型由普华永道于 2021 年首次提出，目前相关研究成果比较罕见。

在《开放数据资产估值白皮书》中，普华永道根据采集到的 18 个省级公共数据开放平台的统计信息，结合第三方数据要素专家对公共开放数据质量和公共开放数据应用场景的评分，以及中国信息通信研究院各地区数字经济增长率信息，对这些省级平台的数据要素价值进行了研究分析。

模型的估计具体如下：①全系构建成本通过与各省级公共数据开放平台专家访谈、第三方数据要素专家判断汇总而成。②公共开放数据质量由第三方数据要素专家分别从 5 个维度（准确性、完整性、及时性、时效性和唯一性）逐一打分，加权平均后得出结果。③潜在社会价值呈现因子基于采集到的各省级政府开放平台数据实际下载量计算得出。④潜在社会价值与下载量呈非线性正相关的关系，即其增长率随着下载量的不断增加而逐渐减少，呈现边际效应递减趋势。⑤根据中国信息通信研究院发布的《中国数字经济发展白皮书》，以各地区 2019~2021 年平均数字经济名义增长率作为潜在经济价值的基础。⑥由专家评分得出各省区市数据应用场景系数，该系数评分通常与应用场景的数目多少、应用行业的多寡等成正比。

基于上述数据进行计算，数据势能模型得到以下实证结果：①18 个省区市的公共开放数据要素潜在价值超过 1000 亿元。②北京市、上海市、广东省、浙江省、四川省和山东省（省市排列顺序以民政部为准）的公共开放数据实际下载量和应用场景多样性均领先于全国其他省区市。③潜在社会价值占总价值的 65%，潜在经济价值约占 35%。④目前公开数据平台的建设发展尚处于早期阶段。数字经济发展走在前沿的省区市（如广东），政府平台发布公开数据最长也仅有五年时间，大部分省区市还在公共开放数据平台的初期开发阶段，整体仍在不断探索、不断优化的过程中。⑤在当前这个阶段，公共开放数据要素尚在蓄积潜在社会价值的过程中，而经济价值理应在社会价值的基础上形成，但借助公共开放数据平台实现大数据变现的案例仍比较少。因此，目前公开数据要素所带来的社会价值要大于其经济价值，而经济价值会在政府公开数据平台达到建设成熟期后，当社会各界认识到其潜在价值并大力挖掘开发后逐渐得以体现。

除上述研究成果外，赵需要等（2022）在研究回顾的基础上，借鉴数据势能模型，以山东公共数据开放平台为例，从数据开发价值和潜在价值两个方面对政府数据开放平台进行了价值测算。

第四节 估值过程与结果

通过前文对浪潮健康数据要素特征的分析，我们可以看到：短期内，浪潮健康的数据要素不以商业化为目标，数据要素变现能力较差，但在以数据驱动社会发展的当下，其产生的社会价值远高于经济价值；从长远看，浪潮健康的数据要素处于能量的储存积累中，蓄势待发。综上可见，浪潮健康的数据要素与公共开放数据要素具有一定的相似之处。

传统的估值模型，或是其他主要基于经济价值的新兴估值方法之所以对浪潮健康都不适用，是因为那些模型和方法未充分考量到浪潮健康数据的准公共性质，忽略了其在现阶段的巨大的数据社会价值。

基于此，我们尝试将浪潮健康的数据要素比照公共开放数据要素，运用数据势能模型对其进行估值，充分反映其包括的巨大社会价值以及内在、潜在经济价值。

以下我们将从数据开发价值、潜在经济价值呈现因子、潜在社会价值呈现因子三个方面进行具体估值，数据由案例企业提供，真实可靠。

一、数据开发价值估值过程

数据开发价值由数据系统构建成本（m_0）、数据质量调整系数（q_i）、数据合规安全调整系数（s）三者共同决定。

（一）数据系统构建成本

数据系统构建成本是企业构建数据要素所需的全部投入，包括初始建设成本、运维成本和管理成本。

1. 初始建设成本

初始建设成本主要包括硬件总投资、基础软件和应用软件，我们整理得出浪潮健康在 2018~2021 年的初始建设成本分别为 5099 万元、13 648 万元、9899 万元以及 5833 万元。具体计算过程如表 4-1 所示。

表 4-1 初始建设成本计算过程　　　　　　　　单位：万元

项目	具体项目	2018 年	2019 年	2020 年	2021 年
硬件总投资	（无法细分）	477	3 886	1 565	732
基础软件	大数据平台	805	1 617	498	342
	数据采集	512	1 801	578	305
	数据清洗	1 145	1 462	1 467	983

续表

项目	具体项目	2018年	2019年	2020年	2021年
基础软件	结构化/非结构化数据库	54	218	512	196
	数据中台	302	532	786	1125
	数据安全	276	477	301	183
	主数据管理平台	842	1224	935	541
	计算、存储和网络虚拟化	53	149	331	469
应用软件	数据可视化	301	810	489	305
	用户画像	88	378	1012	183
	商业智能	214	956	1231	322
	图像识别	30	138	194	147
合计		5 099	13648	9899	5833

2. 运维成本和管理成本

运维成本和管理成本作为数据系统构建成本的重要组成部分，主要可以分为人力成本和物力成本。根据原始数据，整理得出浪潮健康在2018~2021年的运维成本分别为980万元、2476万元、3381万元和2547万元，2018~2021年的管理成本分别为1000万元、1275万元、1270万元和1200万元。具体计算过程如表4-2所示。

表4-2 运维及管理成本计算过程　　　　　单位：万元

项目		具体项目	2018年	2019年	2020年	2021年
运维成本	人力	员工成本	750	1 561	1 428	956
	物力	服务器	130	747	997	1 354
		软件	100	168	956	237
	运维成本合计		980	2 476	3 381	2 547
管理成本	人力	员工成本	450	630	620	510
	物力	其他费用	550	645	650	690
	管理成本合计		1 000	1 275	1 270	1 200
运维成本和管理成本合计			1 980	3 751	4 651	3 747

将浪潮健康的初始建设成本、运维成本和管理成本加总，我们可以得出，浪潮健康在2018~2021年的数据系统构建成本分别为7079万元、17 399万元、14 550万元和9580万元，具体如表4-3所示。

表 4-3　数据系统构建成本　　　　　　　　单位：万元

	项目	2018 年	2019 年	2020 年	2021 年
数据系统构建成本 m_0	初始建设成本	5 099	13 648	9 899	5 833
	运维成本	980	2 476	3 381	2 547
	管理成本	1 000	1 275	1 270	1 200
	合计	7 079	17 399	14 550	9 580

（二）数据质量调整系数

这一指标是由第三方数据要素专家根据数据要素的特性，从公共开放数据的准确性、完整性、及时性、时效性及唯一性等五个维度逐一进行打分评价，再经过加权平均后最终得出的结果。通过数据要素专家对浪潮健康的数据要素进行打分评价，我们整理得出，2018~2021 年浪潮健康的数据质量调整系数分别为 0.20、0.50、0.75 和 0.80。

（三）数据合规安全调整系数

这一指标一般也是由第三方数据要素专家从数据要素的安全性和合规性等维度进行打分评价得到的，反映了对数据安全风险因素的综合考虑。通过对专家打分结果进行整理，得出 2018~2021 年浪潮健康数据合规安全调整系数分别为 0.70、0.80、0.90、0.95。

我们将数据系统构建成本 m_0、数据质量调整系数 q_i、数据合规安全调整系数 s 代入数据开发价值的公式中去，可以得出，浪潮健康在 2018~2021 年的数据开发价值依次为 991.06 万元、6959.6 万元、9821.25 万元和 7280.8 万元，如表 4-4 所示。由此可见，浪潮健康的数据开发价值逐年增加，有很大发展潜力。

表 4-4　数据开发价值计算过程

项目	2018 年	2019 年	2020 年	2021 年
数据系统构建成本 m_0/万元	7 079	17 399	14 550	9 580
数据质量调整系数 q_i	0.20	0.50	0.75	0.80
数据合规安全调整系数 s	0.70	0.80	0.90	0.95
数据开发价值 m/万元	991.06	6 959.6	9 821.25	7280.8

二、潜在经济价值呈现因子估计过程

普华永道测算省级公共数据开放平台的经济价值时，g_e 为各省近三年的平均数字经济名义增长率,以反映数据要素带来的经济推动作用。在本案例中,我们取 g_e 为数据要素为企业带来的收入增长率,根据企业提供的数据可得,该增长率在逐年上升,由 2018 年的 20% 上升为 2021 年的 50%,但同时也可见,浪潮健康的收入增长率在放缓,意即其变现能力遇到一定的阻碍。

数据要素的应用多样性 x 这一指标由专家打分得到,应用场景越多,涉及的领域越广泛,评分越高(表 4-5)。

表 4-5 应用多样性评分所对应的数据应用场景系数

应用多样性评分	数据应用场景系数
(80,100]	5
(60,80]	4
(40,60]	3
(20,40]	2
[0,20]	1

参照普华永道发布的《开放数据资产估值白皮书》里给出的对应应用场景系数表,将其反映在 x 取值中,可以看到 2018 年到 2021 年,浪潮健康的数据要素应用指数逐年上升,表明浪潮健康在"平台+生态"的有机发展模式下,数据要素逐步实现多维度、多场景、较成熟的运用。由此可以计算出其潜在经济价值呈现因子如表 4-6 所示。

表 4-6 潜在经济价值呈现因子 g 计算过程及结果

项目	2018 年	2019 年	2020 年	2021 年
数据要素带来的收入增长率 g_e	20%	30%	5%	50%
应用多样性评分	30	50	75	85
应用多样性评分对应系数 x	2	3	4	5
潜在经济价值呈现因子 g	1.44	2.20	4.42	7.59

至此我们可得:2018~2021 年浪潮健康的潜在经济价值呈现因子分别为 1.44、2.20、4.42 以及 7.59,体现了其数据要素可以呈指数倍增长的经济潜力。该因子反映出了潜在经济价值不断"蓄力"的过程。

三、潜在社会价值呈现因子估计过程

浪潮健康的数据要素有着重要的社会价值：运用数据要素为政府提供监管与治理的决策基础，提高政府决策的高效性、准确性和科学性，最终建立健全健康保障制度、提升社会整体生活质量。

社会价值的评判，一般有较强的主观性，需要运用一些相关指标对其进行量化。本章先统计了可以直接量化的一些相关的指标，如活跃用户数量、重复访问量、数据使用频率及黏性、数据使用满意度、下载量等，如表4-7所列。

表4-7 具有代表性的社会价值指标统计表

相关指标	2018年	2019年	2020年	2021年
活跃用户数量/个	3	136	1237	2183
重复访问量/（次/年）	1	98	1056	1978
数据使用频率及黏性/（次/年）	10	30	100	300
数据使用满意度	无	50%	60%	75%
下载量/（次/年）	115	657	2548	5550

最终我们选取了下载量这一指标，原因是：通常下载与使用的关联度很大，下载量在社会价值指标中具有很强的代表性，其反映了政府和公众对数据的关注程度。浪潮健康数据要素的下载量可以反映其平台的运用活跃度和社会对数据要素的获取和了解的过程：随着下载量的增加，这些数据要素将在社会中得到更广泛的应用。这一指标的增长反映出企业拥有的健康医疗数据将逐步改变人们医疗方式，推动更多的健康经济商业模式，从而带动数据要素的价值上升。

由表4-7可以观测到，下载量这一指标每年都在成倍地增长：由2018年的每年115次，增加到2021年的每年5550次，体现了数据的价值在不断地被认可和升级。

为了消除不同指标间绝对值规模的影响，更好地将下载量这一指标体现在模型中，我们采用了下载量的增长率这一相对数来计算潜在社会价值。

此外，潜在社会价值呈现因子计算公式中的参数 a，此处取0.5，一方面是为了较好地反映随着下载量增加，社会边际效用递减的趋势，另一方面是出于对资产估值过程中谨慎性原则的考虑。由此计算出评估企业近年来的潜在社会价值呈现因子，计算过程如表4-8所示。

表 4-8 潜在社会价值呈现因子 h 计算过程

相关指标	2018 年	2019 年	2020 年	2021 年
下载量/（次/年）	115	657	2548	5550
下载量增长倍数	—	5.71	3.88	2.18
潜在社会价值呈现因子 h	—	2.39	1.97	1.48

表 4-8 显示了浪潮健康 2019~2021 年三年的数据，2019～2021 年的潜在社会价值呈现因子分别为 2.39、1.97 以及 1.48。

四、浪潮健康数据要素总价值

将以上三部分的计算结果代入数据势能模型，可以得到 2019~2021 年浪潮健康数据要素价值，如表 4-9 所示。2019 年，浪潮健康数据要素价值约为 3.66 亿元，到 2021 年已增长为 8.18 亿元，年均增速为 49.4%。在可预见的未来，浪潮健康数据要素的价值将持续快速上升，迸发出巨大的社会和经济双重价值。

表 4-9 数据要素价值 V_d 计算表

相关指标	2019 年	2020 年	2021 年
m/万元	6 959.6	9 821.25	7 280.8
g	2.20	4.42	7.59
h	2.39	1.97	1.48
V_d/万元	36 593.58	85 517.55	81 786.68

第五节 估值结果分析、评价及展望

一、估值结果分析

利用数据势能模型对浪潮健康的数据要素进行估值的过程中，可以观测到：①浪潮健康数据要素经济价值在稳定上升，2019 年之前社会价值仍大于经济价值；②2020 年开始，由于疫情的原因，浪潮健康加速了与政府、企业和医疗机构的端口对接，数据量迅速提升，数据服务在外部环境催化下，深度和广度上都得以进行跨越式发展，其经济价值也迅速提升，经济价值开始高于社会价值；③潜在社会价值呈现因子 h 的下降并不意味着其社会价值的降低,该值更多的是反映与经济价值相比,社会价值在资产价值评估中起到的相对作用的大小。

通过系统的分析计算,最终我们得出:①就总量来看,浪潮健康在2019~2021年数据要素价值分别是3.66亿元、8.55亿元以及8.18亿元,年均增长率达到49.4%。②就增速来看,2021年,浪潮健康的数据要素的价值相较于2019年有了较大提升,但是增速相较于2020年有一定下降。这主是因为2020年前后新冠疫情暴发,作为医疗健康数据领域的龙头企业,浪潮健康承接试点任务、与政府和企业加强合作,促进企业软硬件的升级,极大地促进了数据要素的发展;到2021年,进入了疫情防控常态化阶段,在开发疫情监测、预防等服务功能可以稳定提供的同时,浪潮健康继续探索其平台生态的发展,探索人工智能以及人工智能在本行业的应用,恢复了正常的发展速度。

二、数据势能估值模型的优势与局限性

本案例运用数据势能模型进行估值,将浪潮健康的数据要素价值划分为数据开发价值、潜在经济价值和潜在社会价值,然后利用价值驱动因素依次进行分解,再根据企业提供的相关数据和数据要素专家对其相关指标的评分进行了详细、系统的计算。运用数据势能模型对现阶段浪潮健康的数据要素进行估值,避免了传统的估值方法或其他基于盈利现金流的衍生估值模型的弊端,充分考虑了数据要素的开发价值、社会价值和经济价值,这样得出的数据要素价值评估结果是比较合理的。

但同时,这一方法也确实存在一定的局限性。

首先,数据势能模型由普华永道会计师事务所提出并进行了初步的实证和检验,具有一定的科学性和准确性。但该模型主要用于开放公共数据的估值,对浪潮健康所拥有的准公共数据,该模型指标的适配度、准确性还需要进行调整,模型的拓展应用还需要学术界和实践界共同深入的研究和论证。随着这方面的探索越来越多,模型的适用性和科学性才能更好地得到验证,模型也能得到进一步的优化。

其次,该模型存在许多主观因素。在数据开发价值中,涉及数据的质量调整系数和安全合规调整系数,在潜在经济价值呈现因子中,需要对数据要素应用场景多样性进行量化——这些质量、安全合规以及应用场景多样性指标都需要专家打分才能得以量化,会受到专家数量、专家数据要素的认知程度以及专业能力等主观因素的影响,主观干预性难以控制。此外,出于对企业数据要素保密性的考量,本案例中运用的指标由企业内部数据要

素专家进行评分,这样做虽然能够保证专家对本案例的数据要素的评分是基于较深入的了解而做出的判断,但是可能会更大程度地受到主观性的影响。

再次,该模型中部分指标的处理和取值缺乏严格的标准。潜在经济价值呈现因子的计算过程中,专家做完应用场景多样化的评分之后,我们借鉴了普华永道发布的《开放数据资产估值白皮书》中所列出的表格,找到对应分数区间下的指数进行后续计算,然而这个区间是否有较强的普适性还需要进一步判断和说明。但基于应用多样性评分越高,指数越高这一合理的逻辑,本章依然采纳了该白皮书中给出的指数标准。用于计算潜在社会价值呈现因子的效率指数也存在一定的模糊性,随着数据要素发展,其带来的社会价值边际递减,效率指数 a 的参考取值区间是 0.5~1,本章出于对资产估值谨慎性的考虑,选取了 0.5,但和真实的增长曲线可能有些许的差异。

最后,在计算潜在社会价值呈现因子时,我们需要选取最具社会价值代表性的指标投入模型进行量化。经过一系列的筛选和判断,我们选取了下载量这一指标,但如何消除绝对值数量级之间的影响,将不同指标转化为相对值放入模型中,在以往数据势能的模型和实证文献中,均没有披露具体参考方式或提供指引。经过对该指标进行深入了解和思考,本书计算了下载量的增长率这一指标用以消除绝对值的影响。此外,在以往开放数据的估值实证中,文献一般选用各省份数字经济增长率这一宏观指标来测算潜在经济价值,但本书测算的企业属于微观层面,所以用数据要素带来的收入增长率进行替换。上述这些细节都需要更多的探讨,以使该模型在指标选取上更加科学统一。

综合来看,虽然数据势能模型还不尽完善,但鉴于浪潮健康这一评估主体的特殊性,其他的估值模型更难在该案例主体企业中得以运用,所以总体上数据势能模型的适用性和科学性还是目前最优的。众所周知,数据要素本身就是多样的、多元的、充满不确定性的,它难以被定义,它的下一种存在形式和应用场景也只有在未来才能给出答案,现在很多估值方法难以覆盖其多样的价值。尽管数据势能模型存在一定的发展和完善的空间,但其为我们评估有着重大社会实践价值以及巨大经济潜力的数据要素提供了新的评估思路,就本案例来说,它也是当前最为适用的估值模型。

三、浪潮健康数据要素价值发展展望

近年来,随着健康中国战略的深入实施,医疗大数据事业和产业得到了显著发展。健康医疗大数据作为国家重要的战略资源,备受政府部门、

医疗机构、科研企业等相关行业的关注，健康医疗大数据有望成为经济发展的新动能。可以预见，个人全生命周期健康管理时代将更快到来，大数据产业的前景将更加宽广，健康医疗大数据的发展将是保障健康中国目标实现的重要工具。浪潮健康市场身份定位是健康医疗数据平台服务运营商，在健康医疗大数据的研发和应用方面不断创新，实现了政府应用和产业发展的融合互动。

数字经济时代，数据已成为企业经营发展的核心要素之一，社会对数据要素的呼声也愈加强烈。目前，学术界和实务界正在积极开展对数据要素的确权、估值、定价以及交易等问题的研究，随着研究的不断深入，数据要素的确认、计量以及列报与披露指日可待。

近年来，浪潮健康依托数据要素实现了企业的快速发展，A 轮融资 1 亿元的成功实践表明，浪潮健康的数据要素蕴藏的巨大价值得到了社会各界的认可，社会各界对浪潮健康的未来发展信心十足。虽然浪潮健康的数据要素尚未商用，但其迸发的价值是无限的。我们在看到数据要素的开发价值的同时，也要更多地关注数据要素的潜在社会价值和潜在经济价值。

本章利用数据势能模型对浪潮健康的数据要素进行估值，估值结果表明尚处于发展初期的浪潮健康的数据要素价值较大。未来，随着浪潮健康的不断发展，浪潮健康的数据要素所蕴藏的价值将会逐步显现出来。随着数据要素估值体系建设的进一步加快，数据要素的估值方法将会更加成熟，将会有更多的估值方法可以用来对浪潮健康的数据要素进行准确估值。这有助于精确量化浪潮健康的价值，进一步增强对浪潮健康的信心，为浪潮健康注入更多经济活力，助力浪潮健康的长远发展。

第五章　数据要素估值案例二：基于拓展 B-S 模型[①]

除了数据势能模型，基于实物期权思想的 B-S 模型也是近年来新兴的数据要素估值模型，但在某些情境下，该模型中资产初始价值的计算方法不适合部分数据要素密集型企业。因此本章尝试在这一方面做出有益的探索：结合 DEVA 模型将传统的 B-S 模型进行拓展，具体选定了移动社交领域的典型企业——微博[②]，运用拓展后的模型对其数据要素估值进行探讨，以期对同类企业提供借鉴。

第一节　案例企业基本情况

一、案例企业背景及社交平台特性对企业价值的影响

随着网络技术日新月异的发展，网络与现实社交方式出现了高密度重合和普遍性交叉，对传统社交形成了极大补充，促进了我国网络社交的迅速发展。2010 年以来，大批社交网站开始关注具有便捷有效的互动沟通优势的移动社交方式。

移动社交与传统的 PC 端网络社交相比，采用了移动性更好的工具载体——手机、平板电脑等。它具有智能交互、不限场地等特点，能够让用户不再受制于时间、空间、网络和终端的约束，随时、随地实现与他人的交互沟通，使网络社交进入了移动新时代，这种无界限、全时段、多场

[①] 本章相关研究成果为中国管理案例共享中心教学案例《蓄力十余载 数据炼成金——"哔哩哔哩"数据资产价值评估》。

[②] 微博最初为新浪公司旗下微博业务，其前身为 2009 年 8 月上线的新浪微博。2014 年 3 月 27 日，正式更名为微博，同年 4 月 17 日在美国纳斯达克上市，2021 年 12 月 8 日，在香港联交所二次上市。

景的交流，让交流平台比以往任何时候都更广阔。

由此，我国网络社交的重心慢慢从基于 PC 端的网络社交向移动社交转移，许多互联网平台也借助移动社交这种新兴平台，一跃成为炙手可热的互联网行业龙头企业。

根据哈佛心理学家 Stanley Milgram（斯坦利·米尔格拉姆）的六度空间理论，每一个人与陌生人之间的间隔不会超过六个人。这意味着每个个体的社交圈子都可以被不断放大成为一个大型网络，让陌生人成为熟人，循环往复，构建出庞大的社交网络。

上述方式是早期社交网络的雏形，也是许多移动社交平台发展的模式。随着移动化与社交化更深程度的融合，移动社交变得更加多元化，其多元化因素更多体现在时间序列、行为轨迹和地理位置等，并逐渐蔓延成为开放社交平台生态。本案例中研究的微博，就是典型的综合类移动社交平台。

近年来我国移动社交平台的发展现状主要呈现以下特征。

（一）市场呈现持续增长态势

2023 年 3 月 2 日，中国互联网络信息中心（China Internet Network Information Center，CNNIC）发布的第 51 次《中国互联网络发展状况统计报告》显示（图5-1），近年来我国手机网民规模及其占比呈快速上升趋势。截至 2022 年 12 月，我国网民规模达 10.67 亿人，其中手机网民规模达 10.65 亿人，较 2021 年 12 月增长 3636 万人，网民中使用手机上网的比例为 99.80%。

特别是 2020 年以来，新冠疫情的暴发给我国社会的方方面面带来了诸多改变，其中，社交媒体在抗击疫情方面做出了巨大贡献，微博、微信公众号、抖音等社交媒体成了传达政令、信息通报的重要平台，伴随着日活跃用户数大幅度提升，再辅助以大数据技术的加持，移动社交平台在为公众服务做出贡献的同时，也迎来了一波新的发展机遇，获得了新的利润增长空间。

上述手机等移动端网民规模的高速增长以及占比的大幅提升，预示着移动互联网平台市场体量不断扩大，随之带来的用户需求也极大推动了我国移动社交行业的快速发展。

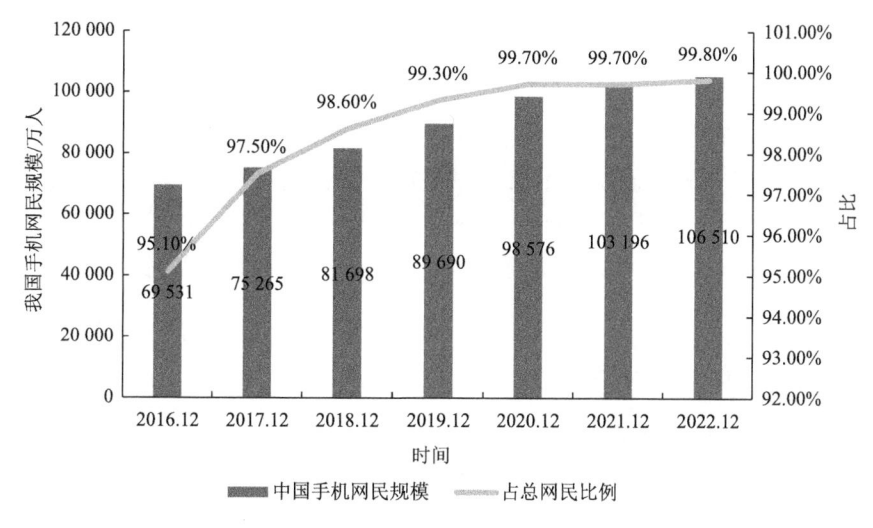

图 5-1　我国手机网民规模及占总网民比例

（二）收入增长潜力巨大

如图 5-2 所示，我国移动社交平台市场规模从 2016 年的 653.5 亿元增长至 2022 年的 2334.3 亿元，其中社交平台增值服务及游戏业务收入从 2016 年的 414.5 亿元增长至 2022 年的 1104.8 亿元，社交平台广告业务收入从 2016 年的 239 亿元增长至 2022 年的 1229.5 亿元，所占比重后来居上，超过了社交平台增值服务及游戏业务带来的收入。

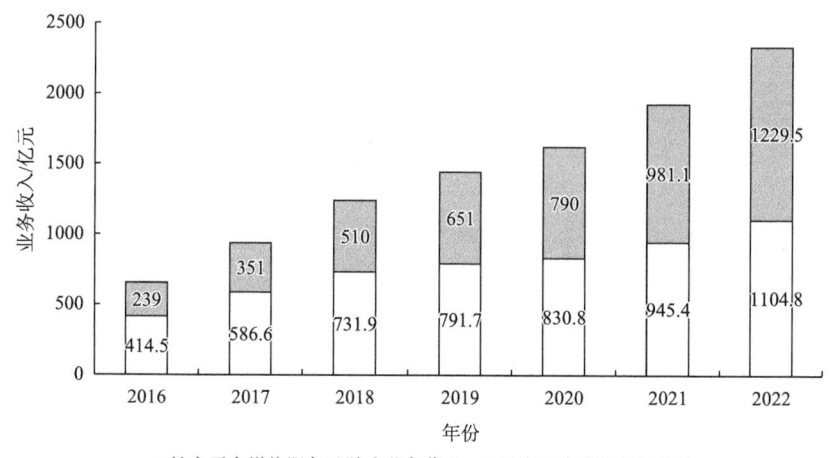

图 5-2　我国移动社交平台市场规模及分布

资料来源：CNNIC

除了平台的广告及增值服务收入，移动社交平台通常提供个性化增值服务及基于兴趣的社交体验，而用户也越来越愿意为移动内容付费，在平台内进行消费能大大提升用户的体验感（如微博的会员增值服务、V+会员等）。这种商业模式的创新不仅开拓了新的营业收入渠道，其中一部分收入分成也会支付给内容发布者，激励其创造出更优质的内容，进而吸引更多的用户和付费，实现良性循环，用户黏性不断提升，具有巨大的增长潜力。

（三）用户趋于年轻化

2022年CNNIC的调查数据显示（图5-3），我国移动社交平台用户年轻化趋势明显。其中95~00后、00后占比分别为13.3%、18.2%，合计占比达到31.5%，且该比例还有上升趋势，随着青年用户收入的逐步增加，社交平台的市场前景持续被看好，其带来的消费红利也会逐渐展现。

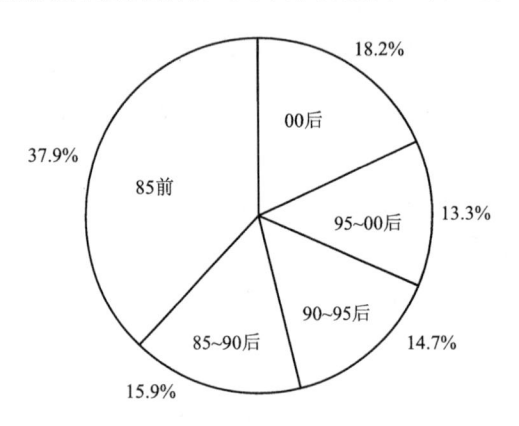

图5-3 中国移动社交平台用户年龄分布情况

但与此同时，社交平台间的市场竞争也逐渐加剧，想要在竞争中获得更多的话语权，就要抢占更多的用户资源和业务领域。

综合国内市场移动社交平台市场的用户规模和发展情况，以及对价值创造方式、商业模式和市场环境等的分析，目前我国移动社交平台企业具有以下特征。

1. 马太效应明显，市场集中度高

马太效应是一种两极分化的现象，多形容社会财富和资源总是流向已经拥有多数财富和资源的一方，其造成的后果是富者愈富、贫者愈贫、赢家通吃的局面。在互联网经济中，行业特征会使得这种效应非常显著，只有已经实现原始优势积累的大平台才能持续、稳定经营，而后进入的中小平台由于技术壁垒、资源匮乏等因素，很难与大型平台竞争。

以国内社交平台为例，聊天类社交软件微信一家独大，占据市场的半壁江山，背后有腾讯雄厚资源的支撑；视频类社交平台是抖音与快手平分秋色；而微博则是靠着十几年的原始积累，才保持现在的行业地位。

2. 前期投入高，投资回收周期长

由注意力经济理论可知，与传统企业不同，移动社交平台所投入的成本主要是信息数据，这些信息成本被用于营销和激励用户，进而吸引用户的注意力并鼓励他们尝试使用该项产品，将潜在用户发展为忠诚度高、活跃度强的稳定客户，最后将用户资源作为数据要素通过商业渠道进行变现，直到最后阶段才实现平台盈利，这个周期是非常漫长的且"烧钱"的。

以美团 APP 为例，其在初期用大额优惠券吸引客户，进行亏本式推广，才有了后续的发展和盈利。类似地，微博于 2009 年创办，在 2015 年后才实现转亏为盈。

近年来，移动社交平台行业的竞争手段不断推陈出新，经营创意层出不穷，有源源不断的新兴产品企图瓜分老用户。面对有限的用户资源，新加入的企业必须拿出昂贵的入场费才能换取在市场上的一席之地，原始企业也必须对这条价值链进行长期投资才能守住已占据的市场份额。

3. 平台业务多元，市场竞争激烈

移动社交平台业务具有显著的多元化特征，是典型的多边市场，因此平台必须考虑到多边市场中所有的成本、价值关系，并建立稳定的收支链路，但由此带来的市场交叉又会使得各边之间的效应互相影响，如赞助商与用户、用户内部之间的相互作用。上述现状也会导致多元业务的市场竞争加剧，进而也会使得整个行业容易出现牵一发而动全身的蝴蝶效应。

因此，为了在风险可控的前提下追求平台价值最大化，赢得更多的用户资源和市场份额，模仿行业成熟平台的做法成为一种捷径。这使得个性化内容推荐、点赞、群组讨论等交互方式几乎成为国内移动社交平台的标配。

综上所述，可以看到：在互联网行业特别是移动社交行业中，平台用户的数量及其活跃度是其拥有的数据要素的基础，丰富的用户数据资源是企业竞争力的重要支撑。作为国内移动社交平台行业的头部平台，微博也不例外，其企业价值主要来自它拥有的数据要素，而数据要素的价值又来自用户数量和质量——这一逻辑思路是后文结合 DEVA 模型对传统 B-S 模型进行拓展的基础。

二、案例企业发展历程

2009年8月，微博依托综合门户网站新浪网上线，当时的名称为新浪微博，是新浪网旗下的移动社交业务模块。它的设立初衷是使用户可以以简短文字，辅以图片、视频等多媒体，实现信息的实时分享、传播互动。微博通过提供社交、娱乐、新闻等复合型商业服务，让用户实现信息共享和传播，同时也打破时空交流的限制从而获得用户间沟通和分享的社交体验。

在当时运营方式单一、平台企业数量不多的行业中，微博在社交平台领域一马当先，它以便捷的操作降低了使用门槛，扩大了受众群体；它以实时信息发布为特点，有助于实现裂变式的传播；它的互动沟通功能让用户与他人互动，并与世界紧密相连；同时它还通过明星等意见领袖的账号，实现品牌传播等功能。作为继门户搜索网站之后的互联网新入口，微博对信息传播的方式、社交方式都产生了颠覆性的影响。

这种新奇的社交平台本身就让人眼前一亮，再加上明星账号的"吸粉效应"，微博成立一年半之后，注册用户量就突破了一亿人。

随后，虽然有六十余家公司，比如腾讯、搜狐也相继推出了微博类产品，但新浪微博占尽天时地利人和，以先入为主的庞大市场份额和用户数，在诸多竞争者中脱颖而出，拔得头筹。

2010年6月，微博股份有限公司在开曼群岛注册成立，是新浪的全资子公司，它打败了所有名为"××微博"的竞争对手，成为移动社交平台行业内唯一的"微博"。

2012年微博开始在盈利模式上进行了新的探索，开始在平台上向用户投放广告，通过广告收入赚到第一桶金后，微博逐渐推出点赞、超话、签到等越来越多的功能来拓展自身内容。除了基础功能的开发，微博还接入了电子商务、网络游戏、社交媒体等第三方开发者。

通过多方面的尝试，微博的平台功能越发完善，商业化营销逐步成型，也由此得到了资本市场的青睐，2014年4月在美国纳斯达克实现上市。

上市之后，微博的发展如虎添翼，成为我国移动社交平台行业的佼佼者，截至2014年底月平均活跃用户可达到1.76亿人次。在后续的发展中，微博加快了商业化的步伐，不仅引入了直播、游戏、KOL（key opinion leader，关键意见领袖）等经济增值服务，还创建了成熟的以粉丝平台为核心的商业工具体系。

巨大的用户规模也使其成为广告商的重要广告投放平台，资本也再次向微博抛出了橄榄枝。2021 年 12 月，微博在香港联交所二次上市。

目前，微博能够提供社交、娱乐和新闻等多重功能，受众用户已不再局限于年轻人，吸引了更多领域媒体、名人等的进驻，已经成为国内最为广泛使用的社交媒体平台和重要的实时信息发布平台。

截至 2022 年底，微博的月平均活跃用户已到达 5.86 亿人次，日平均活跃用户数有 2.52 亿人，其中移动端用户占总人数的 95%。这也预示着，在竞争激烈的移动社交产品行业，微博占领着极大的市场份额和竞争优势。

三、案例企业营收情况

近年来，微博的营业收入总体来看波动较大（图 5-4）。2017~2018 年是公司营业收入的高速增长期，2017 年微博的营业收入增长率高达 75.37%。2018 年开始，随着抖音、快手等短视频平台的兴起，微博的用户流量也受到了一定的冲击，营业收入增速大幅放缓。2020 年以来，受到新冠疫情以及宏观经济的影响，微博营业收入的波动幅度较大，2020 年公司营业收入同比下降了 4.36%，2021 年有所反弹，2022 年微博营业收入总额约为 18.36 亿美元，较 2021 年的约 22.57 亿美元下降了 18.64%。然而随着疫情的好转以及宏观经济的整体复苏，微博凭借其坚实的用户基础以及稳健的商业变现能力，营业收入也有望逐步回到增长区间。

图 5-4　2017~2022 年微博营业收入及同比增速

资料来源：公司财报、Choice 金融终端

微博的营业收入主要包括广告及营销收入和增值服务收入。从表 5-1 中可以看出，近年来公司的广告及营销收入占营业收入百分比一直维持在 87% 左右，在营业收入中占据主导地位。除广告收入以外，微博也通过会

员、直播、游戏等板块实现用户付费，但收入占比相对较小。

表 5-1　2018~2022 年微博营业收入构成

指标	2018 年	2019 年	2020 年	2021 年	2022 年
广告及营销收入/百万美元	1499.18	1530.21	1486.16	1980.80	1596.65
增值服务收入/百万美元	219.34	236.70	203.78	276.29	239.68
广告及营销收入占营业收入百分比	87.24%	86.60%	87.94%	87.76%	86.95%
增值服务收入占营业收入百分比	12.76%	13.40%	12.06%	12.24%	13.05%

资料来源：微博公司财报

（一）广告及营销收入

从微博披露的年报中可以看出（图 5-5），阿里巴巴是微博广告营销业务中最大的客户。2013 年 4 月，阿里巴巴通过其全资子公司向微博注资 5.858 亿美元，收购其 18% 的股份，成为除新浪以外的第二大股东。在入股的同时，阿里巴巴与微博还签订了战略及营销合作协议，加深广告营销业务方面的合作，淘宝商家和微博账户实现互联互通，商家可以一键在微博发布商品信息，2013~2015 年，阿里巴巴对微博广告收入的贡献达 30% 以上。

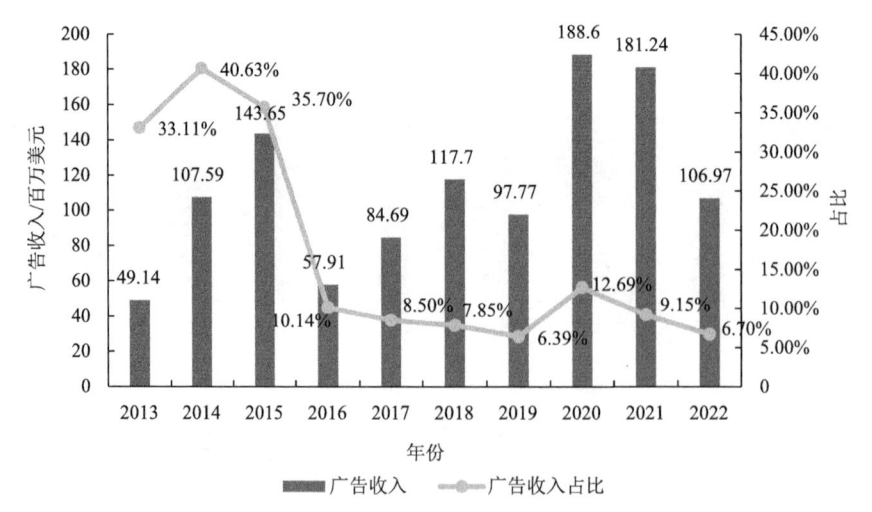

图 5-5　微博来自阿里巴巴的广告收入及其占比

资料来源：微博公司财报

近年来，微博业务规模不断扩大、经营范围逐步拓宽、广告类型日益丰富、客户数量逐渐增加、收入规模大幅提升，阿里巴巴对于微博广告收入的贡献占比呈下降趋势，2022年来自阿里巴巴广告收入的占比为6.70%，但总体来看，阿里巴巴仍是微博广告业务最大的客户。

从移动端的数据来看（图5-6），微博移动端广告收入的占比逐年提升，广发证券的研究报告显示，2013年微博移动端月活跃用户（monthly active users，MAU）的占比为70%，移动端广告收入占比仅为28%，到2021年移动端月活跃用户占比达到95%，移动端广告收入占比增长至93%，说明微博从PC端向移动端的转型较为成功。

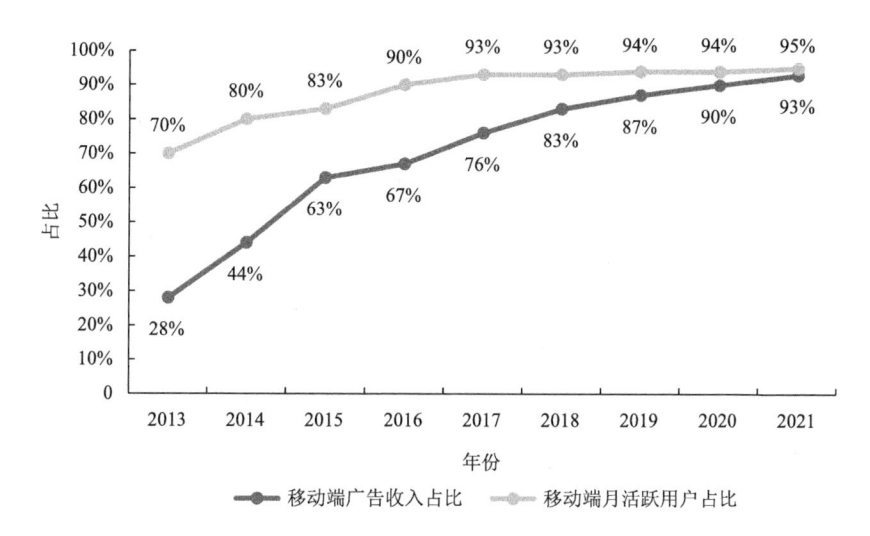

图5-6 微博移动端月活跃用户及移动端广告收入占比
资料来源：微博公司财报、广发证券

（二）增值服务收入

除广告收入以外，近年来微博12%~13%的营业收入来源于公司的增值服务，包括VIP会员费用、游戏相关收入以及直播平台收入等。

微博会员包括VIP会员和SVIP（super very important person，高级会员），会员用户可以享受专属标识、微博置顶、屏蔽特权、群组上限等有偿增值服务，高级会员还可以享受内容权益、动态头像、个性flag（旗帜）等专属特权服务。

由于微博的用户规模广泛且年轻化特征明显，在游戏方面具有很高的开发价值，依靠其独特的社交媒体属性，微博组建了集游戏信息获取、预约、下载、讨论、分享于一体的全场景链路，成为众多游戏官方进行福利放送的社交媒体平台。

在直播产品方面,根据微博热搜榜趋势报告,2021年上半年所有垂直领域中,体育和电竞热点涨势突出,体育热点数量增长128%,进入前十名的电竞热点数量增长65%,未来微博直播也会加强与体育、游戏等领域的结合,通过付费观看、打赏等模式拉动增值服务收入的增长。

四、案例企业用户情况

微博的用户是其数据要素价值和企业价值的重要影响因素,因此需要对其用户情况做详细的分析。

(一)主要用户群体

微博的用户呈现显著的年轻化特征。凭借其独特的社交媒体属性,微博在影视娱乐和时政资讯等方面占据优势地位,"刷微博"已经成为当今年轻人的一种新的生活方式。

据微博2020年用户发展报告(图5-7),90后和00后用户的占比之和接近80%,其中90后用户占据微博用户的半壁江山,该年龄段用户不但易于接受新鲜事物,而且具备一定的消费能力。

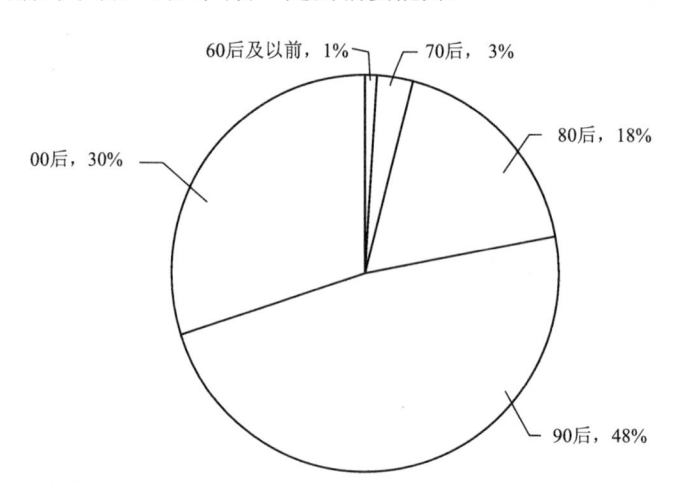

图5-7 微博用户年龄结构

资料来源:微博用户发展报告

此外,在性别结构上(图5-8),90后和00后用户中女性用户所占比例较高,00后微博用户中女性比例达到61.60%。

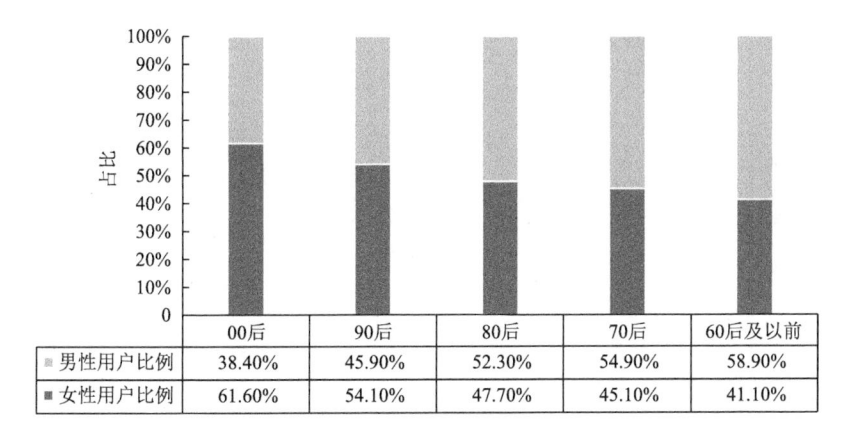

第五章 数据要素估值案例二：基于拓展 B-S 模型

	00后	90后	80后	70后	60后及以前
男性用户比例	38.40%	45.90%	52.30%	54.90%	58.90%
女性用户比例	61.60%	54.10%	47.70%	45.10%	41.10%

图 5-8 微博用户性别结构

资料来源：微博用户发展报告

（二）活跃用户数量稳中有进

根据广发证券的研究报告，2022 年 4 月国内主要社交媒体平台的月活跃用户如图 5-9 所示，其中微博的月活跃用户为 4.70 亿人，仅次于微信和抖音位列第三。

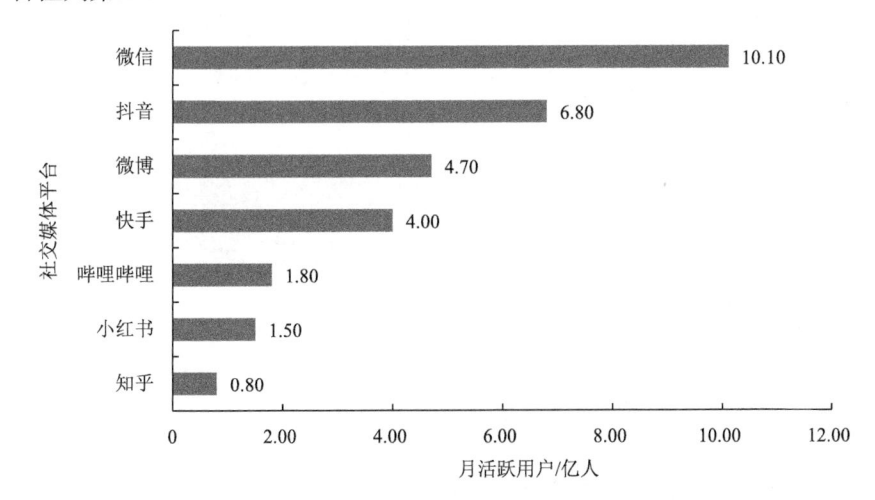

社交媒体平台	月活跃用户/亿人
微信	10.10
抖音	6.80
微博	4.70
快手	4.00
哔哩哔哩	1.80
小红书	1.50
知乎	0.80

图 5-9 主要社交媒体平台月活跃用户

资料来源：广发证券

就增长速度来看（图 5-10），在当今移动互联网用户规模增速逐渐放缓、用户数量趋近于饱和的情况下，微博在保持其用户体量遥遥领先的同时，每年仍有稳健的增长，截至 2022 年 12 月 31 日，微博的月活跃用户达

5.86 亿人，日活跃用户达 2.52 亿人。

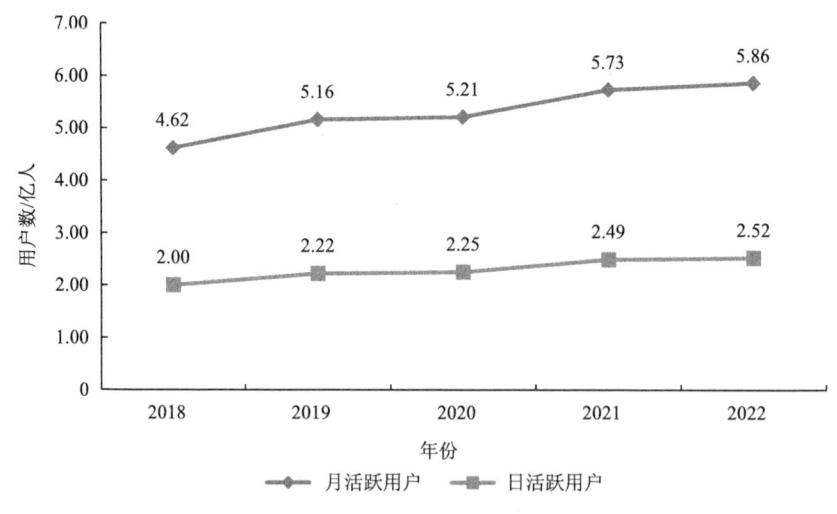

图 5-10　2018~2022 年微博活跃用户数

资料来源：微博公司财报

此外，在用户黏性方面（图 5-11），微博的用户黏性指标日活跃用户数与月活跃用户数的比值为 42.00%，仅次于微信以及抖音和快手两大短视频产品，体现出用户对于微博的使用频率较高，依赖性较强，在同类社交媒体平台中竞争力显著（图 5-11）。

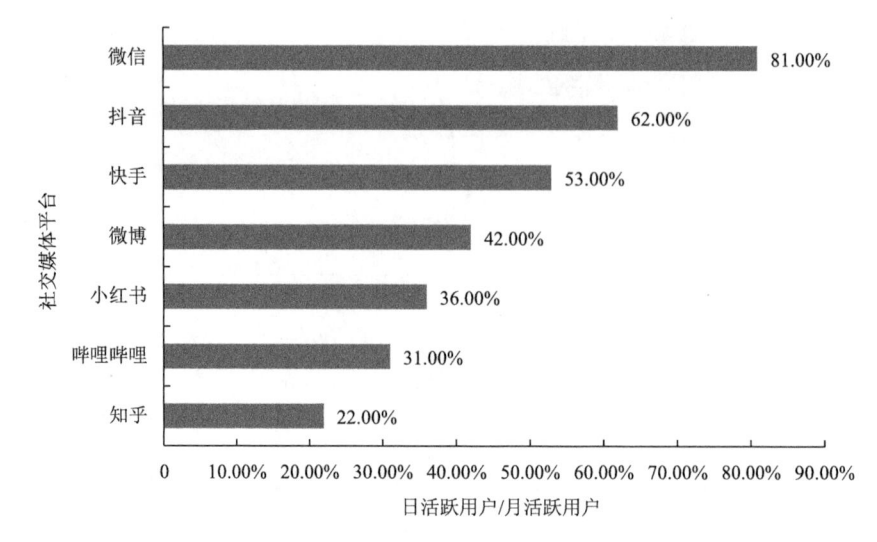

图 5-11　主要社交媒体平台日活跃用户/月活跃用户

资料来源：广发证券

（三）活跃创作者持续产出

为了保持用户的高黏性，打造优质的内容生态平台，微博在广告代言、用户付费、电商、平台补贴四个方面持续助力内容创作者的成长，通过多元化手段，扩大创作者规模，提升内容质量，提高优质创作者的影响力和商业变现能力。例如，V+粉丝订阅、微博打赏、付费问答等产品促进了博主与粉丝关系的变现，优质的创作者能够被更多的人看到，激励创作者不断提升作品的创作频率和优质度。

2021年6月，微博运营的垂直类目共计46个，其中28个类目的月浏览量超过100亿次，根据微博发布的2021年度创作者收益报告，每个领域都有创益空间，其中美妆、搞笑幽默、时尚、音乐、美食等领域最为突出。截至2021年6月，微博的月活跃创作者数为4190万人，远高于同类的社交媒体平台，如微信、知乎、哔哩哔哩等（图5-12）。

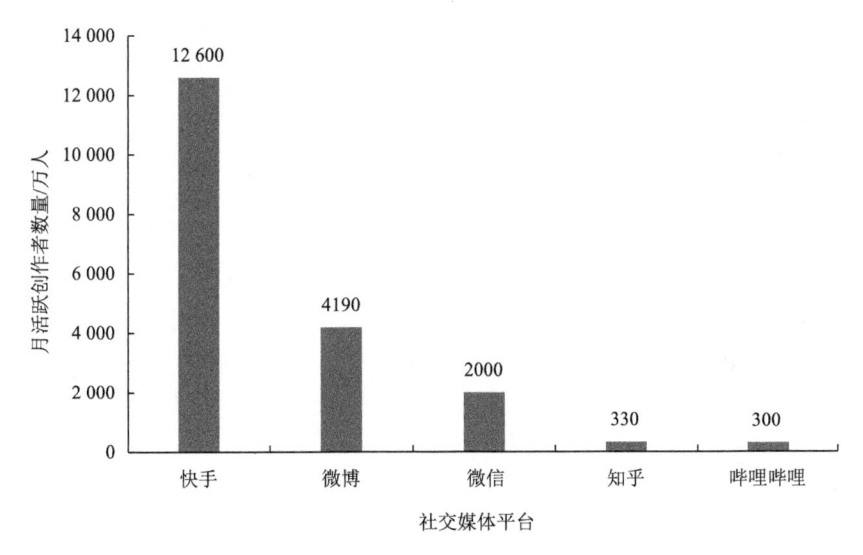

图5-12 不同平台月活跃创作者数量对比

资料来源：微博招股书、广发证券

进一步看，在社交媒体时代，KOL通常是在某一领域中有一定的号召力和话语权的人，如明星、行业名人、知名博主等，他们具有广泛的社会影响力和商业价值，是平台中一项不可或缺的资源。KOL往往具有固定的粉丝群体，发布的内容质量较高，粉丝黏性较强。

从创作频率来看（图5-13），克劳锐指数研究院选取了各平台粉丝数量超过 1 万的账号,将其 2020 年的月均发稿数量进行对比,微博 KOL 的月均发文量为 204.8 条,名列前茅,远高于其他社交媒体平台,说明微博用户更倾向于高频的分享。

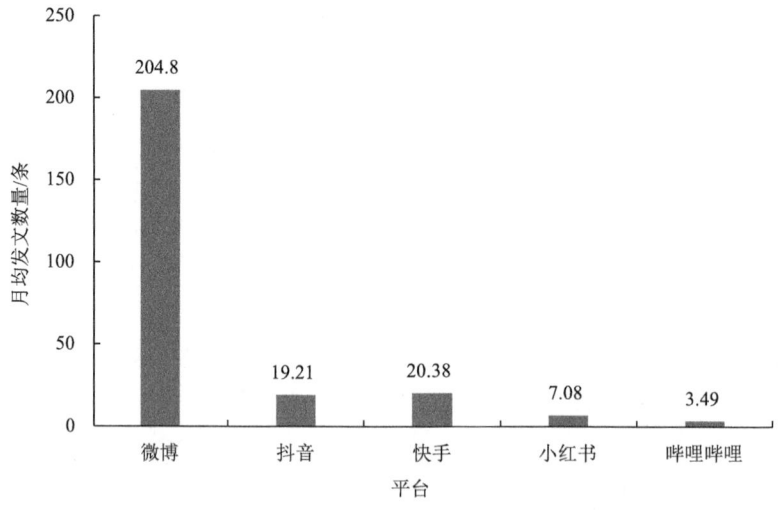

图 5-13 2020 年不同平台 KOL 月均发文数量对比

资料来源:克劳锐指数研究院

五、案例企业价值来源及特点

综合来看,微博的企业价值蕴含于其创造的虚拟数据要素中,其来源呈现以下特点。

(一)"热点+社交",用核心优势增加用户黏性

微博热搜引爆突发事件传播的能力和独特的社交媒体属性是其在移动互联网市场上获得成功的关键因素,也是建立并巩固自身用户群体的基石。

微博发布的《2021 上半年·微博热搜榜趋势报告》显示(图 5-14),2021 年上半年,微博社会热点占比和垂直热点的占比呈现上升趋势,与 2020 年 12 月相比,热搜中的社会热点占比从 31% 提升到 36%,垂直热点占比从 35% 提升到 38%;娱乐热点占比不断下降,从 34% 降低至 26%,搜索内容也逐渐从明星个人转变为影视综艺作品。

从热搜用户群体的年龄分布来看,19~29 岁的用户占比为 76%,30~39 岁的用户占比为 16%,热搜功能对青年用户群体具有较强的吸引力。微博热搜榜能够对用户感兴趣的社会热点和内容做出快速而准确的感知,从而提高优质内容的曝光度和浏览量,使得用户黏性进一步得到增强。

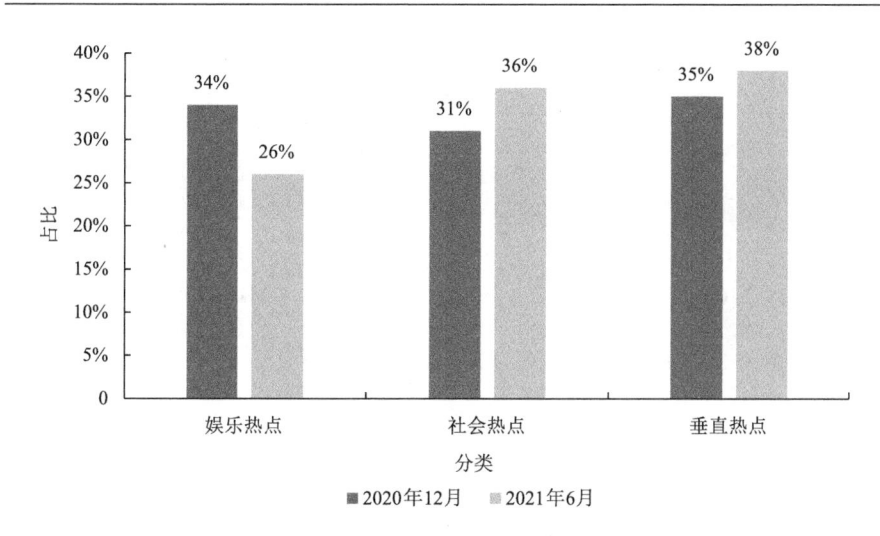

第五章　数据要素估值案例二：基于拓展 B-S 模型　　·93·

图 5-14　微博热搜分类占比

另外，社区业务也是维持微博用户活跃度和用户黏性的重要因素。超话社区是微博向用户提供的多种兴趣领域讨论与交流的社区平台，通过对用户兴趣与特征的精准识别，微博打造出覆盖明星、影视综艺、游戏、动漫、体育、校园等多个领域的超话社区，引导用户向超话社区转化，增加用户主动访问的意愿。例如，在北京冬奥会期间，中国国家队、全部参赛人员入驻微博，开通了 176 个运动员超话，与冬奥相关的话题总阅读量超过 4690 亿次，总讨论量接近 3.46 亿次，微博成为运动员与社会公众交流互动的第一平台。

（二）重视研发，数据驱动丰富用户体验

在当今高速发展的互联网浪潮中，微博始终在社交媒体行业保持领先地位的另一个重要原因就在于其对数据产品开发的持续投入。

如图 5-15 所示，2018 年微博的研发费用约为 2.5 亿美元，占营业收入的比例为 14.54%，2022 年微博的研发费用已增长至约 4.15 亿美元，占营业收入的比例达到 22.61%。虽然巨大的研发投入在短期内给微博的总成本带来了一定的压力，但从长期来看重视研发能力的企业往往更受到市场的青睐。

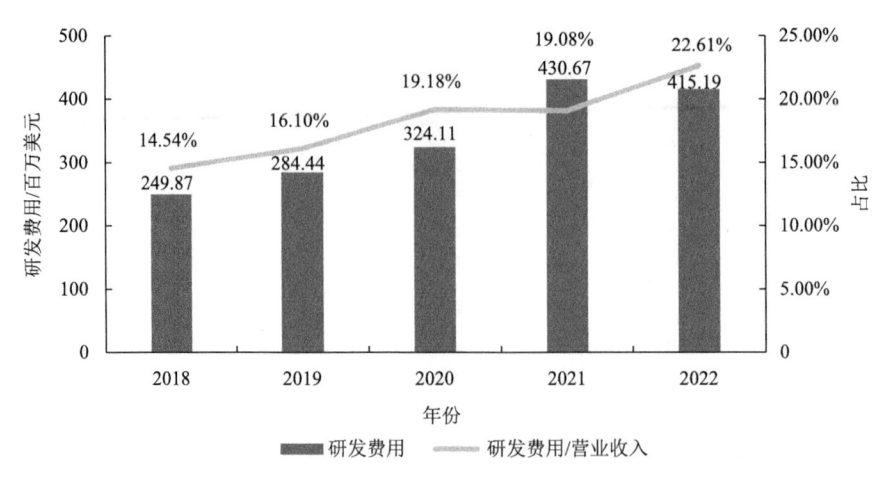

图 5-15　2018~2022 年微博研发费用及占比

资料来源：微博公司财报

第二节　评估模型的选择与拓展 B-S 模型的构建

一、评估模型的选择

（一）传统评估方法对本案例的适用性分析

鉴于本案例企业拥有的数据要素不同于传统资产，因此传统的评估方法在本案例及其类似的互联网企业中均不适用，具体分析如下。

（1）成本法。采用成本法估值的基础是资产的获得成本，而互联网企业获取数据要素的目的通常是为企业的经营决策提供有效信息，保持用户黏性和活跃度，实现远高于成本的收益。如果仅以获得成本作为数据要素的价值评估基础，会大大低估其真正的价值，因此对互联网企业数据要素的估值不适宜采用成本法。

（2）市场法。采用市场法估值的前提是存在一个活跃的、公平的资产交易市场，并且市场上存在相同或者类似的公开交易的可比公司或交易案例。然而当前我国数据要素交易市场还处于起步阶段，且公开性有限，可参考的数据要素交易案例较少，采用市场法进行估值会受到极大的限制。

（3）收益法。采用收益法估值的前提，一是标的资产的未来收益可以被合理估计且能够用货币计量，二是标的资产未来的获利年限以及相应的折现率可以预测。然而，数据要素的预期超额收益往往难以确定，且由于互联网企业高投入、高风险的特征，仍有许多企业尚未实现盈利，未来的现金流难以估计，采用收益法进行评估存在一定的局限性。

（4）层次分析法。层次分析法也是数据要素价值评估的一种常用方法，该方法建立在定性分析的基础上，有较强的主观性，且由于不同行业、不同企业中数据要素价值的影响因素各异，层次分析法在使用过程中往往存在困难。

（二）实物期权法的合理性分析

实物期权法是一种适用范围相对较广的资产评估方法，在评估标的资产的价值时受企业财务指标的影响较小。对于具备实物期权特征的资产，采用实物期权法进行价值评估具有较好的可行性，能够更加全面地评估其价值。通常而言，互联网企业拥有的数据要素一般都具备实物期权的特性，从而运用实物期权法进行价值评估具有合理性。

1. 数据要素的实物期权特性

（1）看涨期权性。对于互联网企业而言，企业获取数据要素的目的通常是为了获得远高于成本的收益，因此数据要素就具有了看涨期权的特性；当数据要素的价值发生贬损，企业预期投资无法收回时，便会放弃该数据要素。

（2）价值波动性。数据要素的价值不是固定的，会随着市场形势的变化而不断波动。此外，由于我国的数据要素交易市场还有待完善，数据的权属以及安全问题还存在争议，一些使用频繁、应用较广的数据要素更加容易被盗用，应用风险较高，数据要素价值的不确定性较大。

（3）可选择性。通常企业持有数据要素后，根据市场环境以及自身发展战略的需要，可以选择增加数据要素的投入或者及时止损以规避潜在的风险。

2. 实物期权法的优势

首先，相比较传统的资产评估方法，实物期权法能够更加全面地反映数据要素的价值。根据实物期权理论，在交易过程中，投资者可以根据相关信息选择对企业有利的投资决策，以实现企业利益的最大化。这种选择权本身是有价值的，可以增加企业经营的灵活性，而传统的资产评估方法往往忽略了这种选择权的价值，使得资产价值被低估。

其次，与传统的企业相比，互联网企业无形资产的占比较高，数据要素能够带来的收益远高于其获取的成本，存在极大的潜在价值。实物期权法能够实现对潜在价值的评估，对于互联网企业来说至关重要。

综上，本章选用实物期权法中的 B-S 模型对案例企业的数据要素价值进行评估，具有可行性和合理性。

二、基础 B-S 模型参数的确定

基础 B-S 实物期权模型的公式如式（3-6）所示。

结合本案例的情况，上述模型中具体参数的确定如下。

（一）标的资产的当前价值（S_0）

与金融资产期权评估方式不同，在实物期权中，通常将项目的预测未来现金流折现到评估基准日，从而计算出 S_0 的取值。

但是本章选取的案例企业微博属于互联网企业中的移动社交平台，其当前价值不能直接套用传统企业的价值评估方式进行测度，需要对 S_0 的计算方式做适当调整，从而将传统的 B-S 模型进行拓展。

由前文的分析可知，移动社交行业内存在显著的马太效应，使得用户价值成为决定平台运营的关键要素；再加上互联网平台需要前期投入资金成本，且投资回收期较长，所以不太适用预测自由现金流折现的方法。因此，本章采用 DEVA 模型，基于用户的视角评估其价值，从而得到 S_0 的取值。关于 DEVA 模型的具体分析和修正将在后续进行详细阐述。

（二）实物期权的执行价格（X）

如果实物期权的标的资产是数据，那么其执行价格 X 应为获取数据要素时的成本在无风险利率下的折现值。

（三）无风险利率（r）

无风险利率通常指将资金投入到一个没有风险的项目上所能得到的回报率，且为连续复利。一般来说，无风险利率多选用与实物期权行权时间接近的国债利率。这种选择取决于两个方面的原因：一方面，国债是由国家机关授权发行的，风险极小；另一方面，国债利率的确定通常取决于市场供需关系，能够客观地反映当前市场的投资收益率，与无风险利率的定义十分契合。因此，本章选取与该资产行权时间相接近的国债利率作为无风险利率。

（四）波动率（δ）

波动率即标的资产价值的波动程度，是对资产收益率不确定性的度量，也指某项资产收益率不可预测的程度。在标准的金融期权定价模型中，通常使用公司股价的波动率来表征，但在实物期权定价模型中，波动率则要参考企业的历史数据、同类型可比公司的股价波动率以及蒙特卡罗模拟等多种方法综合计算。本章选取案例企业在评估基准日前 52 周的股票价格波动率作为波动率。

（五）行权期限（T）

行权期限是指评估基准日到期权行权的时间，金融期权合约中会明确约定行权期限，而实物期权却没有明确的行权期限，通常是由资产持有者考量宏观环境、资产状况、行业态势及技术创新等因素之后来确定行权时间。

综上，本案例数据价值评估中 B-S 模型所需参数的选取标准如表 5-2 所示。

表 5-2　拓展 B-S 模型参数取值标准

参数	选取标准
标的资产的当前价值	DEVA 模型评估出的数据要素价值
实物期权的执行价格	每年数据要素产生、运营、维护成本的现值
无风险利率	与该资产行权时间相近的国债利率
波动率	评估基准日前 52 周的股票价格波动率
行权期限	视资产情况而定

三、修正 DEVA 模型

如表 5-2 所示，本章将采用基于 DEVA 模型评估出的数据要素价值作为拓展 B-S 模型中标的资产的当前价值 S_0，但鉴于原始 DEVA 模型在实际操作及本案例中存在一定的不适用性，所以首先需要对其进行修正。

（一）原始 DEVA 模型及其缺陷

基于互联网企业的特征，摩根士丹利的分析师 Mary Meeker（玛丽·米克尔）在 1995 年提出了 DEVA 模型。该模型将用户资源视作企业价值的来源，基于用户的视角对企业价值进行评估，充分考虑到了用户价值。该模型的理论基础来自梅特卡夫定律，该定律认为网络的价值等于该网络内节点数的平方，因此网络企业的价值与用户数量的平方成正比。

原始 DEVA 模型的表述如下：

$$E = MC^2 \tag{5-1}$$

式中，E 为被评估企业价值；M 为企业投入的初始成本；C 为用户数量。

DEVA 模型明确了互联网企业价值与用户规模之间的关系，能够从更本质的角度对互联网平台的价值进行评估，该模型在提出时正值互联网从诞生到应用的高速发展阶段，于是很快在互联网平台估值中得到应用。

但行业的快速发展很快暴露出原始 DEVA 模型存在的缺陷。①该模型可能会高估被评估企业的整体价值，原因有二：其一，用户并不会无限制的增长；其二，每个用户之间网络连接的价值也是不同的，随着信息传播链条的延长，信息的传播效率也会逐渐下降，用户的单位贡献价值会随着链条的增长而递减，而原始 DEVA 模型并没有考虑这一点。②DEVA 模型虽然体现了用户对于企业价值的重要性，但是并没有对用户属性进行明确细分，而用户属性是决定用户价值的关键要素，能够为平台带来价值的是活跃的用户，而互联网平台中的非活跃用户，特别是一些注册后便不再使用账号的用户，并不能给企业创造价值。③DEVA 模型以用户价值为核心，但却忽略了用户的实际资产水平、收支情况，这会使得互联网企业盲目追求用户数量的增长，造成过度投资，最终产生巨大的互联网泡沫。

正是因为模型缺陷的存在，早期的 DEVA 模型在一定程度上高估了互联网平台企业的价值，也因此受到了学术界的质疑。因此，对互联网社交平台进行估值之前，要先对 DEVA 模型进行修正，才能取得更有参考价值的评估效果。

（二）DEVA 模型的修正

鉴于以上缺陷，对原始 DEVA 模型的修正需要从以下几个方面进行。

1. 修正用户数量

原始 DEVA 模型未针对平台用户的使用特征进行细分，但在估值中对用户的无差别统计易造成对标的资产价值的高估。

通常情况下，凡在平台注册过的都可被称为用户，但并非所有注册用户都能产生价值，例如很多平台内都有一些无效用户，这些用户可能仅仅为了领用新用户福利而注册，或是在注册使用后因为体验感不佳而放弃使用，企业为获取这些客户付出了相应的成本，但这些用户却没有给企业带来价值增值。

因此在对平台数据要素进行估值时需要提前剔除这部分无效用户，而使用活跃用户这一更精准的定义，进而对平台的数据要素价值进行评估。活跃用户指的是在一定时期内频繁地使用移动社交平台，并进行一定的内容创造和价值增值，对于微博等互联网社交平台来说就是点赞、评论、转发、收藏、分享等交互行为，这都可以为平台带来增值。因此，真正能给企业数据要素带来增值的用户是活跃用户，而非所有用户。

活跃用户数根据使用时间的跨度，可以细分为日活跃用户数、月活跃用户数和年活跃用户数等指标，但日活跃用户数易受特殊节日、平台营销活动等影响而产生比较大的波动，年活跃用户数又难以看出其灵活的变动情况，不具有代表性。因此本章选择月活跃用户数作为用户活跃程度的基础衡量指标。

年度有效用户数则以月活跃用户数为基础计算。假设企业月活跃用户数在本年年初为 C_0，1 月达到 C_1，2 月达到 C_2……12 月达到 C_{12}，且第一个月用户增加了 X_1，第二个月用户增加了 X_2……第十二个月用户增加了 X_{12}，即

$$年有效用户数 C = (12C_0 + 12X_1 + 11X_2 + \cdots + 2X_{11} + X_{12}) \div 12 \quad (5\text{-}2)$$

2. 衡量单位用户价值

参考相关文献和研究，本章选用单位用户平均收入（average revenue per user，ARPU）作为衡量单位用户平均贡献价值的指标。

单位用户平均收入是指单个用户在特定时间内为平台带来的收入，其计算公式为

$$单位用户平均收入 = 营业收入 / 年有效用户数 \quad (5\text{-}3)$$

3. 修正用户数量与企业价值之间的关系

根据齐普夫定律，用户贡献程度并不会呈指数级增长，存在一定的边际效应，第 N 个用户带来的贡献值将近于 $\dfrac{1}{N-1}$，用户的贡献值之和会逐渐接近 $\ln(N)$，将这个定律引入 DEVA 模型，结合前文所进行的修正，可得到如式（5-4）所示的数据要素价值评估计算公式：

$$S_0 = M \times (\text{ARPU} \times C) \times \ln(\text{ARPU} \times C) \quad (5\text{-}4)$$

式中，M 为单位用户投资成本。

4. 引入市场占有率

市场占有率通常指企业的产品销售额占整个行业销售额的比例，通常能够反映出企业的市场竞争力：市场占有率越高，企业越有可能引领行业的发展趋势，获得更多的竞争优势。由前文可知，互联网行业具有明显的马太效应，行业头部的平台往往掌握着更多的市场资源，活跃用户数量则是在互联网行业中生存所必须抢占的资源。

除此之外，市场占有率也体现出用户的偏好以及投资者愿意支付的投资溢价。因此，引入市场占有率 K 能够更加全面地评估移动社交平台数据要素的价值。其计算公式如下：

$$市场占有率=被评估平台活跃用户/行业总用户 \quad (5-5)$$

最终，我们得到标的资产的当前价值 S_0 的计算公式如下：

$$S_0=M \times K \times (ARPU \times C) \times \ln(ARPU \times C) \quad (5-6)$$

式中，S_0 为运用修正后的 DEVA 模型计算出的本案例企业数据要素的当前价值；M 为单位用户投资成本；K 为本企业的市场占有率；C 为年度有效用户数，以月活跃用户数加总得出；ARPU 为单位用户平均收入。

（三）修正后 DEVA 模型的适用性

DEVA 模型将平台企业价值、用户价值与企业的投入、运营成本联系起来，从活跃用户的视角阐述了互联网平台企业需要前期高投入来获得用户资源的原因。

原始 DEVA 模型改善了传统估值方法对于财务指标的依赖性，更能适用互联网平台的估值，但也存在一些缺陷，会对评估结果产生一定的误差，因此本章针对移动社交平台行业的特征对模型进行了一些修正，修正后的模型重新定义了用户的概念，以能为企业带来实际增值的活跃用户数作为评价指标；引入了齐普夫定律，更贴近用户价值的增长规律；引入了市场占有率参数，契合互联网行业的特征。

综上所述，修正后的 DEVA 模型更能准确地评估出以用户价值为核心的互联网平台数据要素的真实价值。

第三节　估值过程与结果

一、识别实物期权

微博股份有限公司通过其建立的微博网站，为用户打造了一个可以在线创作、分享及发现内容的社交媒体平台。根据前文的分析可知，微博的营业收入主要包括广告及营销收入和会员、直播、游戏等增值服务收入，二者均依托网站获得，没有开展线下业务，因此网站成为微博数据要素的载体，我们可以通过对微博网站的分析，识别其数据要素的期权特征。

(一) 看涨期权性

微博网站相当于微博股份有限公司持有的一项期权,即微博有机会获得该平台成长所带来的收益。如果平台成长所带来的收益高于其开发成本,公司就可以选择继续网站的经营和开发获取差额利润;而当平台的用户大量流失,公司预期其不会再带来收益时,可以选择放弃对该平台项目和数据要素的开发,同时也放弃了隐藏在其中的期权——由此体现出微博数据要素具有看涨期权的特征。

(二) 价值波动性

作为一种特殊的无形资产,数据要素的价值一方面取决于其开发成本,另一方面数据要素的质量、应用和稀缺性等特征对其价值决定也起到至关重要的作用。

对于微博平台而言,其合法拥有及控制的大数据要素是微博吸引用户、提高用户忠诚度、实现商业化变现的重要资源。然而,当今互联网产品市场竞争激烈,如果数据要素能够保持其竞争优势,不断创新,那么其仍然具有较高的应用价值;但如果平台内容的同质化严重,那么数据要素价值的不确定性也会随之提高——由此体现出微博数据要素价值波动性的特点。

(三) 可选择性

数据要素期权的可选择性体现在:在不同的发展时期,企业可以根据其不同的发展战略,结合市场形势和政策环境的变化,相应地对数据要素的投入方向和管理策略进行选择。当市场环境整体向上时,公司可以选择合适的时机与方向增加数据要素的投入;当市场环境整体欠佳时,公司也可以考虑适当地收缩或转型,及时止损以规避潜在的风险。

综合来看,微博所拥有的数据要素具有实物期权的全部重要特征,从而适用实物期权法来评估其数据要素价值。

二、确定评估要素

(一) 评估目的与价值类型

本章对于微博平台所持有的数据要素进行价值评估,一方面可以为本公司的决策提供依据,另一方面也可以为其他互联网企业数据要素估值提供参考，推动数据要素市场化建设。由评估目的可知，评估对象的价值类型为市场价值，即在评估基准日买卖双方公平交易的价值估计数额。

（二）评估基准日

本次评估确定 2022 年 12 月 31 日为评估基准日。

（三）评估假设

（1）假设目标企业会按照当前的规模和状态持续经营下去。

（2）假设国家宏观经济形势以及相关法律法规和政策没有重大变化；数据权属符合相关法律规定。

（3）假设在评估基准日后与目标企业相关的利率、汇率、税率、政策性征收费用等指标无重大变化。

三、确定标的资产的现行价值

根据前文的分析，微博的数据要素主要产生于用户行为，用户价值决定了平台数据要素的价值，使用修正后的 DEVA 模型进行估值。

（一）确定有效用户数

微博 2022 年的月活跃用户数如表 5-3 所示。

表 5-3　微博 2022 年月活跃用户数情况

项目	日期					
	2022-12-31	2022-09-30	2022-06-30	2022-03-31	2021-12-31
月活跃用户数/亿人	5.86	5.84	5.82	5.82	5.73

根据月活跃用户数计算年有效用户数如下。

年有效用户数 $C=[5.73×12+(5.82-5.73)×12+(5.82-5.82)×9+(5.84-5.82)×6+(5.86-5.84)×3]÷12≈5.84$（亿人）

（二）确定单位用户投资成本

微博的成本费用包括营业成本、销售和营销、产品开发以及一般及行政费用。微博的年报中显示：①公司的营业成本主要包括带宽及其他基础设施成本，以及人员相关费用、股权激励、内容许可费、收入分成成本、广告制作成本等。②销售和营销费用主要包括营销和推广费用以及人员相关费用，包括佣金、外部服务费与股权激励。③产品开发费用主要包括人员相关费用、股权激励、折旧费用、外部服务费以及新产品开发、产品改进和后端系统产生的基础设施成本。④一般及行政费用主要包括人员相关费用、股权激励、专业服务费及信用减值损失。

根据上述情况，截至 2022 年 12 月 31 日，微博的营业成本为 276 291.49 万元，构成获客成本的一部分。另外，根据开支性质，将销售及营销开支与研发开支也列为获客成本，截至评估日，两项开支的金额合计为 615 435.09 万元。

总获客成本=276 291.49+615 435.09=891 726.58（万元）≈89.17（亿元）

单位用户投资成本 M=(89.17÷5.84)÷12≈1.27（元）

（三）确定市场占有率

本章通过微博平均月活跃用户数/中国移动社交平台用户规模来计算微博的市场占有率，微博的市场占有率情况如表 5-4 所示。

表 5-4 微博市场占有率情况

项目	2022-12-31	2021-12-31	2020-12-31	2019-12-31
微博平均月活跃用户数/亿人	5.86	5.73	5.21	5.16
中国移动社交平台用户规模/亿人	9.98	9.56	8.9	8.24
微博市场占有率	58.72%	59.94%	58.54%	62.62%

由表 5-4 可知，评估基准日微博的市场占有率 K 为 58.72%。

（四）确定单位用户平均收入

至评估基准日，微博的营业收入为 126.66 亿元，年有效用户数 5.84 亿人，可得单位用户平均收入为

单位用户平均收入 ARPU=126.66÷5.84≈21.69（元）

（五）计算期权当前价值

综上所述，M=1.27，K=58.72%，ARPU=21.69，C=5.84。

将以上参数代入评估公式得

期权当前价值 S_0=1.27×58.72%×(21.69×5.84)×ln(21.69×5.84)≈457.35（亿元）

四、计算实物期权价值

（一）确定无风险利率

本章选取与行权时间相近的国债利率 2.64% 为无风险利率。

（二）确定折现率

一般而言，加权平均资本成本（weighted average cost of capital, WACC）代表着企业投资项目所要求的平均收益率，通常被作为折现率。

其中权益资本成本具体公式如下：

$$K_e = r_f + \beta(r_m - r_f) \qquad (5\text{-}7)$$

式中，K_e 为权益资本成本；r_f 为无风险利率；r_m 为市场预期回报率；β 为贝塔系数。

加权平均资本成本 WACC 计算公式为

$$\text{WACC} = \frac{E}{D+E} \times K_e + \frac{D}{D+E} \times K_e \qquad (5\text{-}8)$$

式中，E 为企业股本的市场价值；D 为公司债务的市场价值。

由于截至评估基准日，微博登录香港股票市场仅一年，因此在这里选用纳斯达克数据进行计算，计算结果如表 5-5 所示。

表 5-5　加权平均资本成本计算过程

项目	值
代码	WB.O
简称	微博
报告期	2022 年年报
行情日期	2022 年 12 月 31 日
普通股价值/万元	3 106 310.26
优先股价值/万元	0
短期债务/万元	0
长期债务/万元	154 071.70
无风险收益率	2.64%
β	1.57
市场收益率（5 年沪深 300 指数平均收益）	12.02%
K_e	18.06%

续表

项目	值
短期利率	1.5%
长期利率	4.75%
债务成本 K_d	9.5%
加权平均资本成本	17.65%
总资本/万元	3 260 381.96

因此，微博的折现率确认为 17.65%。

（三）确定期权执行价格

在实物期权中，期权执行价格主要是指大数据要素项目投资额现值。本章以研发开支作为数据要素项目的维护成本，数据可查报告期内维护成本如表 5-6 所示。

表 5-6 微博数据要素维护成本

项目	2022年	2021年	2020年	2019年	2018年	2017年	2016年	2015年	2014年	2013年
维护成本/亿美元	4.15	4.31	3.24	2.84	2.5	1.93	1.54	1.43	1.26	1.01

从 2013 年末至 2022 年 12 月 31 日，数据要素维护成本的复合增长率为 17%，据此向前推算维护成本如表 5-7 所示。

表 5-7 微博数据要素维护成本推算

项目	2012年	2011年	2010年	2009年
维护成本推算/亿美元	0.86	0.74	0.63	0.54

结合上面两表的数据计算期权执行价格为 X=62.125 亿美元，折合人民币为 432.39 亿元（按照 2022 年 12 月 30 日银行间外汇市场人民币汇率中间价为 1 美元对人民币 6.96 元计算）。

（四）确定行权期限

根据我国移动社交平台市场情况及微博的发展状况，预计 2023~2027 年公司经营情况不会发生重大变化，因此取行权期限为 5。

（五）确定股价波动率

于 Wind（万得）数据库中查询评估基准日前 52 周交易日的股价波动率为 65.39%。

五、评估结果

综合上述步骤，汇总主要参数的值为

S_0=457.35（亿元）

X=432.39（亿元）

r=2.64%

δ=65.39%

T=5

将上述参数代入实物期权价值评估公式（3-6），最终得到微博数据要素期权的价值：C=264.57（亿元）。

我们知道，企业的市值是市场对于企业整体价值的估计，其中应当包括数据要素价值，而数据要素又不具备实体性，因此数据要素的价值应当低于企业市值减去资产负债表中的固定资产价值。

根据上述情况对所得结果进行初步验证：截至 2022 年 12 月 31 日，微博财务报表中有形资产（主要指物业及设备）价值为 2.5 亿美元，总市值为 46.52 亿美元，其总市值折合人民币约 320.86 亿元，数据要素价值占总市值比例约为 82.46%，数据要素价值评估结果具备一定的可信度。

第四节　估值结果分析与验证

一、敏感性分析

实物期权的价值与标的资产的当前价值、执行价格、波动率、无风险利率、行权期限等都有相关关系。其中，标的资产的当前价值与执行价值能够在评估时确定，因此，本案例主要对标的资产的到期时间、波动率与无风险利率进行敏感性分析，观察敏感性因素。

（一）到期时间敏感性分析

我们将到期时间每次变动 20%，取年数为 1~10 年，每次变动 1 年，计算出相应的数据要素价值如表 5-8 所示。

表 5-8 到期时间对微博数据要素价值的影响

到期时间/年	到期时间变动	微博数据要素价值/亿元	价值变动程度
1	−80%	131.55	−50.2778%
2	−60%	179.09	−32.3090%
3	−40%	213.82	−19.1821%
4	−20%	241.53	−8.7085%
5	0	264.57	0
6	20%	284.19	7.4158%
7	40%	301.16	13.8300%
8	60%	316.01	19.4429%
9	80%	329.10	24.3905%
10	100%	340.73	28.7863%

由表 5-8 可以看出，实物期权的到期时间与数据要素价值成正比，并且到期时间每出现 20% 的变动，数据要素价值便会出现 4%~18% 幅度的变化[①]，该种变动幅度随着到期时间的延长而逐渐递减，由此可见，微博的数据要素价值对于到期时间的长短具有较强的敏感度。

（二）波动率敏感性分析

我们以 65.39% 为基准，以 10% 为变动单位，计算相应的数据要素价值如表 5-9 所示。

表 5-9 波动率对微博数据要素价值的影响

波动率	波动率变动	微博数据要素价值/亿元	价值变动程度
32.695%	−50%	162.25	−38.6741%
39.234%	−40%	184.03	−30.4418%
45.773%	−30%	205.29	−22.4062%
52.312%	−20%	225.88	−14.6237%
58.851%	−10%	245.67	−7.1437%
65.390%	0	264.57	0
71.929%	10%	282.52	6.7846%
78.468%	20%	299.46	13.1874%
85.007%	30%	315.37	19.2010%

---

① 数据要素价值的幅度变化为相邻两个到期时间的价值变动程度相减。

续表

波动率	波动率变动	微博数据要素价值/亿元	价值变动程度
91.546%	40%	330.22	24.8138%
98.085%	50%	344.01	30.0261%

与到期时间相同，微博的数据要素价值与波动率也呈正相关关系，且对于波动率的反应也非常敏感，每 10%的波动率变动能引起数据要素价值变动 5%~9%。因此，波动率也是微博数据要素价值的敏感因素。

（三）无风险利率敏感性分析

我们以 2.64%为基准，10%为变动单位，计算相应的微博数据要素价值如表 5-10 所示。

表 5-10　无风险利率对微博数据要素价值的影响

无风险利率	无风险利率变动	微博数据要素价值/亿元	价值变动程度
1.320%	−50%	257.69	−2.6004%
1.584%	−40%	259.07	−2.0788%
1.848%	−30%	260.45	−1.5572%
2.112%	−20%	261.83	−1.0356%
2.376%	−10%	263.2	−0.5178%
2.640%	0	264.57	0
2.904%	10%	265.93	0.5140%
3.168%	20%	267.3	1.0319%
3.432%	30%	268.66	1.5459%
3.696%	40%	270.01	2.0562%
3.960%	50%	271.37	2.5702%

如表 5-10 所示，无风险利率每变动 10%，会引起数据要素价值变动 0.5%左右。可见，微博数据要素对于无风险利率也具有一定的敏感性，但相较于到期时间和波动率来说，敏感程度较小。

二、估值结果的进一步验证

本章以相同的标准，以 2019 年 12 月 31 日、2020 年 12 月 31 日、2021 年 12 月 31 日分别为评估基准日，计算微博数据要素的价值，以此来对模型进行验证。

（一）计算标的资产评估基准日的当前价值

1. 确定有效用户数

微博近年的月活跃用户数如表 5-11 所示。

表 5-11　微博近年月活跃用户数　　　　　　　单位：亿人

项目	时间											
	2021-12	2021-09	2021-06	2021-03	2020-12	2020-09	2020-06	2020-03	2019-12	2019-09	2019-06	2019-03	2018-12
月活跃用户数	5.73	5.73	5.66	5.30	5.21	5.11	5.23	5.50	5.16	4.97	4.86	4.65	4.62

根据表 5-11 数据，计算微博 2019~2021 年的年有效用户数分别为 $C_{2019} \approx 4.91$（亿人）；$C_{2020} \approx 5.26$（亿人）；$C_{2021} \approx 5.61$（亿人）。

2. 确定单位用户投资成本

微博近年的单位用户投资成本如表 5-12 所示。

表 5-12　微博近年的单位用户投资成本

项目	日期		
	2021-12-31	2020-12-31	2019-12-31
主营业务成本/亿元	25.74	19.72	22.89
研发费用/亿元	27.45	21.15	19.8
营销费用/亿元	37.71	29.78	32.36
总获客成本/亿元	90.9	70.65	75.05
单位用户投资成本/元	1.35	1.12	1.27

3. 确定市场占有率

微博近年的市场占有率如表 5-13 所示。

表 5-13　微博近年市场占有率情况

项目	时间		
	2021 年 12 月	2020 年 12 月	2019 年 12 月
微博平均月活跃用户数/亿人	5.73	5.21	5.16
中国移动社交平台用户规模/亿人	9.56	8.9	8.24
微博市场占有率	59.94%	58.54%	62.62%

由表 5-13 可知，$C_{2019}=62.62\%$；$C_{2020}=58.54\%$；$C_{2021}=59.94\%$。

4. 确定单位用户平均收入

微博近年的单位用户平均收入情况如表 5-14 所示。

表 5-14　微博近年单位用户平均收入情况

项目	日期		
	2021-12-31	2020-12-31	2019-12-31
营业收入/亿元	143.83	110.27	123.01
单位用户平均收入/元	25.64	20.96	25.05

5. 得出期权当前价值

将上述数值代入估值模型中计算可得，微博近年数据要素期权当前价值如表 5-15 所示。

表 5-15　微博近年数据要素期权当前价值

项目	指标		
	S_{2021}	S_{2020}	S_{2019}
期权当前价值/亿元	578.33	339.94	470.70

注：S_{2021}、S_{2020}、S_{2019} 分别为 2021 年、2020 年、2019 年的数据要素期权当前价值

（二）计算实物期权价值

1. 确定无风险利率

仍取五年期国债收益率为无风险利率，于 Wind 数据库中查询得到 2019 年、2020 年、2021 年的无风险利率分别为 2.88%、2.92%、2.58%。

2. 确定折现率

微博近年的加权平均资本成本如表 5-16 所示。

表 5-16　微博近年加权平均资本成本

项目	值		
代码	WB.O		
简称	微博		
报告期	2021 年报	2020 年报	2019 年报
行情日期	2021 年 12 月 31 日	2020 年 12 月 31 日	2019 年 12 月 31 日
普通股价值/万元	4 805 805.61	6 089 644.23	7 317 663.01

续表

项目	值		
短期债务/万元	89 654.10	0	0
长期债务	153 841.50	242 851.10	168 225.10
无风险利率	2.58%	2.92%	2.88%
β	1.25	1.47	1.50
市场收益率	9.69%	5.37%	8.49%
股权成本 K_e	11.47%	6.52%	11.29%
债务成本 K_d	7.11%	9.50%	9.50%
加权平均资本成本	11.26%	6.63%	11.25%

3. 确定期权执行价格

根据前文的计算，2019~2021 年期权执行价格如表 5-17 所示。

表 5-17 期权执行价格

项目	年份		
	2021 年	2020 年	2019 年
期权执行价格/亿元	233.01	156.00	161.12

4. 确定行权期限

根据我国移动社交平台市场情况及微博的发展状况，仍取行权期限 $t=5$。

5. 确定股价波动率

于 Wind 数据库中查询得到 2019~2021 年评估基准日前 52 周交易日的股价波动率分别为 51.37%、53.05%、50.41%。

（三）评估结果

将上述参数分别代入期权价值评估公式，得到微博近年数据要素期权价值如表 5-18 所示。

表 5-18 微博近年数据要素期权价值评估结果

项目	2021 年	2020 年	2019 年
数据要素价值/亿元	407.53	233.70	350.89
公司当年市值/亿元	480.11	609.44	730.03

续表

项目	2021 年	2020 年	2019 年
数据要素价值占公司当年市值比例	84.88%	38.35%	48.07%
数据要素维护成本/亿元	233.01	156.00	161.12

表 5-18 中的评估结果显示，2019~2021 年微博公司数据要素的价值始终低于公司当年市值，同时都高于数据要素维护成本，验证了运用本章所构建的拓展 B-S 模型在评价微博数据要素价值评估所得结果具备较高的可信度和稳定性。

三、估值方法的局限性

当然，由于相关研究还不够成熟，本章所用方法也存在一些操作中的局限性。

第一，本章引用了少量估算数据，可能会影响评估结果的精确性，同时，受领域研究的限制，本案例估值结果的验证机制尚不够成熟。

第二，用户价值仅是数据要素价值创造的路径之一，本案例以用户价值为主要视角进行数据要素价值评估，可能会使评估结果存在一定的偏差。

第三，影响用户价值的因素有很多，实际机制也比理论机制要更加复杂。本章在对 DEVA 模型进行修正的时候，出于获取数据和量化分析可行性的考虑，选取的指标未必能充分反映出数据要素的价值，所定义的指标选取标准也未必完善；另外，不同的移动社交平台的运营侧重点不同，其数据要素受用户价值的影响程度也可能有所差别，因此在使用该模型对其他企业进行价值评估时，要根据具体企业的特征再进行合理化修正。

第五节　结论与展望

一、本案例结论

随着互联网、大数据等技术的飞速发展，在数字技术的驱动下，人与人之间的社交关系超越了时间、地域的限制，仅凭移动端平台就可以链接起整个社交网络，这也是移动社交平台创建出的"数字社会"。

在数字经济特别是移动社交领域，平台用户的数量、质量、数据要素的强大等因素直接影响着企业的整体实力和投资价值，数字经济的健康、持续发展更需要科学、合理的数据要素评估方式，但传统的数据要素价值评估方式已不能满足新兴领域的要求，因此，本章将 DEVA 模型与实物期权法相结合，选用微博的相关数据，对其拥有的数据要素的价值进行评估，得出了以下结论。

第一，在对互联网行业特别是移动社交企业的数据要素价值进行评估时，必须从用户视角出发，才能构建出完整的价值创造链条。

移动社交平台依托数字技术的发展应运而生，其拥有的数据要素没有实物形态，通常是伴随着业务和内容出现，受用户行为的影响较大，尤其是对于社交平台来说，其主要数据要素来源于用户的交互行为，平台挖掘这些数据进行分析分类，针对性地投放用户偏好的内容、提高产品质量和增强用户的忠诚度，从而获得高黏性、高活跃度的用户群体，这也是众多互联网平台企业惯有的价值创造路径。对这些企业的数据要素价值评估，必须基于用户视角。

第二，相较于传统行业常用的资产评估方法，本案例采用的拓展 B-S 评估方法更契合互联网企业的特征，适用于其数据要素价值的评估。

本章首先梳理了传统资产评估方法的相关研究及适用情况，考量数据要素的特征之后，选用实物期权模型为基础模型，进行数据要素价值评估；其次，结合互联网行业平台"以用户为核心"的发展特征，选用 DEVA 模型并进行修正，重新定义了部分参数的取值标准，将用户价值内化到数据要素价值当中。总体而言，由于互联网行业中马太效应的存在，移动社交平台通常在创立初期投入了高额的获客成本，随后又投入大量的研发成本来维系和稳固用户数量，其盈利回收期限较长，不适用于对其传统财务指标进行定量分析，本案例采用拓展后的评估模型，在一定程度上避免了传统方法的缺陷，在估值方面更具有适用性和准确性。

第三，本案例阐述了微博平台数据要素的特征，总结出了其价值的影响因素，能为同类型的互联网平台的价值管理提供借鉴和参考。

作为聚集了大量用户的综合性移动社交平台，微博的运营模式不仅将服务对象对准了年轻群体，其特有的分类热搜榜单和定制化推送还吸纳了许多关注时政热点的中年用户，既拓宽了用户群体，又保持了高用户活跃度和用户黏性，具有鲜明的特征和强大的竞争力，值得互联网行业的众多平台借鉴学习。本章总结了微博平台数据要素的特征及价值影响因素，能为互联网企业数据要素价值管理提供一定的借鉴。

二、数据要素估值展望

在当今快速发展的数字经济新时代，我国作为数据生产大国，数据在我国社会经济发展中有着重要的战略意义。数据要素是一项重要资产，在企业的资产中极为重要，企业正积极探索如何最大化地实现数据要素的价值以及如何通过数据要素交易变现来获得直接收益，因此，对数据要素价值进行量化分析尤为重要。

本书第三章到第五章对数据要素的估值进行了初步的探索，但面对未来日益增长的数据估值现实需求，还需要加快以下方面的建设。

第一，加快数据要素相关理论的研究，为实务中数据要素的确权、估值、定价等奠定好理论基础。当前，数据要素的概念定义以及价值内涵在学术界和社会公众的观念里尚未达成共识，目前数据要素的评估方法、评估模型和评估指标，具有一定的理论价值，但是在实践中的运用还需进一步检验。因此，我们需要尽快确定数据要素的相关理论体系，让数据要素合法合规；要结合我国的实际情况，分阶段、有步骤地推动数据要素评估的理论建设，以便理论联系实际，更好地对数据要素进行价值评估。

第二，推进理论成果的运用。虽然国内现在已有一些关于数据要素的相关文献资料，但是对数据要素估值的研究，尚未形成一套完善的数据要素价值评估体系以及评估准则。由于不同行业的数据要素的应用场景不一，数据要素的价值评估有着极大的复杂性，因此，在加快建设数据要素评估理论体系的同时，也要促进并加强相关理论成果的应用与推广，定期对资产评估师就数据要素评估理论的最新成果进行有针对性的培训，提高资产评估师对数据要素评估理论的理解与应用水平，指导资产评估师的评估实践。

第三，加快评估机构和人才建设。应鼓励专门数据要素估值机构的建立，吸纳和培养更多专业的数据要素评估人才，加快建设不同领域的专业化数据要素评估团队，对不同的数据要素进行评估。有明确的交易市场和交易价格的数据要素，评估难度低；但对类似本书前面所选的这类新兴企业的数据要素，有一定的评估难度，需要专业的评估师才能做出更为准确的价值判断。因此，应鼓励数据要素评估机构的建立，聚集专业力量，推动评估流程的健全以及提高评估结果的准确度。

第四，加快构建数据要素评估数据库。目前，我国的数据要素评估市场尚处于起步阶段，数据要素评估市场的活跃度很低，且在评估过程中，还经常出现缺少相关评估数据、共性参数等的情况，这极大地阻碍了数据要素评估行业的发展。对于在数据要素的评估过程中可以共用的数据和参数，例如数据要素的价格、保护年限、使用范围等，可以构建一个数据要素评估数据库，将这些数据统一存放其中。评估机构将评估实务中收集的评估数据和得出的评估结果等相关信息，通过一定的手段处理之后，完整、准确、及时地更新在数据要素评估数据库中，以实现数据要素评估的信息化、透明化和规范化。此外，我们还应鼓励政府相关监管部门积极参与到数据要素评估数据库的构建中来，一方面，可以保证数据的质量，提升数据要素评估数据库的权威性，另一方面，也方便统一规划，避免重复建设等问题。

第五，促进数据要素交易的发展。对数据要素进行估值，需要以一个成熟活跃的数据要素交易市场为前提。因此，从当前的数据要素估值定价现状和市场发展需求来看，我们在积极探索构建数据要素估值体系的同时，也要积极加快建设数据要素交易市场。数据要素交易的活跃能够起到价值发现机制的作用，市场可以为数据要素的价值做出判断，比如能够为市场法下数据要素的评估提供重要可比信息，对推动数据要素估值、数据资产入表都能起到重要的作用。

总而言之，虽然目前理论和实践都存在一些不足，但可以预见的是，随着数据要素的发展与成熟，针对新兴行业及领域将会出现更加科学有效、适用性强的价值评估方法，助力数据要素管理、推动数据要素应用。鉴于数据交易环节对数据估值环节也有推动作用，后续章节将对数据交易环节进行深入阐述。

第六章　数据要素交易环节基本情况

如前文所述，数据要素交易包括数据要素估值和数据要素交易两个核心环节，两个环节互为依托、相互联动。数据要素估值一般针对企业拥有的全部数据要素进行，而数据要素交易则往往是拿出数据要素的一部分去交易，数据要素估值环节是基础，为下一步进入交易环节做准备，因此从本章开始，将对数据要素交易环节进行系统论述。

第一节　数据要素交易环节基本要素

综合来看，数据要素交易环节包含的基本要素有：交易原则、交易客体、交易主体、交易模式、交易机制等。下面将就这些要素进行具体分析。

一、数据要素交易原则

数据要素交易和其他商品交易一样，都应遵循相应的交易原则，但因为数据要素的特殊性，导致其交易原则也有一定的特殊性。

1. 公平性原则

公平性原则不仅指买卖双方的公平定价，还需要考虑利益相关者的公平分配。由于数据产品的复制成本往往极低，卖方可以复制相同的数据产品，从而获得不合法、不合理的收益。这就导致数据要素交易的公平性比其他产品或服务更难以实现。

2. 高效匹配原则

高效匹配原则指定价模型必须以适当的价格来匹配买卖双方，实现高效匹配。如果计算效率过低，则会影响数据价值和交易效率。

3. 真实性原则

真实性原则是市场的有效保障，买家只愿意支付真实效用价值最大化的价格。

4. 无套利原则

无套利原则指参与者无法通过不同市场的价格差异获利，可以分解为无信息套利和无捆绑套利。

5. 保护隐私原则

网络平台用户的个人信息、数据提供方的经营信息、第三方交易平台的信息等隐私很容易在交易中泄漏，这种顾虑是影响数据交易的主要障碍之一，所以探索运用技术手段或法律手段保护数据产品隐私的方法将有助于提高数据交易的活跃度。

二、数据要素交易客体

数据要素交易客体就是数据要素，关于数据要素及其相关概念的界定，已经在第三章进行了详细分析，此处不再赘述。综合而言，2019年中国信息通信研究院《数据资产管理实践白皮书（4.0版）》中给出的定义实操性较好，其认为并非所有的数据都构成数据要素，只有能够为企业产生价值的数据资源才能被称为数据要素。

不同于实物商品和金融产品，现阶段数据要素因为具有非实体性、依托性、时效性、可加工性、非依赖性、非排他性、增值性、价值易变性、权属不明晰性等特性，所以其交易也与其他实物商品和金融产品不同，分析数据要素交易时需要充分考虑这些特征。

就具体的形式而言，包括：数据集、数据服务、数据应用、数据算力等。①数据集通常只包括数据本身，具体形式是：离线数据包、API（application program interface，应用程序接口）、信息、数据库、查询、评分、指数等。②数据服务除了数据集外，还包括相关服务，如：标准化、数据整理、客群画像、分析报告、发展现状、评估报告等。③数据应用则在数据集、数据服务的基础上，又增加了工具处理，如：数据挖掘、数据分析、数据归集、数据清洗、数据治理等。④数据算力最为综合，往往包括数据云服务、算力服务、算法服务等。

三、数据要素交易主体

数据要素交易主体主要有：处于需求端的数据需求方、处于供给端的数据供应商和第三方数据服务提供商、数据交易中介平台。

1. 数据需求方

数据需求方也称为数据购买方，指支付价款并获得相应的数据要素商品或服务的民事主体。数据需求方购买数据要素商品或服务的目的通常有生产使用、再次销售、生活消费等多种，无论是上述何种目的，均不影响其数据需求方身份的认定。

数据要素市场特殊的一点在于：通常由数据需求方决定数据要素的最终价值，即数据只有具备社会可用性，才能成为可交易的产品，产生交换价值，如何发现或找到自己需要的数据产品是数据流通交易所面临的独特难题。如何让数据生产者匹配数据需求，让有需求的主体找到可用的数据是数据要素市场建设的关键任务。

2. 数据供应商

数据供应商也称数据销售方，这一主体是数据要素的供给方，其负责提供数据产品及相关服务，并获得相应价款报酬。

通常，数据供应商的数据来源主要有两种：①自有数据，通常以拥有数据禀赋优势的互联网企业为代表；②从其他来源处采集而来，此时可能和第三方数据服务提供商身份有重合。

按照传统的产权理论，商品交易后所有权发生转移，但实践中，一方面是因为数据要素产权大多比较模糊，数据提供商是否具有数据的完全产权尚有争议，另一方面是数据需求者只需要数据使用权，所以通常不一定需要卖方让渡所有权。这一点与传统商品不同。

此外，数据供应商通常对数据要素交易有话语权，特别是在卖方市场上具有主导优势，因此政府对数据供应商进行有效监管有利于数据要素市场形成公允的价格。

3. 第三方数据服务提供商

《全国数商产业发展报告（2022）》提出了"数商"的概念，并将其分成15类，除了其中的"数据产品供应商"之外，基本均可归入第三方数据服务提供商中，这些服务提供商提供数据咨询、数据资源集成、数据分析、数据合规评估、数据质量评估、数据人才培训、数据交易经纪、数据交易仲裁、数据治理、数据交付等服务，它们的存在能够提升数据交易的专业化分工程度，提高成交效率，降低交易成本，有助于数据交易的顺畅进行。

但需要指出的是，当前述的数据供应商的数据来源并非自有数据的时候，其身份与第三方数据服务提供商会有重合；同样，当第三方数据服务提供商是在自有数据基础上提供相关服务时，其也兼具数据供应商身份。

4. 数据交易中介平台

当数据要素交易从场外交易发展到场内交易时，即产生了数据交易中介平台。通常，数据交易中介平台不仅提供交易场所，还履行数据要素评估、登记结算、交易撮合、争议仲裁等职责。

按照营业范围和服务模式，数据交易中介平台分为三种类型：①仅提供数据交易撮合服务的单功能平台；②除了交易撮合，还提供数据收集、数据处理、数据分析、数据咨询、数据估价、数据交付等的综合平台；③兼具产业联盟性质的平台。

在我国的实践中，数据交易中介平台往往是狭义上、政府主导建立的数据交易平台，本书也沿用了这一定义。

四、数据要素交易模式

目前尚无关于数据要素交易模式的明确概念界定，对其分类方法存在以下几种观点。

（一）五类模式

黄丽华等（2022）根据数据产品的流通特性总结出五种代表性的数据要素交易模式：数据管道、需方主导的数据集市、供方主导的数据集市、平台市场、做市商市场。数据管道模式下，供需双方通过订立数据传输契约，通过数据管道进行交易；数据集市均为单边市场模式，按主导方不同而区分为需方主导、供方主导两种模式，供方主导居多；平台市场模式即实践中的大数据交易所模式，数据交易通过交易中心或交易所的平台进行；做市商市场模式是指由数据做市商作为中介撮合交易的模式，类似于后文的数据经纪商（data broker）模式。

（二）四类模式

高富平和冉高苒（2022）则将目前数据要素交易的主要发展模式总结为以下四种。

1. 数据经纪商模式

数据经纪商（或数据经纪人）是指为将用户信息二次出售给具有多种目的的客户，而通过各种渠道收集消费者个人信息的企业或组织。美国的经纪业务十分发达，而且成熟度高，因此其数据要素市场也借助了经纪产业基础，在数据交易发展早期，数据经纪商的角色就十分重要。美国之所以能成为数据交易服务领域的领头羊与这一发展模式有较大关系。美国数据经纪产业收集数据的重心在于人口统计信息，主要提供市场营销产品、风险降低产品以及人员搜索产品。为防止数据经纪人滥用个人信息，美国加利福尼亚州已经在 2023 年 9 月通过了《删除法案》，联邦层面的《删除法案》也已经提交美国商业、科学和交通委员会审议。

2. 数据信托模式

数据信托（data trust）是人工智能治理、机器学习时的一种数据共享机制，以确保相关数据只能以尊重数据主体权利和利益的方式使用。目前主要有美国和英国的两种子模式：美国数据信托模式是给数据控制者增加特殊的信托义务，来平衡数据控制者和数据主体之间的不平衡权力结构；英国数据信托模式是在数据控制者和数据主体之间建立第三方机构，即数据信托，通过受托人来管理数据。

3. 开放银行模式

开放银行（open banking）的本质是一种平台化数据共享商业模式，其以 API 作为技术手段，实现银行数据与第三方服务商的数据共享。把数据开放的银行、期望共享数据的第三方机构、开发者、被银行和第三方服务的客户等，共同构成了一个完整的开放银行生态。

开放银行模式有两种不同的发展路径。①自上而下监管制度驱动型，或称为制度先行模式。欧盟和英国的开放银行就属于这种类型，在欧洲监管部门的制度推动下，欧洲银行与数据服务商合作开放其数据，从而创造更多的价值。②自下而上的业务驱动型。这个类型的典型代表是美国，美国各类公司对市场变化十分敏感，银行和金融科技公司都意识到了连接银行账户与应用场景蕴含的巨大商机，所以自发地投入到数据共享当中。

4. 科技龙头企业数据交易平台模式

基于自身的技术和数据资源，各国的科技龙头企业大都构建了自己的数据交易平台，继而打造独立的数据要素生态。如亚马逊市场网络服务通过自身技术打造数据交易平台，组建了包含数据发布、数据存储、数据下单订阅、数据服务计费和授权的"一站式"数据交易生态。

（三）三类模式

高太山（2022）在国务院发展研究中心智库报告《以场景化数据服务促进数据交易》中，将数据交易模式分为"一对一"直接交易、"一对多"单边交易、通过第三方交易（即平台化多边交易）三种模式。

1. "一对一"直接交易模式

这种模式下，数据交易双方自己寻找交易对象，进行数据产品或服务的直接交易。

其优势在于灵活性强，在数据交易方需求明确且内容复杂时尤为适合。

但劣势也很明显：信息不对称、风险高、交易成本高。

2. "一对多"单边交易模式

这种模式指的是数据供应商将自有数据或外购数据，进行加工处理后，变成数据集、数据库、数据应用等，一般通过企业网站出售给多个需求者。

"一对多"单边交易模式有利于数据的专业化开发和规模化应用，但存在会员门槛高、定价不透明、容易造成数据垄断等问题。

3. 通过第三方交易模式

通过第三方交易模式是指数据供求双方通过政府监管下的大数据交易所等第三方数据交易平台进行的撮合交易。

这种模式是目前我国政府大力推行的模式，它较好地解决了信息不对称问题，规范、公开，同时也有利于政府监管。但目前，由于数据确权、数据定价、数据安全等问题尚未完全解决，各大数据交易平台仍在积极探索新的发展方向。

（四）两类模式

相较于上述分类方法，场内交易和场外交易这种模式分类更为常见，两者的区别在于数据交易是否在交易所登记，或者是否通过第三方交易平台、交易所进行。

以上数据交易模式的分类方法，各有千秋，鉴于场内交易和场外交易的分类更具有实操性，故后续章节分析我国数据交易的实践时，大多会采用这种分类方法。

五、数据要素交易机制

《管理科学技术名词》对"交易机制"的定义是针对股票交易的："为安排投资者进行买卖交易而建立的规则，具体包括价格确定机制，交易连续性、交易技术以及开盘、收盘及大宗交易等特殊机制。"鉴于目前国内对数据交易机制尚无明确的定义，作者类比股票交易机制给出数据要素的交易机制概念："为数据供需方进行买卖交易而建立的规则，具体包括价格确定机制、交易技术、交易中介等。"其中，定价机制和交易中介（经纪）机制是核心内容。

由于数据要素的独特性，设计数据要素交易机制时有几个难点：①数据的定价具有极强的场景相关性，定价必须基于具体情境，因此其定价机制具有多变性、不确定性；②数据要素市场结构多样、信息不对称严重、企业的地位差异大，这些因素都会影响定价策略；③数据要素交易时转移的不仅是所有权，也可能是使用权，这就需要在交易合同的设计、交易技术的安排上有差异性。

就理论来看，目前数据要素交易机制的研究主要集中在定价机制；而实践中，由于我国近年来试行的经纪人制度尚不完善，因此本书将在后续章节的交易机制部分，重点分析定价机制和经纪人机制。

第二节 数据要素交易理论研究现状

国内外有关数据要素交易的研究主要集中在交易制度、发展路径、商业模式以及相关法律问题等方面，其中法律问题是交易的前提，制度设计是基础，而现有文献（特别是国内文献）大多是定性分析。

一、数据要素交易制度研究

建立一套科学合理的数据要素交易制度是促进数据要素市场公平有序发展的基础，目前学者对数据要素交易制度的研究主要从交易参与者、交易平台、交易价格等方面展开。

1. 数据要素交易参与者

数据要素交易环节的参与者包括数据供需双方和数据经纪商等。由于数据产品具有价值互补性，数据使用者可能同时从具有竞争关系的数据经纪商处购买数据产品。Admati 和 Pfleiderer（1990）研究发现，为了克服信息由信息价格泄露而导致的信息价值的稀释，信息垄断者可能更愿意出售他实际拥有的信息的噪声版本。此外，为了获得更高的利润，最好是向不同的信息交易者出售不同的信号，这样增加的噪声实现不会影响均衡价格。

Bergemann 和 Bonatti（2019）研究发现，数据购买者可以通过数据卖家提供的补充数据来扩充其初始私人信息，数据购买者为补充数据付费的意愿是由其初始私人信息的质量决定的，具有不同私人信息的买家在收到相同的补充信息时，可能会有不同的行为。

马滔等（2022）为了研究数据拥有者和数据经纪商的披露价格与交易价格之间的关系，基于数据使用者互补性购买行为，建立了数据披露与数据要素交易的两阶段博弈模型。结果表明，比较数据经纪商获取数据与不获取数据情况下，最优交易价格与数据价值互补性关系差异性显著；没有经纪商需求数据的情况下，二者之间关系呈非线性；当所有经纪商有数据需求时，最优交易价格保持不变。仅有一个经纪商需求数据和数据价值互补程度较低两种情况下,有数据需求的经纪商最优交易价格上涨,其他的保持不变。另外,尽管数据的非排他性和非竞争性可能导致多重销售现象,但本书研究发现,在一定的数据价值互补性程度下,并不必然导致这种多重销售行为。

冯科(2022)指出,在当前的数字经济时代,数据确权困难、易于复制等特点,导致了交易和定价的困境。除了目前企业和消费者之间直接的交易,还应该引入第三方中介的交易。应该完善数据要素交易机制设计,解决交易中的信用问题,引用区块链等新兴技术保证交易的真实性和合法性。

2. 数据要素交易平台

杨艳等(2021)研究发现,地方政府发展数据要素交易平台对于发展地方经济具有显著作用,因为数据要素交易平台可以有效改善信息不对称,降低企业决策成本,进而促进本地就业和产业结构升级,所以要鼓励地方政府扶持并推动数据要素交易平台建设。

王琎(2021)提出想要切实发挥数据要素交易场所对数据流通利用的促进和支持作用,就要先聚焦数据要素交易的市场需求,明确其具体的功能定位,分析其运行机理和与之相对应的法律制度需求,对数据交易场所的信任机制、交易机制和治理机制及时进行构建与完善。

胡凌(2022)认为在数字经济下,数字市场应该以平台模式为主导,数据交易所最终要转型成平台企业。数据要素交易和信息交换如果脱离了平台,就会使数据的价值不恰当地增加或减损,为数据交易所赋予了新的内涵。

陈舟等(2022)指出了我国当前的数据要素交易市场存在的一些现实问题,主要包括相关立法滞后,业态发育不全,数据要素交易流通不畅,行业需求发掘不足,技术支持欠缺的现实问题。因此,需打造具有合规保护、融合流动、价值挖掘等功能的新一代数据交易平台,并佐以健全的制度、合规的供给、完善的市场和创新的技术体系,进一步推动数据资源有效流动,助力数据要素交易的高速高质量发展。

张帆和李春光(2022)基于信息生命周期管理理论,对我国数据流通交易平台中出现的数据治理困境,从信息生命周期的五维角度出发搭建治理框架,并提出相对应的具体治理路径。

3. 数据要素交易价格

张树臣等(2020)为了解决大数据价值实现过程中出现的问题,设计了三阶段 Rubinstein 讨价还价模型,并对数据定价过程中的价格与收益趋势进行仿真模拟。研究得出，为保障交易双方收益，体现出信息匹配优势，交易双方应以各阶段最理想价格为标准进行合理对价，进而促进交易成功完成，实现数据驱动创新目标。

黄倩倩等（2022）构建了与超大规模数据要素市场环境适配的数据价格适配机制，基于数据产品价格形成和证券估值机制的基本原理，提出包含四类交易主体的数据价格形成机制和新型的"报价—估价—议价"的价格实现路径，在此基础上研究出一种由"冷启动期"到"成熟期"分步走的数据要素动态定价方案。

欧阳日辉和杜青青（2022）在明确数据要素定价的客体是具备生产要素属性的数据产品和服务的基础上，对与数据要素定价有关的成本、价值、场景等因素进行了研究讨论，并针对其具有的一般性原则和特殊性原则进行了归纳总结，指出关于交易的制度设计是定价的关键前提，场景对定价的影响非常大。

欧阳日辉和龚伟（2022）基于数据要素价值和市场评价贡献两种核心因素，借助数据价值的"形成—发现—竞价"这一路径进行演进，构建出"三位一体"的数据要素定价体系。提出了数据产品价格的主要量化和发现渠道来源于场景、供求关系、定价方法和定价估值体系。不仅分析了场景交易和市场评价贡献在该路径中的关键作用，还强调数据要素定价必须要注重场景交易和数字经济的影响。

李标等（2022）认为，我国数据要素市场交易定价机制不完善，需要进一步健全包括均衡价格参照机制、询价竞价机制和公允估价机制等内容的定价体系，推动我国数据要素价格生成机制更科学合理。

此外，还有学者结合数据的具体应用场景，对数据的交易机制进行分析和设计。邵立敏（2022）将政务数据作为分析研究对象，阐述我国当前政务数据资产化的困境，主张促进政务数据的公开与利用，构建数据资产化路径，设计配套交易模式与规则。冉从敬等（2022）着眼于个人数据产权的管理与维护，通过引入信托模式、构建数据信托产品、搭建数据整体运行框架，提出个人数据要素交易的管理新机制，使得借助信托管理和维护数据具有可行性。刘松（2022）对支付行业的数据价值进行分析，认为当前数据的交易机制尚不完善，数据要素交易不仅涉及所有权的转移，其价值的实现还应体现在数据服务中。数据交易平台的介入可以变"一对一"的数据要素交易为以平台为基础的网状交易，缓解交易中产生的信任问题。

二、大数据发展路径研究

万秀斌等（2015）从实践层面总结出贵州大数据产业发展的路径，即打破数据壁垒，由政府主导搭建大数据服务平台，实现政府与企业以及企业之间数据的互联互通，鼓励企业创新商业模式，最终将大数据的应用拓展至全产业链。

赵峥（2017）总结出当前我国大数据服务业的产业发展的四条路径，同时指出了四方面的不足，为创建有利于大数据服务业发展的环境，促进大数据服务业健康发展提供了建议。

谢卫红等（2018）为了发现我国大数据产业政策中的问题与不足，从顶层设计等四个方面就我国政策与国外政策进行了比较分析，最后提出了推动我国大数据产业持续快速健康发展的政策建议，主要包括平衡好政府数据开放与个人隐私保护的关系，加强大数据产业人才队伍建设，加大关键核心技术研发投入，完善数据流通体系，促进大数据交易规范化发展。

欧阳日辉（2022）提出当前我国数据要素市场建设处于 2.0 时代，未来多层次数据要素交易市场的构建，需要统筹考虑多主体、多环节、多领域、多层级的多重动力驱动。

三、数据要素交易商业模式研究

在数字经济时代，大数据对企业的商业模式创新产生了重要的影响，商业模式的创新是数据要素交易的进一步延伸，体现了数字经济发展更新迭代和日益增长的需求。

李文莲和夏健明（2013）从三个视角揭示了大数据对企业商业模式创新的驱动原理，并从产业链的视角界定了六种基本商业模式类型，同时指出对六种基本商业模式的拆分、整合与创新又会产生新的商业模式，并向行业外扩展。从行业视角看，提出基于企业间"连接"与"融合"的平台式商业模式和数据驱动跨界模式，代表商业模式发展的新方向。

李成熙和文庭孝（2020）通过分析数据要素交易的主客体、归属权和定价等特征，构建出与大数据交易模式相关的逻辑关系，进而得出大数据交易盈利模式有中介盈利模式、卖方盈利模式、数据持有型盈利模式、技术服务型盈利模式四种，上述盈利模式根据不同交易客体又可以细分为交易分成、保留数据增值收益权、一次性交易数据所有权和多次交易数据使用权等多种盈利模式。

黄倩倩等（2022）为加强数据要素交易市场中的流通管理，完善数据要素交易规则，运用文献调研法梳理国内外数据质量评估和质检的常用手段，结合当前交易场景，从常用的各类数据产品出发，提出数据要素交易流通场景的质量评估模型，并构建数据要素交易各环节中的管理体系，通过检验论证得出其提出的质量评估模型与质量管理体系，对实现数据要素交易过程中的价值评估和质量提升起到了重要作用。

窦悦等（2022）基于国内外数据流通交易技术研究和运用现状，结合国内现存的建设数据要素市场面临的共性问题，提出国家"数联网"根服务体系，为打造国家数据要素流通共性基础建设、面向社会提供安全准确的公共服务和数据市场及产业生态奠定基础。

四、数据要素交易相关法律问题

目前，我国缺少相关数据要素交易的法律法规，再加上数据的权属、性质等概念欠缺一定的标准，导致数据间的转换界限和安全范围不甚明确，隐私泄露和权属异议等问题时有发生，法律漏洞仍然存在。随着我国数字经济规模逐渐扩大，数据要素交易市场日渐崛起，相关法制的缺位也应及时填补，许多学者针对交易过程不同视角的法律缺陷提出改进措施与建议。

王忠（2015）指出在大数据时代，开放个人数据要素交易是大势所趋，但考虑到隐私泄露风险和资源配置效率，提出应建立透明、规范的个人数据销售许可机制，允许个人数据的公平、安全交易，平衡技术创新和隐私保护之间的矛盾。

张素华和李雅男（2018）认为传统的理论无法适应多元化的数据要素交易形态，提出行为规制模式能够更好地防控风险、实现隐私保护与市场竞争的平衡以及公共利益与个人利益的平衡。行为规制模式具体的路径选择应当坚持数据保护由个人控制转变为社会控制、构建以合同为中心的中间权模式、将静态的隐私保护转变为动态的风险控制。

针对数据产权的保护，纪海龙（2018）研究认为，对于作为内容的数据信息不必设定绝对权，而对作为信息表现形式的数据文件应当设定绝对权。数据文件由于其可被界分和控制以及易与存储载体相分离的特点，可以成为权利客体。从占有法、破产法、强制执行法等方面出发，对数据文件设定绝对权可以对其提供更加合适的保护。

洪玮铭和姜战军（2019）指出，在当前经济全球化的时代，个人信息的商品化现象普遍出现，自发形成的信息数据要素交易市场缺乏制度意义的财产权基础。信息数据商品化背景下的个人信息财产权必须在信息大数据的限制范围内，与现有的信息数据市场机制相结合，并按隐私与非隐私个人信息进行分类设置。

崔国斌（2019）认为立法者应当着重对那些处在公开状态的没有独创性的大数据集合进行关注，应当对其设置有限排他权。这种机制的设计一方面符合数据行业的现实需求，另一方面也可以使得数据使用者的利益得到保障，具有充足的制度弹性。

张敏和朱雪燕（2018）从法律监管和自律监管的角度出发，分析得出关于大数据交易的立法需求既是市场现实需求，也是监管需求，交易中的数据均有财产属性，可以进行商业交易。因此应以现有的两种大数据交易模式及其法律关系为基础，结合交易主客体、数据质量和监管模式，构建我国大数据交易法制体系。

王卫等（2020）指出在数据资源交易的实践过程中，数据要素交易与数据保护之间的矛盾问题日渐显著。在数据要素交易发展过程和数据权归属的基础上，分析得出其矛盾主要表现在数据安全、数据价值无法有效发挥和数据要素交易活跃性有所下降、产业经济效益降低等方面。

周坤琳和李悦（2020）指出我国税法在数据要素交易层面的不完备，对数据要素交易的征税制度和规则的有效供给显得不够充分。为了弥补我国税制的这一薄弱环节，通过研究比较欧盟与美国颁布的数字经济税收制度，结合我国国情和市场体系特征，提出构建适宜的本土数据要素交易税收制度。

李德恩（2020）认为我国既有的大数据规则体系尚不能对个人信息权和数据开发者的权利进行明确界定和合理的保护，在数据收集、加工、交易的不同阶段，应当针对性地对相关主体享有权利的性质、内容进行界定，完善立法，妥善处理公民个体权利和从业者权利的冲突，平衡各方利益。

国瀚文（2021）针对数据价值实现过程中出现的数据维权难、隐私泄露、秩序混乱、机制欠缺以及国际数据资源对接不畅等问题，遵循体系化、安全性、开放性和便捷性原则，构建理想化的大数据交易管理法律模型，引入多学科、跨专业的研究，为上述存在漏洞的数据要素交易问题设计、安排对应的法规制度，为数字经济的有序发展提供规制工具。

杨毅（2021）结合数据的特定性质，探索数据合法交易的方法，研究提出了数据所有权共有的概念、数据价格计算的方法与标准，构建了与数据收益分配算法相适应的模型，搭建出新型数据合法交易适用技术和产业结构框架。

宋方青和邱子键（2022）研究发现，数据要素市场法治化离不开均衡的治理主体结构以及科学的权属配置，当前由于现实中个人与企业在权利维护能力上的差异以及政府利益分化等原因，"个人企业互动，国家中立监管"的二元主体结构存在明显的局限性。由国家、政府、个人和企业构成的多元主体结构才能更好维护数据要素市场秩序，数据权属的配置可以分置为数据主权、数据所有权、数据用益权和个人数据权等多种形式。未来可以从完善制度设计、整合数据要素交易市场以及优化数据要素的利用等方面入手，推动数据要素市场法治化的进程。

肖潇（2022）以电子商务数据为切入点，指出数据天然具有的非物权客体、非知识产权客体以及非人格权客体等独特法律属性，决定了数据要素交易的实质是对数据使用的许可，而非所有权的交易。此外，在进行数据要素交易时，应从方式、要求等方面合理限制商业机密数据向公共数据的转换，政府和法律也应尽到对共享数据资产的安全保障义务。

综合上述研究，可以看出目前我国数据市场交易环节的研究存在的主要问题是：研究内容比较零散，缺乏对交易环节的各项要素，如：交易主体、交易客体、交易机制、交易市场结构等的系统研究；基本为定性研究、对策论研究，缺乏定量研究、理论研究。

第三节　数据要素交易环节实践现状

一、国外数据要素交易环节实践现状

如前所述，随着数字经济的飞速发展，世界上很多发达国家和部分发展中国家的数据交易也增长迅速。据《2023年中国数据交易市场研究分析报告》统计，2021年全世界数据交易行业市场规模为842亿美元，2022达到906亿美元，预测2025年、2030年该指标有望分别增长到1445亿美元、3011亿美元。

2017~2021年全球最大的五个数据市场的交易值及其增长率已经在表1-1中显示，从表中可以看到：①美国一直处于全球数据市场交易值首位，且交易值远超其余四国，2017年美国数据交易值占五个国家交易值总量的75.4%，2021年交易值占比为69.8%，具备领先实力。②近年来中国数据市场发展迅速、增长态势良好。中国的交易值增长率连年居全球首位，与其他各国增长率相比具有明显优势，交易值从2017年的17亿美元增长至2021年的73亿美元，数值翻4倍有余，但距离美国仍有差距。③英国数据市场的交易值增长较快，即使2020年受新冠疫情影响，增长率也达到了

14.3%，且 2021 年增长率略有好转。英国数据交易值总量增长较慢，2017年交易值与第二名中国相差无几，但在 2021 年交易值已不足中国交易值的一半。④与其他国家相比，加拿大和法国的数据市场的交易值较小，但是增长速度很快，保持高速增长态势。

在各国政府的高度重视和战略推动下，多种数据交易模式已初见雏形，同时涌现出一批知名数据服务商，交易模式和交易机制也在不断丰富和完善。以下将从数据要素市场交易政策、交易主体、交易模式等方面对一些国家的发展现状进行分析。

（一）美国

1. 交易政策

美国数据交易的繁荣很大程度上得益于政府开放、自由的政策，其相关政策大致可以分为两类：一类是促进数字经济发展、数据交易的政策，另一类是涉及数据隐私保护的政策。

前一类政策主要包括：①2009 年的《开放政府指令》，为数据开放打破了法律障碍；②2012 年颁布的《大数据研究和发展计划》；③2013 年发布"数据—知识—行动"计划，细化了促进数字经济发展的对策；④2016 年《联邦大数据研发战略计划》，从加强数据基础设施建设、促进数据共享、强化大数据培训及人才培养、鼓励跨部门合作等方面，详细制定了行动指引。

后一类政策主要包括：①2014 年的《隐私即信任：大数据时代的信息隐私》；②2016 年的《大数据报告：算法系统、机会和公民权利》。不过，目前美国尚没有对联邦层面的数据保护统一立法，数据保护立法多按照行业领域分类。虽然脸书、雅虎、优步等公司近些年来均有信息失窃案件发生，但由于硅谷巨头的游说使得美国联邦在个人数据保护上的立法进展较为缓慢。

2. 交易主体

美国发达的信息产业从根本上推动了其数据交易市场的形成和发展。据《2023 年中国数据交易市场研究分析报告》的数据，2022 年美国数据交易市场的交易额约为 417 亿美元，仍是全球数据交易市场规模最大的国家。

就数据供给主体来看：①美国联邦政府建立了"一站式"政府数据服务平台 Data.gov，为数据集中统一共享创造了条件，通过这个平台，美国可以对分散在政府部门（包括联邦政府和州政府）、社会机构和民间组织的数据进行归集，形成经济、金融、环境、教育、交通、医疗等领域的大数据资源，平台可以将这些数据以可访问的方式发布，开发商则可通过平台对数据进行加工和二次开发,这一点大大地促进了数据供应商的发展。②很多大企业组建的大平台也具有美国数据交易方面的特点,美国知名的数据服务提供商或交易平台主要有:微软数据市场、亚马逊公共数据集、甲骨文在线数据交易、位置数据及服务提供商 Factual、实时数据交易市场华东江苏大数据交易中心、大数据平台提供商 Infochimps、为开发人员服务的 RapidAPI、Qlik Data market(数据市场)等。

3. 交易模式

美国发展多元数据交易模式,现阶段主要采用 C2B(consumer to business,顾客对企业)分销、B2B(business to business,企业对企业)集中销售和 B2B2C(business to business to consumer,供应商对电子商务平台对消费者)分销集销混合三种数据交易模式。

数据平台 C2B 分销模式,指个人与数据平台的直接交易方式,即个人将其拥有的数据与平台换取等价的货币、商品、服务或积分等,向平台出让数据所有权或使用权。当前 personal.com 和 Car and Driver 等平台就属于这种交易模式。

B2B 集中销售模式,指平台不作为直接交易方,而是以数据供求双方的中间代理人身份撮合数据交易,平台以中介费作为主要收入。目前微软 Azure 数据平台就属于这种类型。

B2B2C 分销集销混合模式介于上述两种交易模式之间,数据平台从个人手中收集或购买数据,然后以一定价格转让或共享给他人,这种数据交易模式以数据平台安客诚(Acxiom)为代表。

随着数据交易的逐步活跃和需求增多,B2B2C 模式发展迅速并成为主流,在美国数据交易产业中占据主导地位。

(二)欧盟国家

欧盟委员会希望通过政策和法律手段促进数据流通,解决数据市场分裂问题,将成员国打造成统一的数字交易流通市场;同时,通过发挥数据的规模优势建立起单一数字市场,摆脱美国"数据霸权",回收欧盟国家自身"数据主权",以繁荣数字经济发展。

首先,欧盟出台了一系列政策以促进数据交易。2018 年 5 月开始实施的《通用数据保护条例》(General Data Protection Regulation,GDPR)特别注重"数据权利保护"与"数据自由流通"之间的平衡,这种标杆性的立法理念对中国、美国等全球各国的后续数据立法产生了深远而重大的影响。但由于其条款较为苛刻,数据结果显示,《通用数据保护条例》施行一年后,欧盟科技企业每笔交易的平均融资规模下降了33%，风险投资机构对科技企业的投资额大幅减少。

2020年3月，欧盟基于《通用数据保护条例》发布了《欧洲数据战略》，该战略规划了欧盟未来五年总体的数据政策，其目标是创建一个真正的单一、开放数据市场，在保证数据的安全性的同时，让企业轻松访问无限的高质量工业数据，利用数据促进经济增长。

其次，欧盟委员会积极推动数据开放共享。2018年，为了推动政府公共部门、科研机构和私营企业开放数据，欧盟提出了构建专有领域数字空间战略，这项战略的目标是推动欧盟实现在公共服务和农业、制造业、交通、医疗、财政、教育、环保等主要领域的数据开放和共享。

1. 法国

法国是较早制定、发布大数据发展战略的国家之一，2013年颁布了《数字化路线图》和《法国政府大数据五项支持计划》。

如表1-1中所示，法国数据市场的交易值位列全球第五，但市场内部发展不均衡，一些领域处于停滞或弱发展的状态，而另一些领域则欣欣向荣。据统计，在所有使用的数据类型中，商业结构类数据比重超过一半，达到54%，其次为数据储存源，为47%，但这两类的发展已陷入停滞；相反，点击率分析虽然目前比重较低，仅为19%，但保持着最高的增长速度，另一个处于高增速的领域是数据管理和整合平台，年均增速为9.1%；数据分析应用领域在2017年至2021年保持年平均6.4%的增长率；商业智能平台领域也保持了年均6.4%的市场增速。

2. 德国

德国为了消除企业对数据交换安全性的顾虑，通过打造数据空间，形成行业内可信的数据交换途径，从而引领行业数字化转型，实现各行各业数据的互联互通，形成相对完整的数据流通共享生态。

数据空间是一个基于标准化通信接口，并用于确保数据共享安全的虚拟架构，其关键特征是数据权属。它允许用户决定谁拥有访问它们专有数据的权利并提供访问目的，从而实现对其数据的监控和持续控制。目前，德国数据空间已经得到包括中国、日本、美国在内的20个多个国家及118家企业和机构的支持。

（三）英国

1. 交易政策

英国的数据战略从积极推进政府数据开放与共享起步，2010年英国政府上线了政府数据网站。英国的政府数据网站与美国的政府数据平台功能基本类似，主要不同之处是，其更侧重于大数据信息挖掘和获取能力的提升。

2012年英国发布《开放数据白皮书》，成立世界上首个非营利性ODI（The Open Data Institute，开放式数据研究所）。ODI由英国商业创新技能部牵头成立，主要目标是利用互联网、云存储等新兴技术打造全球海量数据存储平台。同时，ODI确立了广泛的数据接收和存储框架，并利用海量数据基础开展对大数据的应用研究，除了吸纳更多技术力量和资金支持协助拓宽数据来源外，还通过大数据开放，服务于政府、私人部门、第三方组织及个体的数据服务需求，培育数据相关产业发展，实现大数据驱动的社会就业和经济增长。

2013年英国发布《英国数据能力发展战略规划》，并投资1.89亿英镑支持大数据研究和设施建设。

2. 交易模式

英国大力推行开放银行模式。该模式要求金融市场为第三方数据应用提供安全接口，而第三方数据服务提供商可以获取和使用相关数据，开发相关应用场景以创造价值增值，以此实现相关企业与金融服务商的数据共享。这样不但可以在保证安全的条件下推进数据开放共享，而且更加高效便捷，有助于激发市场活力，促进金融创新。

开放银行模式提供了六种可能的市场参与者：前端提供商、应用程序商店、特许经销商模型、流量巨头、产品专家以及行业专家。其中，金融科技公司、数字银行等前端提供商通过为中小企业提供降本增效服务来换取数据，而流量巨头作为开放银行链的最终支柱掌握着银行业参与者所有的资产负债表，控制着行业内的资本流动性。到2023年底，英国已有100家金融服务商参与了开放银行计划并提供了创新服务，数据交易流通市场初具规模。

（四）日本

1. 交易政策

日本数据管理以《个人信息保护法》为基础，除了医疗健康数据等高度敏感信息外，对数据权属的界定均以自由流通为基本原则。

2. 交易模式

日本从自身国情出发，创新数据银行交易模式，释放个人数据价值，提升数据交易流通市场活力。数据银行在与个人签订契约之后，通过个人数据商店（personal data store，PDS）对个人数据进行管理，在获得个人明确授意的前提下，将数据作为资产提供给数据交易商进行开发和利用。

从数据内容来看，数据银行的数据主要有金融数据、医疗数据、行为数据等；从业务类型来看，数据银行从事包括数据保管、贩卖、流通在内的基本业务以及个人信用评分业务。日本通过数据银行搭建起个人数据交易和流通的桥梁，促进了数据交易流通市场的发展。

（五）韩国

1. 交易政策

2021年9月28日，韩国国会审议通过了《数据产业振兴和利用促进基本法》，建立了数据交易和分析的报告系统，为数据交易、分析活动以及市场主体提供系统、全面的支持。

2. 交易模式

韩国科学和信息通信技术部推行数据经纪商制度，并启动数据经纪商注册制，以推动数据交易市场的发展。数据经纪商凭借其深厚的专业知识，能够为市场主体提供数据交易咨询和经纪服务。韩国现有法律多集中于规制个人信息处理者的个人信息处理行为，对数据产业缺乏在资金、技术、专业知识等方面的政策支持。

二、我国数据交易环节实践现状

（一）总体状况

如第一章所述，我国数据市场的发展大致经历了三个阶段，2015年前后，随着大数据相关政策规划密集出台，我国数据市场迎来新的发展机遇期，交易规模日渐增长，交易客体从以"硬"设施为主逐渐向以"软"服务为主转变，行业领域逐渐向新兴高增值领域转换。

据《2023年中国数据交易市场研究分析报告》，2021年中国数据交易市场额为617.6亿元，2022年增加到876.8亿元，预计2025年可达到2046.0亿元，2030年增至5155.9亿元，年复合增长率分别约为34.9%、20.3%（表6-1）。

表6-1 中国数据交易市场规模及预测

项目	2021年	2022年	2025E	2030E
交易额/亿元	617.6	876.8	2046.0	5155.9
年复合增长率		42.0%	34.9%	20.3%

注：E表示该年度结果为预测值

就数据交易的行业结构来看，2022年金融、互联网行业的交易占比最高，两者的交易规模占比分别达到35.0%和24.0%，占据了大半壁江山；而通信、制造工业、政务、医疗健康等行业的交易占比也在逐步上升。具体详见表6-2。

表6-2　2022年我国数据交易市场结构情况一览表

项目	金融	互联网	通信	制造工业	政务	医疗健康	其他
交易额/亿元	306.9	210.4	78.9	61.4	61.4	52.6	105.2
占比	35.0%	24.0%	9.0%	7.0%	7.0%	6.0%	12.0%

资料来源：《2023年中国数据交易市场研究分析报告》

（二）数据需求方

数据的需求主要来自大数据应用企业（表6-3），根据中国信息通信研究院对1404家涉及行业大数据应用企业的统计整理，互联网企业、政府、金融业、电信业是数据需求最高的四大行业，此外，制造业、医疗、教育、供应链与物流、农业、体育、文化、环境气象、能源行业等行业的数据需求也在逐年增加。

表6-3　数据需求主体及需求数据类型

需求主体	数据品种	需求数据类型
医药公司、医疗设备公司	医疗数据	病历数据、就诊数据、药品流通
银行、小贷公司、互联网金融公司	金融数据	企业数据、个人数据、个体户数量
	企业数据	中小微企业数据、外资企业数据等
能源企业	能源数据	石油、天然气等所有相关的数据
车联网、汽车公司、汽车后市场	交通数据	停车场数据、车辆位置数据等
供应链相关企业	商品数据	电子标签数据、商品物流数据等
金融机构、汽车公司、消费品公司	消费数据	个人消费数据、个人征信数据等
教育类机构	教育数据	学习轨迹数据、教育消费数据
政府相关部门	社会数据	与社会管理、政府管理有关的数据
其他（如科研机构等）	社交数据	与社交相关的所有数据
	政府数据	政府统计数据、政府审批数据等
	电商数据	商品交易数据、商品流通数据等

资料来源：中国信息通信研究院

从数据交易需求方的结构情况来看，互联网企业、政府、金融业、电信业四者合计的市场需求占整体需求的 77.6%，成为大数据应用的支柱产业，并引领了大数据融合产业发展。

互联网企业、金融业和电信业三个行业之所以在数据交易需求方面处于领先地位，主要是因为其本身信息化水平高，研发力量雄厚，数据业务量大，在大数据技术开发和应用方面具有显著优势。

而政府部门掌握着大量公共数据和政务数据，数据利用率低，发展潜力大，因此政府大数据成为近年来政府信息化建设的关键环节，与民生服务、社会治理、市场监管相关的政府数据应用需求及整合和开放共享持续火热。

此外，工业大数据和健康医疗大数据作为新兴领域，数据量大、产业链延展性高，未来交易的增长潜力不可小觑。

从地域分布来看，中国大数据企业主要分布在京津冀与东部沿海地区。根据企查猫数据，截至 2021 年 9 月 22 日，全国大数据产业中"存续"及"在业"的企业共有 61 799 家，多集中分布在北京、广东、上海、浙江等经济发达省份。其中，北京大数据企业数量约占全国总数的 35%，形成了大数据平台服务和应用开发、数字智能制造、旅游大数据等创新企业集聚中心，在信息产业领域形成了竞争优势；此外，广东的大数据企业也多达 9246 家；其次是江苏，大数据企业数量达到 5106 家；中部地区的陕西大数据企业数量也较多，为 4419 家。

（三）数据供应商

据《2023 年中国数据交易市场研究分析报告》，按照供给领域口径统计，2022 年我国数据交易额为 854 亿元人民币。其中，金融和互联网行业仍然是最主要的数据供给行业领域，具体见表 6-4。

表 6-4　2022 年我国数据交易市场供给结构情况一览表

项目	金融	互联网	政务	医疗健康	通信	交通运输	制造工业	其他
交易额/亿元	248.7	238.8	97.0	75.7	62.0	49.2	47.3	35.3
占比	29.1%	28.0%	11.4%	8.9%	7.3%	5.8%	5.5%	4.1%

就供给主体来看，以往的数据主要依赖政府提供，而现在已经形成了政府、大型互联网企业、数据服务商多主体共同参与的格局。

1. 大型数据供应商

这类企业在市场上具有很高的知名度和影响力，典型代表是百度、腾讯、阿里巴巴等大型互联网企业的数据相关子公司。这些企业的母公司往往是巨型商品交易平台或社交平台，积累了海量平台交易数据，而且在云计算、大数据技术和人工智能等方面处于国内甚至全球领先地位。随着数据市场前景不断清晰和广阔，互联网头部企业利用规模优势和技术优势在大数据交易领域快速"跑马圈地"，成立数据交易子公司，成为数据市场的重要供应商，而且这类企业通常利用其资本优势、技术优势，占据了高端市场的大部分份额，成为数据市场的头部企业。

这类数据供应商的典型特征是：①业务领域不仅包括大数据，还延伸到云存储云计算、人工智能等相关领域（甚至包括硬件制造），提供综合一体化的服务；②作为大型互联网企业的子公司，这类企业数据来源、数据交易对象、衍生产品等大多来自母公司，同时也往往服务于母公司客户目标，只是有些子公司独立性较弱，有些则具有相对独立的管理架构和运营模式，基本实现了独立运营管理。表 6-5 列举了这一类数据供应商的主要代表。

表 6-5　大型数据供应商概览表

企业名称	企业简介
阿里云	（1）背景：阿里巴巴集团子公司 （2）定位：全球领先的大数据、云计算及人工智能科技公司 （3）交易情况：2023 年收入 772.03 亿元，经调整的息税前收益为 14.22 亿元 （4）特点：市场份额最大；技术全面，涉及云计算、大数据、人工智能、IOT（internet of things，物联网）、云原生、数据库、微服务、安全、开发和运维等模块；产品和服务综合，包括弹性计算、数据库、存储、网络、大数据、人工智能、云安全、互联网中间件、云分析、管理与监控、应用服务、视频服务、移动服务、云通信、域名与网站、行业解决方案等
腾讯云	（1）背景：腾讯公司旗下 （2）定位：全球领先的云计算、大数据、人工智能等技术产品与服务提供商 （3）交易情况：2019 年腾讯云全年收入超过 170 亿元人民币（2020 年后不单独披露腾讯云收入），付费客户数破百万人；全球服务器数量 100 万人以上；数据存储规模达 EB 级别；全球加速节点数 2800 个以上；带宽储备达 200TB；权威认证 400 多个；云产品服务 400 多个 （4）特点：操作系统高效稳定、安全可靠；从基础设施到行业应用领域，提供完善的产品体系和丰富的应用场景；与产业链上下游形成开放的生态圈

续表

企业名称	企业简介
华为云	（1）背景：华为公司旗下研发和运营机构 （2）定位：为全球客户提供领先的公有云服务 （3）交易情况：服务170多个国家和地区的300万用户，2800多个CDN（content delivery network，内容分发网络）节点，120多项合规认证，百万级QPS（queries per second，每秒查询率），128TB存储，每年数百亿美元的研发投入，4条TPaaS（platform as a service，平台即服务）开发生产线，5个数字业务根引擎，2万多个API （4）特点：服务领域广泛，涉及云计算服务器、云电脑、云存储、云虚拟网络、云数据库、云安全中心、云端解决方案等；安全可信；首创全系列的云原生服务
百度智能云	（1）背景：百度集团子公司 （2）定位：为企业和开发者提供全球领先的人工智能、大数据和云计算服务 （3）交易情况：2022年百度智能云全年总营收177亿元，同比增长23%；截至2024年7月，千帆大模型服务平台服务客户数突破15万家，覆盖近500个场景；生成式人工智能产品——文心一言推出一年以来，已有400多家各行业头部企业宣布加入文心一言生态 （4）特点：全栈布局（芯片层、框架层、模型层和应用层）的人工智能公司；研发高端芯片——昆仑芯，拥有中国最大的人工智能操作系统——飞桨，拥有千亿参数的"文心大模型"；提出"云智一体，深入产业，生态繁荣，人工智能普惠"战略，赋能千行百业：即在基础云之上，提供高性价比的异构算力和高效的人工智能开发运行能力，继而提供深入场景的人工智能标准化应用或聚焦行业核心场景的行业应用，并构建人工智能原生产业生态
京东云	（1）背景：京东集团旗下云计算综合服务提供商 （2）定位：基于人工智能、云计算、大数据、物联网等前沿科技，面向不同行业提供数智化解决方案 （3）特点：推出数智算力矩阵，包含言犀人工智能开发计算平台、混合多云操作系统云舰、分布式存储产品云海、阿尔法智能算力模块等产品；其中行业首个混合多云操作系统——云舰，可完成超千万核资源秒级调度，实现超大规模异构基础设施资源的敏捷调度；分布式存储平台云海2.0，达到行业领先的千万级，延迟低于百微秒；软硬一体虚拟化引擎京刚3.0，支持100GB虚拟私有云（virtual private cloud，VPC）网络，云硬盘单实例性能突破百万IOPS（input/output operations per second，每秒读写次数）；京东言犀大模型为京东近6亿用户提供智能化咨询服务，并为各行业提供产品与解决方案；企业目前已服务超95%的央企、超2500家大型企业、超944家金融机构和超250万家中小微企业

2. 中小型数据供应商

除了少数大型互联网企业外，数据交易市场上还存在着数量众多的中小型数据供应商。它们通常是一些中小型数据服务商，资本不雄厚，技术水平也不高，盈利能力弱，在市场中属于从属地位，相互之间的竞争也非常激烈，不过近几年发展较快，在数据市场上渐具市场规模和影响力。目前国内这类平台的主要代表是南京云创大数据科技股份有限公司、数据堂（北京）科技股份有限公司、美林数据技术股份有限公司、天聚地合（苏州）科技股份有限公司等。

这一类交易平台的运营模式可归纳为以下特点：①对数据进行"采—产—销"一体化运营，整个生产过程形成了一个完整的数据产业链闭环。数据是数据要素服务企业生产经营的"原材料"，经营过程中往往采用自采、自产、自销模式并实现"采—产—销"一体化模式，最后通过市场渠道将数据产品变现，即先由用户提数据需求，然后平台运营商根据需求进行数据收集、分类整合和加工处理，最后形成数据产品进行交付，平台在整个数据交易产业链中兼具数据供应商、数据代理商、数据服务商、数据需求方等多重身份，形成了完整闭环。②这类企业相较于大型企业，业务范围仍然较窄，且大多是可替代性强、附加值较低的业务。③交易价格较高。这是由当前数据产业正处于发展起步期，数据要素市场竞争不充分，企业拥有数据要素的独特性和稀缺性等原因决定的。另外，数据资源平台采用的自采、自产、自销新模式，使其在市场上具有一定的定价权，也是当前交易价格偏高的一个重要原因。④虽然单次交易价格较高，但这类企业因为规模、技术等原因，整体盈利能力比大型企业低，且因为数量较多，行业竞争激烈，所以大部分经营难度大。表 6-6 列举了这一类数据供应商的主要代表。

表 6-6 中小型数据供应商概览表

企业名称	企业简介
南京云创大数据科技股份有限公司	（1）背景：成立早，北京证券交易所首批上市公司，荣获荣誉多项，知名度高 （2）定位：集人工智能、大数据、云计算、云存储技术于一体的高新技术企业 （3）交易形态：大数据存储、大数据智能处理、行业解决方案等 （4）特点：业内领先的大数据存储与智能处理厂商，技术原创能力领先，截至 2023 年 6 月 30 日，拥有授权专利 55 项（其中发明专利 33 项）、软件著作权 188 项、商标 91 项
美林数据技术股份有限公司	（1）背景：成立早，新三板上市企业，荣获各种荣誉百余项，知名度较高 （2）定位：数据治理和数据分析服务提供商 （3）交易形态：数据源、数字中台、解决方案等 （4）特点：自主研发的 Tempodata 系列大数据产品广泛应用于上千家大型企业，为用户提供从数据采集、数据资产管理、数据挖掘、数据分析应用等综合解决方案

续表

企业名称	企业简介
数据堂（北京）科技股份有限公司	（1）背景：新三板上市企业，北京市专精特新"小巨人"企业，知名度较高 （2）定位：数据服务商 （3）交易形态：API、数据包下载、定制、众包等 （4）特点：以出售自有数据为主，走精品路线，科研类数据有特色
天聚地合（苏州）科技股份有限公司	（1）背景：京东科技为第二大股东 （2）定位：综合性API数据流通服务商 （3）交易规模：总接口维持在100个上下，近800个专有API，每年API调用量超过1200亿次，赋能超140万名用户，36万名付费客户（包括腾讯、阿里巴巴、百度、网易、美团、中国移动、中国联通、中国电信等知名企业） （4）交易形态：API等 （5）特点：单次调用价格低，但总调用量大、亿级收入、亿级融资
国信优易数据股份有限公司	（1）背景：国家信息中心发起成立，国家专精特新"小巨人"企业 （2）定位：数据操作系统与解决方案提供商 （3）交易情况：数据量为1300吉字节（数据包为主） （4）交易形态：数据包下载、API、定制 （5）特点：参与制定多项大数据国家标准；研发团队力量强，以建设国家级智库为目标成立了优易数据研究院，聚集顶尖大数据科研人才，突破多项高端技术
天元大数据信用管理有限公司	（1）背景：浪潮集团子公司，中国大数据明星平台企业 （2）定位：数据资源与创新平台 （3）交易情况：数据商品涵盖了线上零售、生活服务、企业数据、农业、资源能化等10大类。目前提供171个API、128个数据集、49个数据报告、278个政府开放数据数据、中国大蒜价格周指数与月指数报告、多个数据应用 （4）交易形态：API、数据集、数据报告、数据应用等 （5）特点：以场景化产品服务金融与实体经济，由浪潮集团发起、成立国内最大的数据生态联盟已汇集2万多名交易用户，超过5万名用户在线使用并提供数据创业创新
北京天眼查科技有限公司	（1）背景：国家中小企业发展子基金旗下企业 （2）定位：中国领先的商业查询平台 （3）交易情况：API 216个，常用的10个接口为知识产权、司法风险、工商信息、法律诉讼、变更记录、企业股东、企业基本信息、搜索、人员相关信息、企业天眼风险；企业客户累计达到6.48万家；用户覆盖超3亿人（截至2020年） （4）交易形态：API、数据报告等 （5）特点：收录近3亿家社会实体信息，300多种维度信息批量实时更新

续表

企业名称	企业简介
贵州数据宝网络科技有限公司	（1）背景：全国首家由国家部委与地方政府（贵州省）共同投资成立的大数据资产运营管理平台，位于中国首个国家级大数据综合试验区——贵安新区，专精特新"小巨人"企业 （2）定位：国有数据资产代运营服务商 （3）特点：为国有数据资源方提供数据治理智能化、建模加工产品化、场景应用商品化、流通交易合规化等数据要素商品化全生命周期管理服务；提供数据撮合等综合服务
杭州极速互联科技有限公司	（1）背景：小微企业，曾获百度 API 年度评选最佳奖项 （2）定位：专注于为用户、企业提供便捷的手机互联网接入服务 （3）交易情况：提供的 API 有 164 个，数据集有 41 个 （4）特点：业务包含轻应用平台运营开发、手机 APP 开发、微信运营、数据服务等
深圳数阔信息技术有限公司	（1）背景：专精特新"小巨人"企业，旗下有大数据共享交易平台数多多 （2）定位：致力于为企业、政府等机构提供数据交易、分析和应用服务 （3）交易形态：数据交易、数据分析、数据应用 （4）特点：持续加强创新研发，已累计获得 2 项国家发明专利、50 项软件著作权，旗下的"八爪鱼采集器"曾被评为工信部优秀大数据产品；连续 5 年蝉联互联网数据采集软件榜单第一名

注：表中各供应商数据截止日期为 2024 年 6 月末

（四）数据交易平台

目前我国数据交易平台的发起方通常是政府，在股权模式上主要采用国资控股、管理层持股、主要数据提供方参股的混合所有制模式；平台运营的主要原则是坚持政府指导、国有控股、市场运营、企业参与；平台运营的主要目标是推动政务、企业、家庭等社会大数据的共建共享，推动数据交易实现三个转变：从无序化向规范化、从商业化向社会化、从分散化向平台化，从而实现全社会数据资源的平台汇集和应用研究，推动我国大数据产业发展，盈利在该类平台发展中并非主要目标。因此，这类模式充分体现了政府在平台成立、股东组成、运营模式和目标设定等方面的重要影响作用，政府也通过指导平台建设和设立数据交易所等方式，推动数据交易和市场发展。

目前我国这种数据交易机构主要分布在西南、华东和华北地区，一方面是因为这些地区的基础设施能力相对较好，经济发展水平也较高；另一方面则是地方政府的重视和推动。

这类平台模式的最大优势体现在两个方面：一方面是政府可以利用平台推动建立全国统一规范的数据应用市场标准，解决目前我国数据标准缺失和不统一问题，建立大数据标准化体系，实现不同地区、不同行业之间的数据共享、对接和交换。另一方面是可以充分运用政府力量，打破市场壁垒，扩大数据来源范围，特别是盘活大量政务数据，将分散在各行业领域不同主体手中的数据资源汇集到统一的平台中。表 6-7 将主要大数据平台的情况做了概要介绍。

表 6-7 全国大数据交易平台概览表

平台名称		平台简介
中关村数海大数据交易平台	平台背景	由中关村大数据交易产业联盟发起筹建
	平台定位	平台本身不存储、截流任何数据，仅作为交易通道
	交易情况	（2015 年搜狐网数据）交易额 5980 万元，数据调用次数突破 23 亿次，数据供应商突破 1214 家，自营数据商品数量突破百万种，成交量 16 207 笔
	交易方式	支持在线、离线、托管三大方式进行数据交易
	平台特点	1）全国第一个数据交易平台 2）平台由四大部分组成：数据供应商、应用提供商、数据服务商、数据需求方
贵阳大数据交易所	平台背景	贵州省人民政府批准建立，国内最早的数据交易所之一
	平台定位	承担流通交易制度规则制定、市场主体登记、数据要素登记确权、数据交易服务等职能
	交易情况	（截至 2024 年底）入驻数据商超过 900 家，数据中介超过 300 家，上架交易产品超 2500 个，累计完成交易超 4000 笔，交易额突破 75 亿元
	交易形态	数据集、数据 API、数据报告等
	平台特点	1）定价：协议定价、拍卖定价、集合定价并存 2）服务费：交易收入的 40%，卖方全部承担 3）规定：采取会员制，宽进严管，不允许个人购买数据 4）行业：支持数据、算力、算法等多元化产品交易，服务覆盖金融、交通、气象等 20 多个行业领域
武汉长江大数据交易中心	平台背景	武汉市人民政府与亚信集团共同投资建设
	平台定位	提供数据产品交易服务、担保服务、即时数据服务、数据出租服务等
	交易形态	API 数据包等

续表

平台名称		平台简介
武汉长江大数据交易中心	平台特点	1）主要行业领域：金融、电信、电力、工商税务、交通、卫生、石油化工、政府机关等 2）数据类型：个人数据、企业商业数据、互联网数据、社交数据、人口数据、法人数据、宏观经济数据、地理空间数据、物联网传感器数据等 3）数据量：350种数据产品（数据包+API） 4）有大数据技术和产品展示；可发布数据需求、技术方案需求
武汉东湖大数据交易中心	平台背景	中润普达（集团）控股子公司
	平台定位	数据融合认知与资产运营的开拓者，业务涵盖数据交易与流通、数据分析、数据应用和数据产品开发等，为各类场景业务赋能
	交易情况	在应用场景中拥有自主研发的基于语义计算的数据融合认知算法和模型，包括100多个信息源矩阵；200多个分词矩阵；50多种语义计算矩阵；100多个业务场景矩阵；上千个规则矩阵、上万个功能模块矩阵。在数据融合认知计算模型规模上，拥有150个细分行业数据融合算法和超过1000个企业风险维度模型（截至2022年6月）
	交易形态	API、数据包、解决方案、数据定制
	平台特点	1）实现了面向人工智能、气象、保险、能源、招商等行业的应用解决方案；聚焦"大数据+人工智能"产业链 2）交易内容包括：原数据交易、预处理交易、算法交易、数据采购等
西咸新区大数据交易所	平台背景	由西咸新区智慧城市发展集团有限公司和美林数据技术股份有限公司等联合成立
	平台定位	综合数据服务平台
	交易形态	API、数据包
	平台特点	1）西咸新区沣西大数据交易平台，通过构建有效的市场机制，聚合政府、企业、社会等多类数据资源，整合大数据服务能力，全面运营大秦大数据银行线上服务平台和陕西省社会数据服务大厅线下服务平台 2）数据源：政府公开数据、企业内部数据、数据供应方提供的数据、网页爬虫数据
华东江苏大数据交易中心	平台背景	经国家批准的华东地区首个省级大数据交易中心，立足江苏、辐射华东、服务全国
	平台定位	五大职能：交易登记中心、交易服务平台、信息枢纽中心、创新应用工场、标准建设基地 综合数据服务：合规审查、资质认证、质量评估、数据资产评估、知识培训等
	交易情况	截至2023年4月末，年交易额近1.5亿元，已汇聚500家数商的600多个数据产品
	交易形态	API、数据报告、离线数据包、数据应用方案、数据服务方案

续表

平台名称		平台简介
华东江苏大数据交易中心	平台特点	1）特点：华东江苏大数据交易中心是在实施国家大数据战略大背景下，经国家批准的华东地区首个领先的跨区域、标准化、权威性省级国有大数据资产交易与流通平台，2015年11月成立于国家级大数据产业基地——江苏盐城大数据产业园，承担助推江苏国有数据增值开放流通、大数据产业发展之重任 2）主要数据源：直联公安、运营商、银联、司法、交通、气象等数十个国有数据资源方 3）数据量：开发形成数百个成熟的数据API
哈尔滨数据交易中心	平台背景	由黑龙江省政府办公厅组织发起
	平台定位	整合政府数据资源和企业数据资源，打造成为立足东三省、辐射全国的大数据交易市场，构建数据生态系统支撑平台
	交易形态	API、数据包等
	平台特点	采用"政府指导、市场化运作"方式，遵循公平、开放、安全、可控的原则，向社会提供完整的数据交易服务，推动数字经济发展，提升哈尔滨乃至全国的数字化水平
杭州钱塘大数据交易中心	平台背景	工业大数据应用和交易平台
	平台定位	包括数据采集、清洗、脱敏脱密、加工、定价评估、交易等规范流程，以"产业+金融+大数据"协同发展为主攻方向
	交易形态	数据商城、爬虫市场、数据众包等
	平台特点	围绕工业企业及相关政府管理部门、中介组织、科研机构等的需求场景，全方位汇聚工业企业的生产经营、供应链，以及关联的政府、机构、社会、自然等数据源和数据产品
中原大数据交易平台	平台背景	浪潮集团与河南中原云大数据集团、河南投资集团、中原资产和中原证券合资成立
	平台定位	数据资源提供商、数据资产运营商、数据交易服务商
	交易形态	API、数据集、数据报告、数据应用等
北京国际大数据交易所	平台背景	北京市经济和信息化局会同北京市地方金融监督管理局、北京市商务局、北京市委网信办等部门，组织北京金控集团牵头发起成立
	平台定位	五大功能定位：数据信息登记、数据交易、数据运营管理服务、金融创新服务平台、数据金融科技平台
	交易情况	截至2023年11月，数据交易备案规模超过20亿元，交易主体500余家，发放27张数据资产登记凭证
	交易形态	数据API、数据包、数据报告、数据服务等

续表

平台名称	平台简介	
北京国际大数据交易所	平台特点	1）新技术：依托隐私计算、区块链、智能合约、数据确权标识、测试沙盒等领域的先进技术，实现数据流通的"可用不可见、可控可计量" 2）新模式：实名注册的会员制；数据分级分类管理；创新多种融合使用模式；覆盖数据全产业链的数据确权框架；培育多功能中介机构 3）新规则：建立大数据资产评估定价、交易规则、标准合约、数据交易主体认证、数据交易安全保障、数据权益保护、交易争议解决等政策体系 4）新生态：联合相关成员单位成立北京国际数据交易联盟，并构建立足北京、服务全国、面向全球的数据资源流通生态体系
上海数据交易所	平台背景	在上海市人民政府指导下组建的准公共服务机构
	平台定位	规范确权、统一登记、集中清算、灵活交付、数据要素流通制度和规范探索创新、数据要素流通基础设施服务、数据产品登记、数据产品交易等职能
	交易情况	成立单月交易额已超 1 亿元，2024 年全年数据交易额突破 40 亿元；2024 年底，累计挂牌数据产品数超 4000 个；为企业对接金融服务授信金额超过 5 亿元
	交易形态	数据包、数据集、数据报告、数据应用等
	平台特点	承担着促进商业数据流通、跨区域的机构合作和数据互联、政府数据与商业数据融合应用等工作职能

（五）交易模式与机制

如前所述，目前对数据交易模式的界定和分类没有统一的观点，本书出于实操性的考虑，采用实践中经常使用的场内交易和场外交易这种分类方法。就目前我国的现实情况来看，场外交易模式占据了大部分市场份额，而通过平台的场内交易模式虽然是政府近十年来大力倡导的，但交易额总体较小（第一章已援引王青兰和王喆（2023）估算数据：2022 年深圳、广州、贵阳、福建、上海、郑州的 6 家大数据交易所合计交易总金额为 24.32 亿元）。

而就交易机制而言，目前交易机制的核心是定价机制，对此，表 1-3 已经列示了国内外部分数据交易平台（或交易所）的定价策略，在此不再赘述，而直接交易和"一对多"单边交易两种模式下，价格一般不对外公布，这给研究造成了一定的困难。

（六）实践中的问题

目前我国数据要素交易环节的问题主要有以下几个方面，因此后续几章的分析也大致将围绕以下方面展开。

1. 交易主体不活跃

就交易的供需双方而言，大型数据供应商拥有海量的数据，其往往通过成立数据交易子公司，在集团内部实现数据"内循环"，对整体市场的带动作用不够明显；中小型数据供应商在市场中不具有资金、技术、人才等方面的优势，盈利空间有限，发展艰难；就数据需求方面而言，行业和地域的集中度过高，大部分企业不知道数据"有何用、如何用"。

就中介平台而言，其存在的问题不少，也影响了交易的活跃。①平台功能设计不合理、平台之间定位重复、区域内平台分割、各自为战等问题突出。近些年各地涌现了大量的数据交易平台，平台粗放式发展问题较为突出，定位重复、区域分割等导致数据存储加工、交流共享功能无法实现，严重影响平台的功能发挥。以湖北省为例，该省有武汉长江大数据交易中心、华中大数据交易所、武汉东湖大数据交易中心三个平台，其发展定位、功能设定和运营模式十分相似，导致三家平台在业务经营上缺乏差异化和清晰边界；同时三家平台数据来源和业务范围主要是在湖北省，又导致省内市场之间形成诸多分割，缺乏数据共享和市场合作，这就影响了数据交易平台功能优势的发挥，呈现出大数据市场流动性差、交易规模小、交易频次低、交易价格不合理等问题，不但限制了平台的发展形势，而且影响了省内大数据交易市场的建设和发展。②平台制度不统一。就平台注册而言，有的平台允许自然人注册，而有的平台不允许自然人注册；就注册章程而言，有的平台注册章程详细，而有的平台则较为模糊；就平台权限而言，有的平台严格规定了交易过程及交易后的数据处理，而有的平台则规定宽松。种种现象既对平台的运行效果大打折扣，又对用户隐私权产生隐患，严重影响数据交易的稳定发展。

2. 交易客体质量差

目前我国数据交易的客体主要是初级的数据产品，尚无高阶的数据算法和数据模型等内容，数据产品单一，数据要素价值还未真正体现；由于缺乏数据定价标准，再加上市场交易不规范，交易价格无法体现数据的市场价值；在数据质量方面，由于数据生产过程较为初级，口径不一致、内容不完整、格式不规范等是普遍问题，极大地影响了数据质量；此外，最重要的是数据要素的确权问题始终得不到根本解决，因此大大地限制了交易的繁荣发展。

3. 交易机制不健全

数据要素交易机制特别是交易定价机制对其交易的活跃度等有很大的影响。当前有三种常见的定价方式：买卖双方协商定价、卖方定价、竞拍定价。①买卖双方协商定价方式目前使用较多，但是，这种协商方式，不仅效率低下，而且无法形成公开、透明、有参考意义的价格机制，容易使市场运行混乱。②卖方定价方式，往往是在卖方市场情境下，卖方定价通常较高，会影响市场活跃度。③竞拍定价方式，一般需要较为完善的市场环境，目前使用较少。对此，第一章已分析认为：目前大多数数据交易的定价方法尚无法实现人工智能时代自动化定价的目标，加之信息不对称、存在第三方非法套利、用户隐私保护的限制、大数据本身极易复制等问题，使得目前数据定价机制存在许多尚待改进的地方。

4. 交易环境不完善

数据要素交易是诞生于互联网经济背景下的一种新事物、新业态，它的发展需要具备良好的交易环境；需要提供完善的法律保障，为制定大数据标准规范提供支撑；同时，健全的监管机构也是必不可少的条件，另外还需要大量专业的大数据相关产业人才。但目前我国在上述方面都还存在短板。①法律建设相对滞后。作为一个新兴产业，我国在数据要素交易方面的法律法规、规范标准、监管规则等方面建设滞后，国家层面相关政策尚未出台。当前大数据规章制度主要依赖各地的自主探讨，且多为条款型、指导性规定，对交易平台的建立和运营难以给出具体的指导意见。这就导致了目前法律建设方面缺乏系统性、统一性、具体性。②监管机构不明确。法律缺位致使平台建设不规范，既有政府独资建设平台，也有政府及企业合资建设平台，还有行业、企业等独立建设平台，这给平台监管带来较大麻烦。由于监管部门多为政府主导，而对于前两种类型来说，政府一方面建设平台，另一方面监管平台，极有可能影响监管效果。当前缺少对监管机构的规定，这将影响数据平台的长期发展。③大数据专业人才缺乏。目前我国正大力发展数字经济，建设数字中国，亟须大量专业技术人才，但2023年人瑞人才联合德勤中国、社会科学文献出版社在北京发布《产业数字人才研究与发展报告（2023）》显示，我国当前数字化综合人才总体缺口约在2500万人至3000万人左右，且缺口仍在持续放大。数据强国的实现离不开大量高素质专业人才的保障，目前市场亟须的大数据专业人才主要包括两类：一类是数据平台开发建设、数据系统软件和硬件建设、安全维护等技术人员；另一类是数据加工分析类专业人员，即负责对数据进行清洗、处理、建模及可视化操作的专业数据分析师，用数据赋能特定行业。这些技术人员更偏重数据挖掘加工能力，根据买方需求提供数据服务。对数据交易平台建设来说，前一类人才提供"硬件"后台保障，后一类人才负责前台"软件"服务，两类人才都是大数据运营中必不可少的。当前各大数据交易平台人才稀缺，既影响了平台健康安全稳定运行，也影响了交易平台运营效益。

第七章 数据要素交易主体分析及其培育策略

如前所述，目前我国数据交易环节的主要特征是：很多拥有海量数据的企业往往倾向于数据自留自用，导致我国数据交易量与数据生产量、拥有量相比过小；数据交易以场外交易为主，通过平台等第三方的场内交易不活跃；交易价格以协商定价或卖家定价为主，公开竞价方式不多。

本章首先分析场外交易模式下形成的社会网络及其特征；其次分别以典型企业为例，对大型数据供应商、中小型数据供应商、数据交易平台进行分析，全面了解其现状及发展瓶颈；最后，提出我国数据要素交易主体培育的相应策略。

第一节 场外交易的现实描绘与社会网络分析法相关文献回顾

一、场外交易链条原始交易情况汇总样表

场外交易导致交易信息不透明、协议定价导致价格不公开，给研究带来了很大困难。鉴于这一现状，就需要在缺乏公开交易数据的情况下另辟蹊径，找到研究数据要素交易环节的方法。

经过观察，我们注意到：数据交易双方在场外交易时，形成了一定的交易网络关系，这种网络呈现出一定的特点，并且在近年的发展中体现出一定的规律，于是本章拟采用社会网络分析法，对这种交易网络进行研究，以提供一个较深入的、微观视角的我国数据要素交易环节的主体状况分析，并基于研究结论提出培育活跃的交易主体的对策建议。

为了更细致地说明研究设计思路，下面我们以阿里巴巴旗下友盟同

欣两条数据交易链条为例，将收集到的部分交易的基础信息汇总如表 7-1 所示。

表 7-1　典型企业部分交易数据

卖方	买方	销售金额	报告期	数据来源
友盟同欣			2019-09-24	招投标公告
腾讯云	马上消费金融		2019-09-24	招投标公告
腾云天下			2019-08-11	招投标公告
数据堂		118.87 万元	2020-08-31	客户公告
友盟同欣		93.00 万元	2017-10-24	招投标公告
腾讯云		0.03 万元	2021-12-24	招投标公告
阿里云		0.02 万元	2021-12-24	招投标公告
百度网讯	央视国际	490.60 万元	2021-06-10	招投标公告
华为			2020-12-30	招投标公告
神州数码		398.67 万元	2021-03-09	招投标公告
方正国际		349.00 万元	2021-02-20	招投标公告

注：资料来源于企查查网站并经汇总、整理

二、交易网络关系示意图

基于表 7-1 的数据，我们将以友盟同欣为连接的交易链条通过社会网络关系分析软件 NetDraw 绘制出简单的交易网络关系示意如图 7-1 所示。

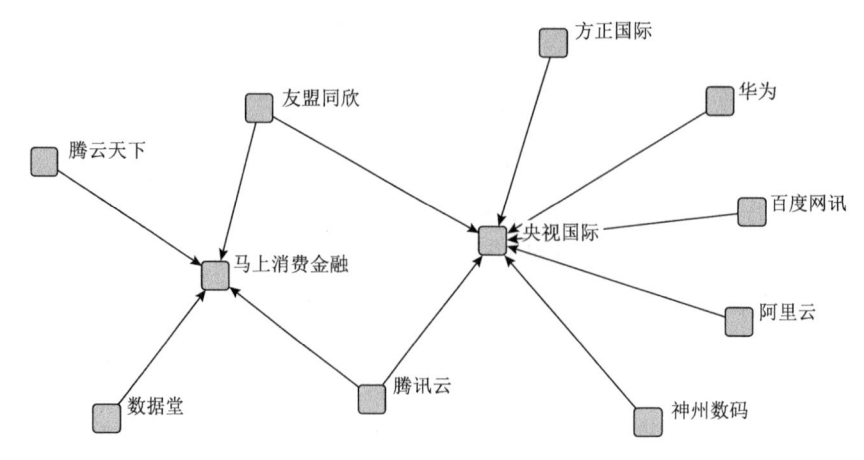

图 7-1　数据交易网络示意图 1

进一步，我们发现，从社会网络分析的角度，可以将数据交易市场上的现实问题映射成为以下对应的社会网络分析的研究命题。

（1）交易中参与厂商情况——节点的数量。

（2）是否形成了以数字巨头为核心的交易网络——网络的整体密度、聚类系数、平均路径和度中心性。

（3）数字巨头与其他厂商的关系——网络的接近中心度。

（4）交易是否通过多个中介——网络的中介中心度。

至此，我们初步拟定采用社会网络分析法作为刻画数据交易市场微观现状的方法。

三、社会网络分析法与文献回顾

社会网络思想源于社会结构分析和功能主义，后来结合了数学的图论、运筹学的最优化方法、应用物理的动力学思想等理论和方法，成为一种跨学科的研究方法。社会网络分析法打破了传统的静态、孤立的研究思路，通常将各个有联系的行动者视为网络的不同节点，通过研究各个节点及其相互关系、研究节点组成的整体网络结构，得出一些有价值的结论。近年来，该方法成为多个领域的前沿研究手段，其研究重点不在于节点个体属性，而在于它们之间的总体关系（刘军，2004）。

目前，社会网络分析的研究领域主要有以下方面。①地域（城市）网络。这一领域是目前最主要的应用领域，有大量的成果。②金融网络，特别是银行间网络。③国际贸易与分工网络。④文献分析，特别是共词分析。

以上众多的现有成果，与本书的研究相关度都很低，仅下面几篇论文涉及相关的数字经济。

刘传明等（2020）基于"腾讯互联网+"大数据平台的数据，测量了我国五大城市群的Dagum（戈德曼）基尼系数，对其数字经济发展的差距进行横向对比，并运用核密度和空间Markov（马尔可夫）链揭示数字经济的演进特征，结果发现，我国数字经济发展的地区差距呈逐渐下降趋势，而且数字经济发展呈现明显的两极分化特征，邻近城市数字经济的发展对本城市数字经济发展具有显著的影响。

刘英恒太和杨丽娜（2021）对引力模型进行了修正，基于此研究了我国数字经济产出的空间关联，再结合社会网络分析方法，探讨了影响数字经济增长的主要因素，结果发现：中国数字经济联系强度不断提高，在空间关联上，网络总体呈现出"中心—外围"结构，且该结构持续保持稳定；在时间演变上，呈现出密度升高、关联度升高的趋势；发达地区在数字经济联系强度上占有明显优势。

赵放和刘雨佳（2021）用同样方法研究类似的问题，得到"临近省份在网络中更容易形成同一凝聚子群，共同发展"等结论。而邵小彧等（2021）则运用同样模型方法实证分析了我国工业技术创新空间关联网络的时空演化及影响因素，结果发现工业技术创新呈现出明显的、繁杂的、多变的空间关联网络结构。

何琦等（2021）依托创新网络理论研究范式，基于数字内容产业生态特色构建创意网络研究框架，运用社会网络分析法对2012~2019年中国电影产业主体节点关系数据进行了实证研究，并基于实证结论提出了对策建议。

曹萍萍等（2022）基于2011~2018年的数据，首先使用熵权法测度了我国234个地级以上城市的数字经济发展指数，其次计算了核密度和Dagum基尼系数，并探讨了数字经济发展动态演进过程，最后检验了其收敛趋势，研究结果揭示了全国整体及东、中、西部地区数字经济发展的动态变化特征，对于缩小数字经济区域差距，促进区域经济协同发展具有重要意义。

王福涛等（2022）提出了数字商业生态系统的两种模式：数据控制模式和数据协调模式，并分别以浙江省、广东省作为上述两种模式的代表，采用社会网络分析法，从三个方面综合比较了两种模式存在的不同，总结了两种模式在发挥数据要素作用、提高生产效率方面的差异化途径，并指出两种模式共同的演进方向，以及两种模式发挥数据作用的关键所在。

以上研究虽然均运用社会网络分析法对数字经济相关问题进行了研究，但与本章的研究对象、研究内容截然不同：上述研究本质上还是从地域空间的角度就数字经济这一外在冲击对不同区域的经济影响进行研究，研究对象（网络节点）是不同的地域，而本章的研究对象则是处于数据交易网络中的两大类企业。

综上可见，目前尚未有研究关注到数据要素交易中，企业间形成了一定的社会网络，那么，这种网络具有什么样的整体结构？有怎样的特征？对这些问题的回答将有助于我们从中微观的角度，对当前我国数据交易市场的现状进行把握。

第二节 场外交易网络的社会网络分析

一、场外交易网络的可视化展示

接下来，我们通过手工收集在企查查得到的部分核心企业交易数据，在 NetDraw 中得到场外交易网络示意图见图 7-2。

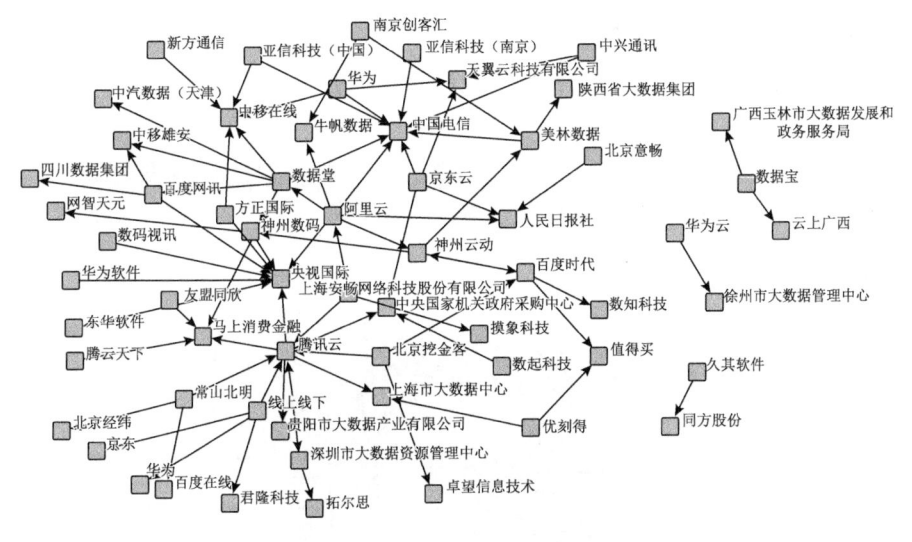

图 7-2 数据交易网络示意图 2

从图 7-2 中大致可以看出，当前我国数据要素交易网络呈现出以数字巨头为中心节点、聚类特征比较明显的状况。

另外，参考国家统计局《数字经济及其核心产业统计分类（2021）》行业分类，本章选择"软件和信息技术服务业"大类中的企业为研究对象，再综合考虑交易数据的可得性、样本的平衡性、企业实际主业的情况等，本章在《数字经济及其核心产业统计分类（2021）》中的三个细分行业（电信广播电视和卫星传输服务、互联网和相关服务、软件和信息技术服务业）基础上，将企业数量众多的软件和信息技术服务业又做了拆分，部分企业单独设立电信增值服务子类，从而将样本企业细分为通信技术服务（基本对应电信、广播电视和卫星传输服务）、电信增值服务（因交易数据的可得性而新设子类）、信息技术服务（基本对应软件和信息技术服务业）和互联网相关服务（基本对应互联网和相关服务）四个行业。

由于 2020 年 3 月公布的《中共中央 国务院关于构建更加完善的要素市场化配置体制机制的意见》是我国在数据要素市场建设方面的纲领性文

件,它的公布标志着数据的要素的确立,表明随着数字经济的深度发展,数据在经济中的地位日益凸显,因此本章选择 2020 年为研究年份。通过国泰安查找各上市公司营业收入,以 2020 年上市公司营业收入作为筛选指标得到数据交易的卖方"中心企业"。

由于通信技术服务和电信增值服务行业企业数较少,最终选择通信技术服务和电信增值服务行业的全部数据,在排除缺失数据后分别为 15 个和 8 个企业。而信息技术服务和互联网相关服务行业企业数较多,为了保证网络图的可观性,信息技术服务和互联网相关服务行业分别选择了行业营业收入的前 10 名。

以这些企业为"中心企业",在企查查网站得到这些企业的供应商和客户名单,并据此数据使用 Ucinet 得到一模矩阵,最终利用 NetDraw 得到如下有向网络图,具体如图 7-3~图 7-6 所示。

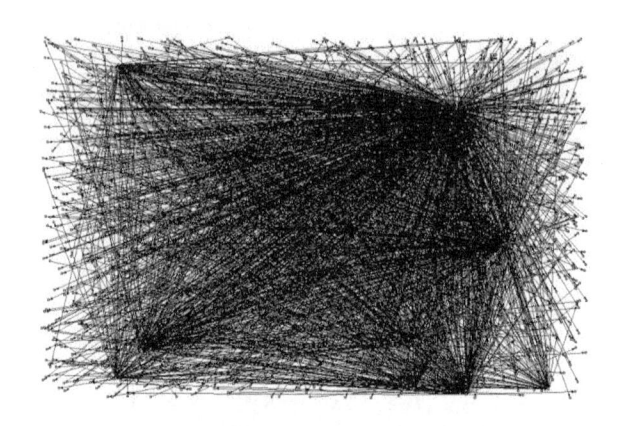

图 7-3 通信技术服务行业交易网络图

图 7-4 电信增值服务行业交易网络图

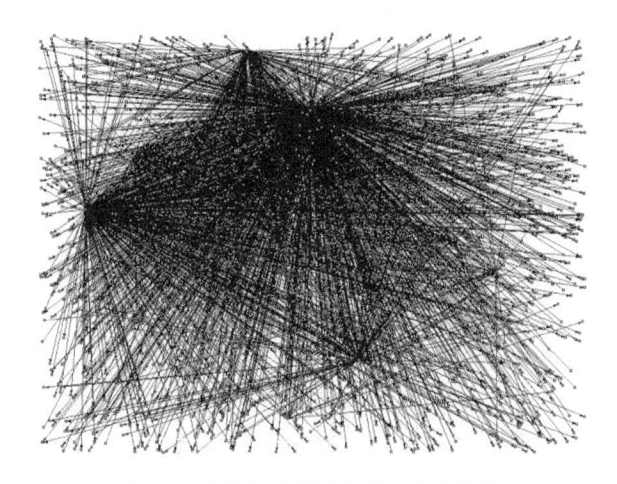

图 7-5　信息技术服务行业交易网络图

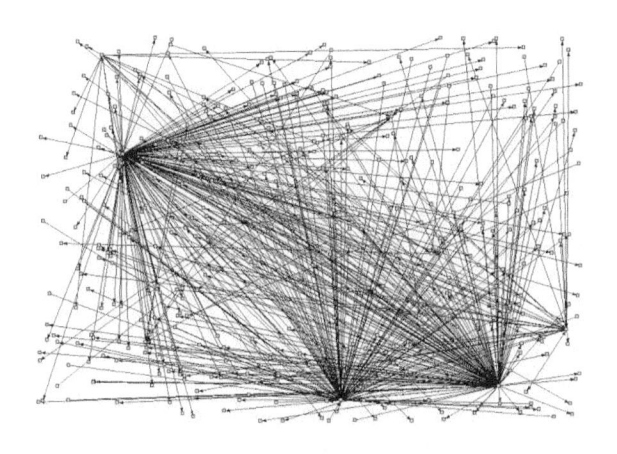

图 7-6　互联网相关服务行业交易网络图

二、场外交易网络指标度量

前文的图示可以提供较为直观的数据要素交易市场社会网络状况，下文将运用具体指标来对网络情况进行更细致的定量度量。

（一）整体网络测量结果

1. 网络密度

网络密度是社会网络分析中的基础性指标，它代表网络关系中各节点连接的疏密情况，代表了网络整体结构特征。通常而言，该指标值越大，说明网络结构越紧密，各节点间的间隔越小，从而信息传递的速度也越快；反之则相反。

对于有 m 个节点的有向网络,其网络密度计算公式为

$$d = \frac{L}{m \times (m-1)} \quad (7\text{-}1)$$

式中,L 为网络的边数;m 为网络中节点的数量;d 的取值在 0~1,数值越大,表示网络节点之间存在的连接线条越多。当网络密度指标值为 1 时,表示网络图中每个节点之间都存在连接,该网络结构中不存在无连接的"结构洞",此时的图像被称为完备图。

2. 聚类系数

该指标值用来描述复杂网络中的节点之间的集聚程度,即某个节点与其邻接点之间相互连接的程度。一般聚类系数用交易网络中所有节点的算术平均值表示。聚类系数公式为

$$C = \frac{1}{N} \sum_{i=1}^{N} C_i \quad (7\text{-}2)$$

式中,C 为聚类系数;N 为节点个数;C_i 为各个节点的聚类系数。

3. 平均路径

平均路径也被称为网络的特征长度或平均距离,是指网络中任意两个节点之间距离的平均值。平均路径长度公式如下:

$$L = \frac{1}{\frac{1}{2}N(N-1)} \sum_{i>j} d_{ij} \quad (7\text{-}3)$$

式中,L 为平均路径;d_{ij} 为节点 i 和 j 之间的捷径距离;N 为节点个数。

经过实际运算,上述指标的具体结果如表 7-2 所示。

表 7-2 网络整体指标一览表

行业分类	总节点数/个	聚类系数	网络密度	平均路径
通信技术服务	2393	0.006	0.001	2.200
电信增值服务	193	0.000	0.005	2.479
信息技术服务	1838	0.000	0.005	2.272
互联网相关服务	472	0.000	0.002	2.002

从以上四个指标可以看出,以通信技术服务、电信增值服务、信息技术服务、互联网相关服务为代表的大数据企业的整体网络密度较小,结构松散,聚类系数较小,企业之间的连接程度较弱,平均路径均在 2 左右,企业之间联系路径较长。

(二)网络中心性分析

上述数据要素交易企业间的网络密度分析,可以使我们初步了解交易主体间网络的整体属性。进一步地,为了了解各个交易主体在整个网络中所处的位置,即网络节点居于何种地位,我们将对交易网络中各个企业节点展开网络中心性分析,从而加深对网络特征的理解。网络中心性分析的主要指标有:点度中心度、中介中心度、接近中心度。

1. 点度中心度

通过这一指标可以了解社会网络中某节点与其他节点进行直接联系和沟通的能力。在本章中其值表示某一企业与其他企业的交易能力,点度中心度越高,表明与该企业直接交易的企业越多,该节点在网络中的地位越高,重要性越高,越靠近整体网络的中心。该指标具体计算公式为

$$C_D(N_i) = \sum_{j=1}^{g} x_{ij} \quad (i \neq j) \tag{7-4}$$

式中,N_i为点的点度中心度;x_{ij}为节点之间直接是否存在联系;i和j分别为行列数。

具体地,点度中心度在有向图中还有点出度、点入度之分,它们分别表示从某节点向外或其他节点向该节点的联结。

基于数据进行测算,得到通信技术服务、电信增值服务、信息技术服务和互联网相关服务四个行业点度中心度结果如表7-3所示。

表7-3 点度中心度结果(前10名)

指标	排名	通信技术服务	电信增值服务	信息技术服务	互联网相关服务
点出度	1	杰赛科技	南凌科技	太极股份	三六零
	2	润建股份	北纬科技	中国软件	网宿科技
	3	世纪鼎利	恒信东方	华东电脑	国联股份
	4	超讯通信	平治信息	先进数通	上海钢联
	5	创意信息	线上线下	中国通号	光环新网
	6	宜通世纪	鹏博士	常山北明	吉宏股份
	7	国脉科技	千乘文化	有棵树	云赛智联
	8	华星创业	上海尔坤	千方科技	号百控股
	9	吉大通信	上海恒瑞网络	佳讯飞鸿	云港数据
	10	中国卫通	陆佳科技	腾信软创	智度股份
点入度	1	杰赛科技	南凌科技	中国通号	国联股份
	2	中国卫通	平治信息	太极股份	网宿科技

续表

指标	排名	通信技术服务	电信增值服务	信息技术服务	互联网相关服务
点入度	3	超讯通信	线上线下	国网信通	上海钢联
	4	创意信息	恒信东方	千方科技	三六零
	5	华星创业	鹏博士	常山北明	吉宏股份
	6	宜通世纪	北纬科技	先进数通	号百控股
	7	震有科技	中国联通	中国软件	智度股份
	8	润建股份	中信国安	华东电脑	光环新网
	9	吉大通信	中国移动	中国人民银行	软素科技
	10	纵横通信	央视易橙	中国联通	云港数据

根据全部节点点度中心度的结果，可以得到平均值、标准差、最小值和最大值等描述性统计结果，具体如表7-4所示。

表7-4 点度中心度描述性统计结果

	项目	平均值	标准差	最小值	最大值
点出度	通信技术服务	1.185	21.12	0	848
	电信增值服务	1.005	3.459	0	25
	信息技术服务	1.043	22.32	0	860
	互联网相关服务	1.015	8.773	0	131
点入度	通信技术服务	1.185	2.211	0	64
	电信增值服务	1.005	2.604	0	25
	信息技术服务	1.043	4.666	0	175
	互联网相关服务	1.015	3.148	0	64

根据点度中心度可知，各个行业的中心主要集中在我们筛选出的中心节点企业，而各个中心节点企业所对应的供应商和客户之间的联系较少，根据点度中心度的结果可知，点度中心度的波动很大，最大值、最小值和平均值之间差异较大，且存在大量点度中心度为0的企业，说明有大量企业和其他企业交互很少。

2. 中介中心度

在整体网络中，除了直接连接或相邻的节点之外，还有大量无直接连接或不相邻的节点，它们之间可能通过连接其他节点的桥梁中介产生联系。中介中心度指标可以衡量作为两个不直接连接或不相邻节点之间桥梁的那一类节点对于信息或者资源的控制的能力。一个节点充当桥梁的次数越多，其所掌握的信息或者资源就越多，表明该节点的中介中心度越高，这个节点对其他节点的支配力就越大。在本章中如果某个企业的中介中心度数值越高，就表明它对其他不相邻企业间交易的影响越大。中介中心度计算公式为

$$C_{AB_i} = \frac{\sum_{j<k} g_{jk}(n_i)}{g_{jk}} \quad (7-5)$$

式中，C_{AB_i} 为第 i 个节点的中介中心性；g_{jk} 为节点 j 和节点 k 之间的最短路径条数；$g_{jk}(n_i)$ 为节点 j 和节点 k 之间经过节点 n_i 的最短路径条数。中介中心度结果如表 7-5 所示。

表 7-5 中介中心度结果（前 10 名）

排名	通信技术服务	电信增值服务	信息技术服务	互联网相关服务
1	杰赛科技	南凌科技	太极股份	国联股份
2	中国卫通	线上线下	中国软件	网宿科技
3	超讯通信	平治信息	中国通号	三六零
4	润建股份	中国联通	和仁科技	光环新网
5	公诚咨询	中国联通（深圳）	国家质量监督检验检疫总局	软素科技
6	宜通世纪	北纬科技	常山北明	上海钢联
7	创意信息	中国移动（上海）	先进数通	吉宏股份
8	华星创业	恒信东方	全国棉花交易市场	号百控股
9	中山管信	鹏博士	华东电脑	智度股份
10	华为	中信国安	千方科技	中国移动（北京）

根据全部节点中介中心度的结果，可以得到平均值、标准差等描述性统计结果，具体如表 7-6 所示。

表 7-6 中介中心度描述性统计结果

项目	平均值	标准差	最小值	最大值
通信技术服务	51.67	1332	0	57 792
电信增值服务	17.42	110.6	0	1 175
信息技术服务	70.21	2019	0	82 706
互联网相关服务	16.62	204.8	0	3 451

根据中介中心度可知，各个行业的中心主要集中在我们筛选出的中心节点企业，且和点度中心度排名相比变化不大，大部分企业对于其他企业的影响较小，对信息和资源的控制能力较弱，可见数据交易行业中仍然存在大量的中小企业，它们的交易存在很大局限。根据中介中心度的描述性结果可知，中介中心度的波动很大，最大值、最小值和平均值之间差异较大，且存在大量中介中心度为 0 的企业，说明大量的中小企业和其余企业没有交易关系，更不会充当中介的角色。

3. 接近中心度

接近中心度是指网络中一个节点到其他所有节点的距离的总和的倒数，该值越大说明这个节点与其他所有节点的路径越短。在本章中这个指标代表一个企业不受其他企业控制的能力，与其他企业的"距离"越短，表明企业对其他企业的依赖程度越低，在整个网络中的抗影响性越好。接近中心度公式：

$$C_{\mathrm{AP}_i}^{-1} = \sum_j d_{ij} \qquad (7\text{-}6)$$

式中，$C_{\mathrm{AP}_i}^{-1}$ 为接近中心度；d_{ij} 为节点 i 和 j 之间的距离。在有向网络中，该指标又分为入接近中心度和出接近中心度。入接近中心度是指其他节点进入该点的最短路径之和；而出接近中心度则是该节点发出的到其他节点的最短路径之和。

具体接近中心度结果如表 7-7 所示。

表 7-7 接近中心度结果（前 10 名）

指标	排名	通信技术服务	电信增值服务	信息技术服务	互联网相关服务
出接近中心度	1	中国联通	国安信息	《中国中医药报》	德力股份
	2	中国移动（陕西）	中国移动（河北）	万达信息	安徽广播影视职业技术学院
	3	中国电信	中国移动（浙江）	三亚传媒	普乐化工
	4	中国移动（云南）	央视易橙	三亚市人民政府	巴士在线
	5	中国移动（北京）	信天通信	三亚市生态环境局	中国高新
	6	中国移动（重庆）	宜员网络	三河市民政局	冠宜置业
	7	中国移动（四川）	邃源信息	上投新虹	大象健康
	8	中国移动（广东）	中化石油	上期商务	多米科技
	9	中国移动（江西）	外运华东	上海交通大学	深圳百科网络
	10	中国移动（湖南）	民用航空	华地建设	华融启明

续表

指标	排名	通信技术服务	电信增值服务	信息技术服务	互联网相关服务
入接近中心度	1	中嘉博创	江西北邮信息通信技术	思华科技	天融信
	2	中隽科技	瑞德设计	东方电气	博青铜业
	3	云显技术	伟迪科技	东港家具	裕兴电工
	4	博达通信	长江科技	保变电气	东丰源实业
	5	兴天通讯	千乘文化	中电飞华	利尔达科技
	6	凌华科技	上海恒瑞网络	西安雅轩广告	岳阳君安商贸
	7	中天众达	移通网络	信永方略	云赛智联
	8	迪赛奇正	陆佳科技	慧翔印刷	前锦技术
	9	深圳铭联科技	上海连创咨询	百瑞盛广告	伯特管理
	10	芯德科技	力美广告	扬州凯瑞建设	进慧咨询

根据全部节点接近中心度的结果，可以得到平均值、标准差等描述性统计结果，具体如表 7-8 所示。

表 7-8 接近中心度描述性统计结果

	项目	平均值	标准差	最小值	最大值
出接近中心度	通信技术服务	9 969	474.1	6 591	10 090
	电信增值服务	1 284	66.67	1 075	1 337
	信息技术服务	12 073	995.8	6 288	12 334
	互联网相关服务	2 270	105.9	1 796	2 320
入接近中心度	通信技术服务	9 969	92.43	9 515	10 090
	电信增值服务	1 284	67.94	1 102	1 337
	信息技术服务	12 073	244.2	10 938	12 334
	互联网相关服务	2 270	58.32	2 064	2 320

根据接近中心度可知，接近中心度的排名相较于点度中心度和中介中心度有较大变化。根据接近中心度的描述性结果可知，接近中心度的波动相对较小，最大值、最小值和平均值都较大，主要原因是大量中小企业与剩余企业之间交易较少，构成的"距离"较远，且这类企业之间接近中心度差异较小。

第三节　场内交易模式下典型数据供应商分析

第六章将数据要素交易的主体分为数据需求方、数据供应商、第三方数据服务提供商和数据交易中介平台四类。就我国目前的实践来看，数据供应商在所有主体中处于最重要的地位，对交易起主导作用。进一步地，根据数据供应商的规模大小，又可以分为大型数据供应商和中小型数据供应商，它们在功能定位、对上下游的连接作用、业务规模与经营业绩、发展现状与困境等方面都存在差异。本节以两家典型企业为例进行分析，试图以此勾勒出数据供应商的大体状况，从而为后文提出数据交易主体培育对策提供事实依据。

一、大型数据供应商分析

（一）企业及其业务基本情况

这类数据供应商以阿里云为例进行分析。阿里云创立于2009年，是阿里巴巴集团发起的云计算及人工智能科技公司，为200多个国家和地区的企业、开发者和政府机构提供服务，覆盖29个地理区域，产品包括自由服务器、计算、存储、网络、安全、数据库、容器、机器学习以及模型训练和推理。

就服务而言，阿里云提供的服务主要有四种。

（1）基础设施即服务（infrastructure as a service，IaaS），其提供各种基础设施类的服务类别，包括计算、存储、网络等资源服务能力，客户无须购买和部署服务器、存储、网络设备等硬件基础设施就可以灵活部署自己的业务系统。

（2）平台即服务，其提供应用程序所需要的硬件和软件来部署平台的服务类别，客户无须管理和维护复杂的底层基础架构和操作系统，只需要关注自己的业务逻辑，加速开发效率。

（3）模型即服务（model as a service，MaaS），把人工智能模型当作生产的重要元素，从模型预训练到二次调优，最后到模型部署，围绕模型的生命周期来提供相应的服务。客户可以通过低成本的方式访问、使用、集成模型，提升业务智能化能力。

（4）软件即服务（software as a service，SaaS），其提供软件类的服务类别，包括协同软件、客户关系管理、企业资源计划、人力资源系统等，客户无须经过传统的研发流程，而是通过互联网即可使用软件服务，节约了管理基础设施和研发软件的工作。阿里巴巴集团也是中国最大的公有云服务提供商。

就技术领域而言，阿里云可以分为云计算、大数据、人工智能、物联网、云原生、数据库、微服务、安全、开发和运维等大模块。所涉及的行业包括新零售、新金融、数字政府、互联网、工业等。产品包括弹性计算、数据库、存储、网络、大数据、人工智能、云安全、互联网中间件、云分析、管理与监控、应用服务、视频服务、移动服务、云通信、域名与网站、行业解决方案等。

1. 大数据

阿里云大数据计算平台从 2009 年开始持续迭代演进，在承载阿里巴巴各大产业数据中台的同时，于 2013 年开始提供公有云产品与服务。IDC 发布《中国大数据平台市场份额，2022》报告，2022 年中国大数据平台公有云服务市场规模达 49.6 亿元人民币，其中阿里云市场份额占比较多，达到 40.5%，连续三年排名第一。阿里云大数据计算平台目前已经支撑上万家公有云客户，包括中国邮政、中国移动、上海证券交易所、南方基金、中国南方航空等知名企业，为客户的数字化转型提供了多功能、低成本、高性能、稳定、安全、开放和易用的整套大数据产品方案。

2. 人工智能

IDC 发布的《中国人工智能公有云服务市场份额报告 2022》显示，在由对话式人工智能、智能语音、自然语言处理（natural language processing, NLP）三大细分市场构成的语言人工智能服务市场中，阿里云的市场份额连续四年排名均为第一。

3. 云服务

IDC 发布的《中国金融云市场（2022 下半年）跟踪》显示，阿里云 2022 全年继续保持金融云服务整体市场第一，市场整体份额提升为 17.83%。根据 IDC 数据，金融云平台解决方案市场美金交易同比增速为 42.7%，其增速在所有子市场中排名第一。排名前五的云厂商市场份额占比为 80.4%。其中阿里云以 27.30% 的市场份额位居第一（图 7-7）。

2021 年，中国边缘云公有云服务市场规模达 25.6 亿元人民币，与此同时，阿里云市场份额位列其市场第一，占比为 15.5%。

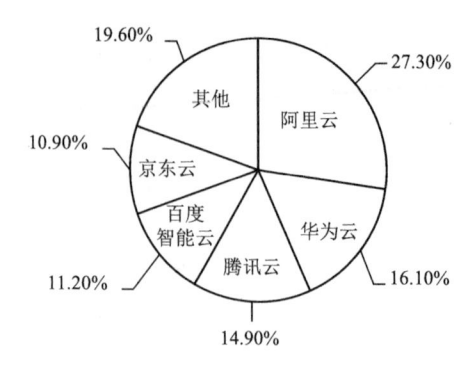

图 7-7　中国金融云平台解决方案市场份额

4. 应用服务

阿里云提供云+端+智能的一站式解决方案，客户只需提出需求，平台可以根据其自创立以来十余年积累的百万用户全面的业务场景，并结合集团的技术创新能力，将其相关信息收集并整理在大数据云端后台，同时结合数据来提供云原生、数据智能、零售、金融、制造等多个领域的解决方案，以按需使用、按量付费的形式提供给客户。

5. 行业解决方案

客户在上云过程中，阿里云会根据通用技术方案来提供一系列的专用技术解决方法、实施方案的组合，包括但不限于提供 API 及相关服务。其为开发者提供优质、稳定、安全、高性价比的全场景 API，同时其提供的方案具备可实践、可部署能力。

在 API 方面，阿里云拥有计算、容量、存储、网络与 CDN、安全、中间件、开发工具、迁移与运维管理、数据库、大数据计算等 API，其数量为上千个。

（二）对上下游的连接作用

1. 上游供应商

阿里云的产业链上游为相关的基础设施制造商，如芯片、操作系统、服务器以及交换器等的制造商，其中芯片为最主要的设施。阿里云的云数据中心负责管理和部署其多项核心自研软硬件技术，如高性能人工智能推理芯片含光 800、中国唯一自主研发的计算引擎飞天云操作系统（飞天大数据平台）、可水平弹性伸缩的高性能计算服务"神龙云服务器"、自研云交换机等，这些软硬件设施的厂商构成了阿里云的上游生态链。

2. 下游客户

阿里云产业链下游的行业十分广泛。目前，阿里云已为九阳股份、波司登等新零售企业，民生证券、中国银河证券等新金融企业，米哈游、优酷等互联网企业，山东能源、老板电器等工业企业以及其他企业提供了云平台的相关服务。如助力九阳股份利用数据中台完善用户标签与洞察分析，为消费者制定不同的营销策略等，帮助其数智化转型，更好地提质增效。

（三）业务规模与经营业绩

1. 业务规模

在 2023 财务报告年间，阿里云服务于 55%的中国 A 股上市公司，付费用户大于 400 万名。

阿里云业务的收入主要来自向国内外企业客户提供公有云服务和混合云服务。公有云服务的收入来自多重云服务，其中包括弹性计算、存储、网络、数据库、大数据、安全和自由服务器。企业客户可以按照具体使用情况或订阅的模式支付服务费用，例如按需使用云计算服务和存储容量。混合云服务的收入来自根据企业客户的定制需求提供的一系列云服务，包括硬件、软件许可证、软件安装服务、应用开关和维护服务。

2. 经营业绩

财务报告显示（图 7-8），阿里云近年来收入逐年递增。2021~2023 年的收入分别为 605.58 亿元、745.68 亿元以及 772.03 亿元，且收入占比从 8%提升至 9%。就盈利状况来看，2021 年经调整的 EBIT（earning before interest and taxes，息税前收益）为 –22.51 亿元，在 2022 年实现由亏转盈，经调整的 EBIT 为 11.46 亿元，2023 年经调整的 EBIT 为 14.22 亿元。

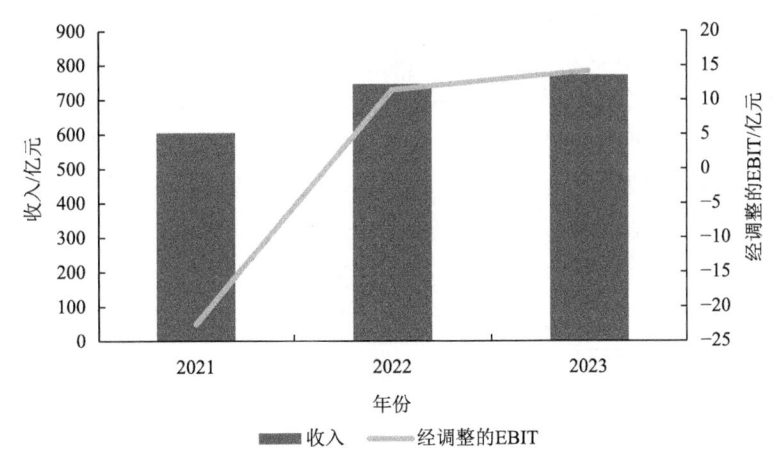

图 7-8　阿里云 2021~2023 年收入与经调整的 EBIT

资料来源：巨潮资讯网

（四）企业发展瓶颈

现阶段阿里云的发展瓶颈主要体现在技术方面：第一，以 CPU 为中心的架构导致了计算和网络传输的延时长；第二，大数据应用增多，导致数据中心内部数据迁移量增多，以 CPU 为中心的架构无法提供高带宽；第三，管理的基础设施规模越来越大，阿里云在 27 个国家和地区、84 个可用区管理着上百万台服务器，以 CPU 为中心的架构无法解决超大规模的复杂管理问题。

二、中小型数据供应商分析

（一）企业及其业务基本情况

这类数据供应商以聚合数据为例进行分析。该公司成立于 2010 年，中国总部与主要营业地点位于江苏省苏州市苏州工业园区，主要业务聚焦于苏州市各区，尤其是地方政府大数据服务；聚合数据于 2014 年完成 A 轮投资后，京东科技成为其第二大股东——从中可以看出，这一类企业由于既没有政府背景，也没有互联网企业的数据优势，所以往往采取与政府、大型互联网公司联合的方式以求得生存和发展。

聚合数据提供定制化、数字化和本地化部署的数据治理解决方案，主要服务领域包括政府机构、公用事业、制造业、金融、电信、互联网服务、软件信息服务、通信等。

截至 2023 年 12 月，聚合数据已打造出数字技术综合服务产品矩阵，包括 API 数据应用服务专家 API Hub、API 全生命周期管理专家 APIMaster、数据敏捷治理专家 DataArts、高效率数字化员工 QuickBot、隐私计算工具 SmartShield、联盟区块链工具 AnchorChain、不可篡改数据库 AnchorDB 等产品，形成数据处理标准化产品技术服务体系和数据处理定制化产品技术服务体系两大产品系列。

1. 数据处理标准化产品技术服务体系

聚合数据依托其自主搭建的数据处理标准化服务应用系统 API Hub，针对市场高频需求和常规应用场景，开发并提供标准化 API 数据接口产品。API Hub 主要有以下三种业务。①查询。查询是指客户利用聚合数据的 API 以检索其所需的数据结果，查询的信息一般包括身份认证结果、手机在线状态、用时、公司公开信息与天气情况等社会信息。②短信通知。客户可令其终端用户订购短信提醒、状态更新和推广，聚合数据则可通过 API 助力短信账户登记、登入、安全通知和密码重置。③充值。API Hub 主要通过电信运营商于客户的线上平台为终端用户提供充值服务。收到客户在应用程序或平台上发出的充值请求后，充值金额应转拨至电信运营商的终端用户账户。三方之间的付款根据充值金额计算。

2. 数据处理定制化产品技术服务体系

聚合数据自主研发的数据处理技术全套工具箱能够为数据从归集、治理、开放和应用等数据要素流通全生命周期过程提供技术支持，具体包括APIMaster、DataArts、QuickBot、SmartShield、AnchorChain、AnchorDB等产品。

（二）对上下游的连接作用

1. 上游供应商

聚合数据的供应商结构较为集中。2020 年、2021 年、2022 年及 2023 年第一季度，聚合数据向五大供应商的采购额分别占总销售成本的 68.7%、56.2%、69.9% 及 89.1%；向最大供应商的采购额则占总销售成本的 25.2%、37.4%、37.5% 及 60.4%。此外，聚合数据与其主要供应商普遍已维持了二年至七年的业务关系（表 7-9）。

表 7-9 截至 2023 年第一季度五大供应商情况一览表

排名	客户	背景	采购的主要事项	交易额/万元	采购总额占比	开始业务关系年份
1	供应商 A	提供电信服务	API 市场-查询	4533.5	62.7%	2017 年
2	供应商 F	提供电信服务	API 市场-查询 API 市场-短信通知 数据治理、解决方案	885.6	12.2%	2016 年
3	供应商 J	提供电信服务	API 市场-短信通知	624.8	8.6%	2020 年
4	供应商 I	销售服务器、云数据中心、云服务及大数据、智慧城市及智慧企业，提供 IT 产品	数据治理、解决方案	230.0	3.2%	2022 年
5	供应商 D	提供第三方电子认证服务	API 市场-查询 API 市场-短信通知	170.3	2.4%	2019 年

资料来源：聚合数据招股说明书

2. 下游客户

聚合数据的客户包括互联网公司、电信运营商、科技公司、寻求数字化转型的其他企业、政府组织、个人应用程序开发人员及技术专业人士。

截至2023年第一季度的12个月内，聚合数据的活跃注册用户已超12万名。API Hub自2011年6月开始运营以来，已赋能超140万名用户，其中包括逾36万名客户已完成至少一项在线使用聚合数据付费API请求，包括腾讯、阿里巴巴、百度、网易、美团、中国移动、中国联通、中国电信等大型知名企业用户。中国互联网协会于中国互联网企业综合实力指数发布会上发布了2022年中国互联网企业100强。在《中国互联网企业综合实力指数报告（2022）》中，聚合数据的客户囊括了前五家中国互联网公司的四家企业。

2020年、2021年及2022年，聚合数据来自五大客户的收入分别占其总收入的38.7%、41.1%、43.7%，来自最大客户的收入分别占其总收入的11.6%、11.7%、12.4%。截至2023年第一季度，聚合数据来自五大客户的收入占其总收入的近八成，其中来自最大客户的收入占总收入的将近一半（表7-10）。

表7-10 截至2023年第一季度五大客户情况一览表

排名	客户	背景	聚合数据提供的产品	交易额/万元	总收入占比	开始业务关系年份
1	客户C	提供科技智能解决方案	API市场-查询	4236.5	44.3%	2016年
2	客户K	提供电信服务	API市场-查询 数据治理解决方案	1033.5	10.8%	2015年
3	客户F	一家互联网公司和人工智能公司	API市场-查询 API市场-短信通知	1019.7	10.7%	2019年
4	客户B	提供电信服务	API市场-查询	901.3	9.4%	2016年
5	客户J	提供云计算服务	API市场-查询	379.7	4.0%	2018年

资料来源：聚合数据招股说明书

（三）业务规模与经营业绩

1. 业务规模

聚合数据提供标准化API数据接口产品，为超过130万客户提供500多个覆盖多领域、多场景的标准化数据API技术服务，年调用次数超过1200亿次。

截至 2023 年 12 月，聚合数据共开发过近 800 个专有 API。截至 2023 年第一季度，聚合数据在 API Hub 上提供逾 380 种 API，包括约 300 种付费 API。付费 API 中包括约 294 种付费查询 API，约 5 种付费短信通知 API，约 2 种充值付费 API。仅 2022 年一年，API Hub 就处理了超过 1200 亿次 API 请求。

2. 经营业绩

2020 年至 2022 年，聚合数据总收入的复合年增长率为 35.8%，数据治理解决方案收入的复合年增长率为 170.1%。

近年来聚合数据的总收入及毛利率如图 7-9 所示，数据治理解决方案的总收入及毛利率如图 7-10 所示。

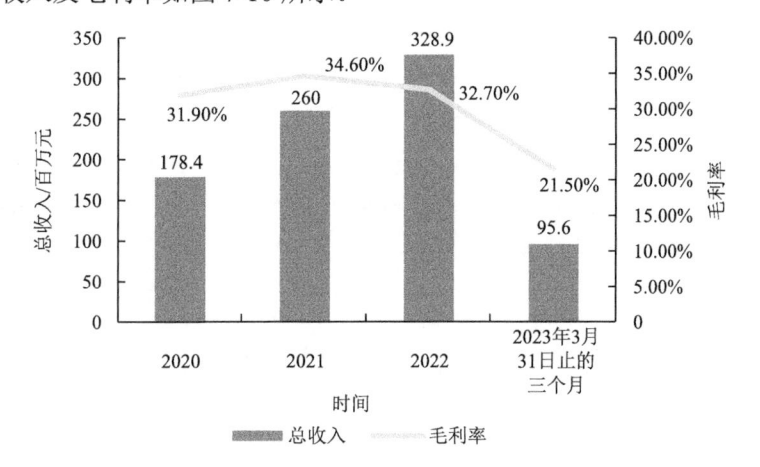

图 7-9 聚合数据总收入及毛利率

资料来源：聚合数据招股说明书

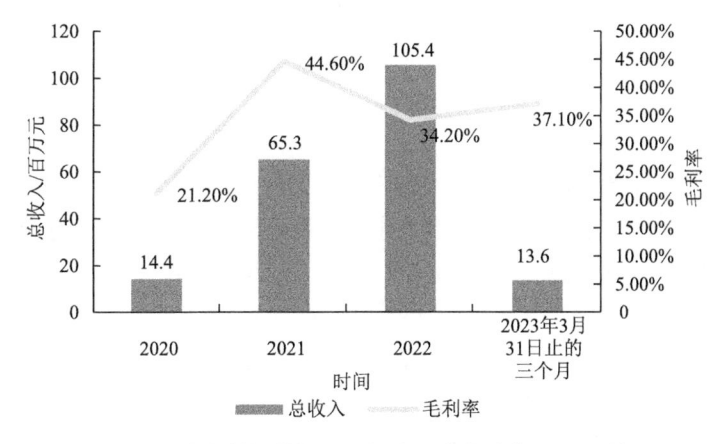

图 7-10 聚合数据数据治理解决方案的总收入及毛利率

资料来源：聚合数据招股说明书

（四）企业发展瓶颈

以聚合数据为代表的这一类数据供应商近年来的发展瓶颈主要体现在以下方面。

第一，在数据供应商中实力和影响小，处于"夹缝中求生存"的状态。由于既无政府背景，亦无数据源优势，业务多为依托上游数据供应商的原始数据进行数据治理、加工等增值服务，所以这类企业的盈利空间小，竞争压力很大。

第二，多为区域性企业，受当地经济发展水平和政府政策影响较大。比如聚合数据的业务主要集中在苏州，辐射区域也仅在江苏，其业务及经营业绩易受当地政府政策与经济状况影响。

第三，受数据确权等法律问题的影响，业务拓展艰难。由于我国目前数据权属问题尚未解决，聚合数据的数据来源渠道单一，高度依赖其五大供应商，缺少了"源头活水"，后续的业务开拓就非常艰难。

第四，收入绝对量小，且来源不够多元化，不稳定。聚合数据的收入主要来自 API 市场以及数据治理解决方案，来源较单一，且稳定性较差。

第四节　场内交易模式下典型数据交易平台分析

场内交易模式下，交易平台的中介作用十分关键，因此这部分将以典型数据交易平台为例，对其平台概况、功能定位、供需各方的连接作用、业务规模与经营业绩等进行分析，进而了解制约平台进一步发展的瓶颈所在，从而为后文提出促进发展的对策提供事实依据。

一、平台及其业务基本情况

政府主导型数据流通交易平台的主要特征是政府发起、国有控股、政策导向，重要功能是同时提供公共或准公共政务数据服务，具有较强的行业综合性。

本节以贵阳大数据交易所为例进行分析。该交易所经贵州省政府批准，于 2014 年筹备成立，正式上线运行时间为 2015 年 4 月，是国内最早的数据流通交易场之一，以"国有控股、政府指导、企业参与、市场运营"为组建模式。贵阳大数据交易所成立之初的主要股东包括贵州阳光产权交易所有限公司、九次方大数据信息集团有限公司等 5 家机构，由九次方大数据信息集团有限公司运营管理。

2016 年 4 月，贵阳大数据交易所取消原有的交易佣金制，改为增值式交易服务模式，即交易平台跳出中间人身份，部分承担数据清洗、数据标识、数据挖掘、数据融合处理等数据服务商的职能和角色。

2021 年，贵州省政府为突出合规监管和基础服务功能，对贵阳大数据交易所进行了优化升级，组建了"贵州省数据流通交易服务中心+贵阳大数据交易所"的组织架构体系，立足贵州，服务全国，按照法律规定，向全国提供便利和安全的市场化的数据流通交易服务。

2022 年贵阳大数据交易所由原来的 6 家公司共同持股变为云上贵州数据交易有限公司全资持股。2024 年 12 月 26 日，云上贵州大数据产业发展有限公司正式更名为贵州大数据产业集团有限公司，更名后继续实控贵阳大数据交易所。

（一）主要功能

贵阳大数据交易所负责制定流通交易的规则，登记市场主体，进行数据要素的登记和确权，提供数据交易的服务，其目标是打造一个国家级的数据交易中心，重点是建立安全可靠的流通交易体系和培育数据商及数据中介等市场主体，积极探寻数据资源化、资产化和资本化改革的途径，在此基础上，建立产权完善、交易规范、供给有序、主体活跃、激励有效的数据要素市场体系，建立数据流通交易的行业生态系统。

（二）交易主体

贵阳大数据交易所集聚了包括数据供应商、数据需求方、数据交易中介平台在内的众多优质的数据交易主体。众多优质的数据供应商，拥有大量的数据资源和多样化的产品形态，包括政府数据、企业数据、个人数据等；数据需求方有数据需求，可以通过数据交易所获得交易所需的相关产品和服务，并进行付费，而平台也会为数据需求方提供交易保障服务；数据交易中介平台则为供需各方提供精准的客户匹配。

（三）交易客体

目前贵阳大数据交易所上交易的都是清洗后的数据产品，且不允许个人购买数据。贵阳大数据交易所提供 API、数据终端、在线查询等三大类数据产品的交易。

（四）交易流程

贵阳大数据交易所采用会员制的管理方式，交易双方都必须是有交易资质的会员，当用户向平台提交会员申请之后，平台会审查用户的交易资格，审查通过之后用户即可登录平台。卖方可以认领买方在平台上发布的需求，买方也可以在平台上找到并获取自己需要的资源和服务。定价方式为协议定价、固定定价、集合定价并存的混合定价方式，对特殊类型的数据交易，交易所则采用拍卖定价、期货式数据交易等特殊的价格形式。买家支付价款后，平台会向买家发放数据确权证书以明确数据权属的转移，并提供相关的售后服务，最后由用户评价此次交易。

二、对供需各方的连接作用

（一）数据供应商

贵阳大数据交易所作为政府主导型数据交易平台，数据主要来自政府公开的数据及签约供应商的数据。例如，贵阳数据流通交易平台的气象数据，是贵州省气象局官方授权，贵州省气象信息中心统一出口，根据中国气象局定期更新的气象数据资源和产品开放目录清单，提供全省范围内经加工处理后的地面气象站网观测、垂直大气探测、雷达遥感监测、数值天气预报等数据产品。同时，有10家数据供应商在平台上组建数据商联盟，承担数据产品的研发、发行、承销以及数据资产的合规化、标准化和增值化等服务。2022年贵阳大数据交易所数据供应商规模及构成见表7-11。

表7-11 2022年数据供应商规模及构成

项目	数量/家	占比
数据供应商	402	100%
省内数据商	202	50.25%
省外数据商	200	49.75%

资料来源：《贵阳大数据交易所——年度交易额达3.59亿元》。

截至2023年11月，贵阳大数据交易平台比2022年底又增加数据商305家。数据商可以在平台上展示自己的数据产品、服务，包括数据集、数据API、数据报告等，获得更多的数据交易机会和资源，包括与各类数据需求方进行直接对接、参与各类数据交易活动等。而平台为数据商提供数据交易的交易前、交易中、交易后全流程服务，包括数据聚合、确权、定价、交易、监管等环节，同时为数据商提供安全保障服务。

（二）数据需求方

贵阳大数据交易所的客户涵盖工业、农业、地理空间、交通运输、生活服务、教育文化、气象服务、生态环境、智慧城市等多个领域的企业或组织，但不包括个人。

贵阳大数据交易所的客户在平台上申请成为具备交易资质的会员，通过后可以在交易所上找到并获取自己需要的数据资源，从而满足自身的业务需求和发展。而平台采用先进的加密技术和安全防护措施，为客户提供安全保障和资金保障服务。此外，平台还为客户提供专业的培训和支持，帮助其更好地了解和掌握所购买的数据资源，从而更好地利用数据进行业务创新和发展。

（三）数据交易中介平台

截至 2023 年 11 月，贵阳大数据交易所已有数据交易中介平台 52 家。数据交易中介平台可以为数据供需各方提供中介服务，包括数据交易的咨询、培训、评估、经纪、仲裁、金融服务等环节，帮助数据供需各方更好地实现数据交易和价值转化，从而体现数据交易中介平台作为桥梁的作用，将自身技术与服务优势转化为直接或者间接收益。

数据交易中介平台包括五种服务类型：数据经纪、资产评估、合规认证、安全审查、人才培训。数据经纪的服务范围包括数据交易、代理等经纪类的服务，安全评估服务，人才培训、安全培训等培训类的服务，咨询类的第三方服务。资产评估包括数据资产价值评估服务，数据资源、数据产品等各类资产估值咨询服务，企业整体资产评估等。合规认证包括结合数据领域国家法律法规、政策文件行业标准、司法判例和执法实践，对数据交易全周期进行合规审查等。安全审查包括数据交易安全能力评估、认证等服务，数据交易安全咨询服务，数据安全培训服务，数据要素流通安全相关的标准化服务，数据要素流通相关的安全研究、软硬件技术开发、工程技术研究和试验发展等。人才培训包括企业数据治理、数据交易沙盘教育、辅导培训等。

三、业务规模与经营业绩

（一）业务规模

作为国内首家大数据交易所，贵阳大数据交易所提供气象、电力、政府、算力资源、时空、电信等数据专区服务，截至2022年底，该交易所累计上架产品607个，其中数据产品和服务438个，算法工具125个，算力资源44个，占比情况详见图7-11。其中政务数据产品上架了109个，产生交易额331.48万元。

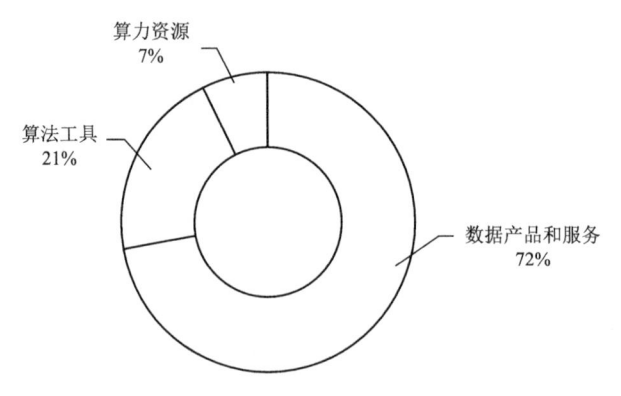

图7-11 2022年底贵阳大数据交易所上架产品占比情况

另外，贵阳大数据交易所官网显示，截至2023年11月，贵阳大数据交易所有1309个产品，相较于2022年的607个产品增加了一倍多。

（二）经营业绩

贵阳大数据交易所的收入分为两个部分，一部分来自会员的会费，据了解，单个会员会费每年至少需缴纳5万元；另一部分来自交易的费用，该所的增值式交易服务模式收费占交易金额的40%左右，由卖方全部承担。然而，需要指出的是，尽管该所收入的来源已经确定，但是该所并未公布其年度总收入数据。

来自贵阳大数据交易所官网的数据，截至2023年11月，贵阳大数据交易所的交易总数达1342笔，交易总额达211 529万元。

据《贵阳大数据交易所——年度交易额达3.59亿元》，2022年度该所撮合交易量136笔，交易金额35 944.17万元。当年交易量具体构成详见图7-12，交易金额构成见图7-13，交易金额和交易量的区域构成见图7-14。

贵阳大数据交易所对未来发展持乐观态度，《贵州省数据要素市场化配置改革实施方案》中提出，贵阳大数据交易所力争到2025年，年交易额突破100亿元，数据流通交易走在中国前列。

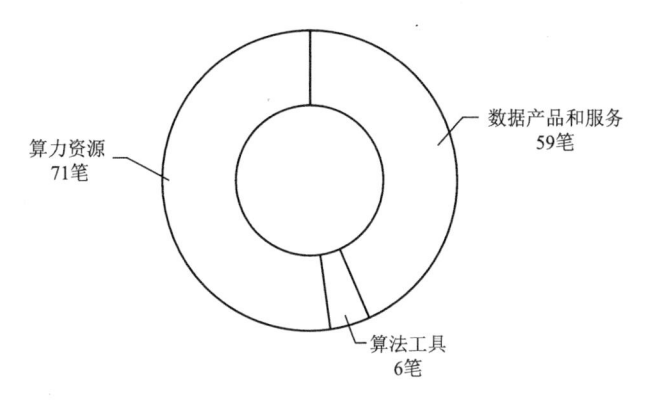

第七章 数据要素交易主体分析及其培育策略

图 7-12 2022 年度贵阳大数据交易所交易量构成

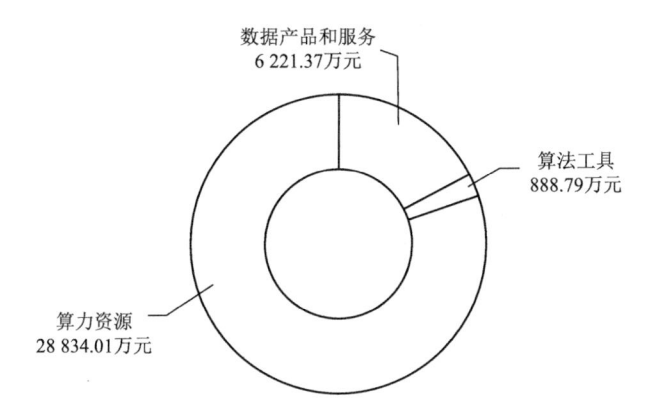

图 7-13 2022 年底贵阳大数据交易所交易金额构成

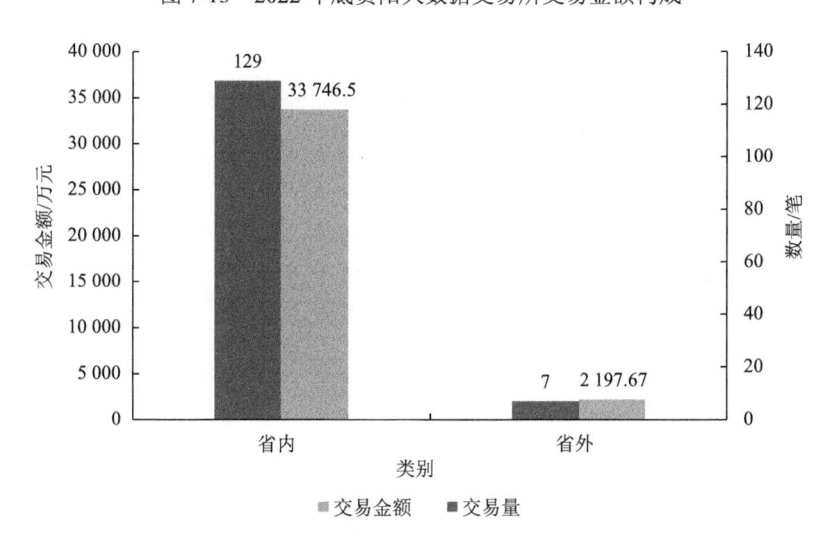

图 7-14 2022 年度贵阳大数据交易所交易金额与交易量区域构成

四、平台发展瓶颈

平台目前的发展问题和瓶颈主要体现在以下几方面。

第一，数据质量和价值低。政府公开数据、企业内部数据、网络爬虫数据的混合使用一方面增进了数据来源的多样性，但另一方面也导致数据质量和价值的不稳定，从而使得想获取优质数据的数据需求方参与意愿较低。

第二，产品同质化严重。由于缺乏核心优质数据，部分产品主要依赖网络爬虫获取，存在同质化，从而导致低价竞争，加之存在数据黑市以低价抢占市场的现象，进一步加剧了恶性竞争。

第三，产权问题导致管理不严、合作不畅。贵阳大数据交易所创始股东九次方大数据信息集团有限公司曾多次绕过贵阳大数据交易所直接与政府合作，导致客户流失，暴露了管理和合作方面的问题。

第四，交易所收费标准较高。贵阳大数据交易所的收费标准较高，由卖方承担交易金额的40%，这导致客户绕过交易所直接进行交易，该交易平台仅作为客户之间接触的桥梁，难以形成持续性交易。

第五，存在潜在交易风险。目前交易制度尚不健全，规定也不尽完善，交易系统存在一些瑕疵，总体上存在一定的交易风险。

以上问题最终导致目前实际交易额与最初的目标差距很大，因此未来如何突破瓶颈获得长足发展是一个严峻的问题。

第五节　数据交易主体培育策略

数据要素交易市场培育的要点之一在于培育多元参与、共生共荣的市场交易主体，引导市场主体扩大交易，特别是通过平台进行场内交易。如前所述，数据交易的主体包括数据供应商和第三方数据服务提供商、数据交易中介平台、数据需求方等主体，结合本章前文的理论和现实分析，我们认为以下几方面是培育数据交易主体的关键所在。

一、发挥大型数据供应商的龙头作用

在前文场外交易的社会网络分析中可以看到，以通信技术服务、电信增值服务、信息技术服务、互联网相关服务为代表的大数据企业数据交易网络整体密度较小，结构松散，企业之间的连接程度较弱，各个行业的中

心主要集中在我们筛选出的中心节点企业，而各个中心节点企业所对应的供应商和客户之间的联系较少。这一情况说明，在场外交易模式下，大型数据供应商尚未充分发挥其龙头带动作用。

通常来说，目前我国的大型数据相关企业拥有海量的数据资源，但数据要素易复制、易转卖等特点，导致企业交易意愿降低，如果能够采取合理的政策引导和保护，将有助于将其丰富的数据资源转化为真正的数据产品进入交易市场，发挥数据要素的巨大作用。具体可以从以下几方面入手[①]。

首先，通过综合措施增加大企业数据供给意愿。一方面可以采取激励手段通过财政补贴提高供给端收益，另一方面采取惩罚手段通过提升数据交易协议的法律约束力限制数据泄露。

其次，以大型企业为联盟核心建立产业联盟，通过联盟成员之间的交易合作促进数据交易。彼此熟悉、相互信任的联盟成员更容易达成交易和合作，有助于核心龙头企业打消顾虑，从而实现成员相互之间的数据交易、共享，促进数据资源共享，实现数据要素价值。

再次，应用区块链等技术从根本上解决了数据交易的外部性问题。区块链技术可以通过量子加密的方式，有效解决数据流通中的安全保密问题，同时记录数据买方复制、转卖数据等行为，解决数据非授权复制和使用等问题，所以成为国内外数据交易市场积极探索的主要方向。

最后，龙头企业应将重点放在提供数据增值服务以及提供多样化、定制化的产品上。数据本身的交易属于交易的较低层次，基于数据的增值服务才能体现出数据的"要素"属性，龙头企业往往具有更高的技术水平，所以应将着力点放在发挥自身的技术优势，对基础数据进行加工增值，为数据需求者提供定制化、一站式数据解决方案上，从而提升数据要素交易的总体技术水平和层次。

二、强化大型数据供应商的集聚效应

在对数据供应商的分析中我们看到：以阿里云为代表的互联网大型数据供应商目前发展最好、交易最活跃、交易形式最多样，表明如果大型企业通过组建"一对多"交易平台的方式，利用大型企业的数据优势和技术优势提供高附加值的数据相关增值服务，可以减少其在数据交易方面的顾虑，从而打破壁垒，提升交易活跃度，发挥数据要素的赋能作用，发挥其

---

① 第八章将运用博弈论具体对此处所列措施的理论依据进行详细推演，此处先提出概要的对策。

在相应领域中的先锋作用和核心地位。

首先，重点打造大型数据供应商的创新能力。一方面鼓励其发挥技术领先优势，联合产业链上下游企业、科研机构等，在大数据、云计算、人工智能等相关领域进行技术攻关，争取实现核心技术突破，进一步形成相关领域的标准体系创新；另一方面支持其探索经营模式创新，打造"平台—场景—生态"模式，发展"产品+内容+生态"应用场景，创造数据产业新生态。

其次，充分发挥大型数据供应商的赋能作用和集聚效应。除了在传统的消费行业领域深耕之外，还应积极赋能数智制造、农业数字化转型、数字文化产业、互联网医疗、智慧交通等多个新兴领域。

最后，支持大型数据供应商实施国际化战略。支持其"走出去"，实现多元化海外布局；鼓励其通过自建、并购、联合开发等方式在海外设立研发机构，实现研发的国际化布局；引导和鼓励符合条件的大型企业在境内外上市，实现资本的全球化布局。

三、扶持中小型数据供应商

一个完整的数据交易生态，除了要有大型企业做核心，还需要有与之共生的中小型数据供应商做补充。从前文对聚合数据的分析可以看出，中小型数据供应商由于自身的弱势，往往是一种"夹缝中求生存"的状态，因此需要政府的扶持或大企业的带动。

从政府层面来看，可以采取的举措有：继续推动社会数据、公共数据开放共享，创造社会数据、公共数据的应用场景，挖掘其经济价值；给予财政资金支持；给予税收优惠政策并贯彻落实；鼓励中小企业和平台实现产业集聚和抱团发展；积极引导创业投资基金、天使基金、种子基金等投资中小企业与平台；鼓励大型平台以投资入股、技术入股等方式与中小企业和平台协同发展。

从大企业层面来看，可以采取的举措有：开放数据共享、建设云平台，为中小企业提供数据存储、数据端口、应用开发等服务；推行普惠性"上云用数赋智"服务，作为产业链龙头，带动链上中小企业发展，提供低代码驱动的数字化平台工具，通过技术赋能为中小企业提供协同解决方案和场景服务；加快云平台业务和数据互联互通；推进软件开源社区和生态联盟建设等。

四、培育多样化市场中介机构

数据经纪商、信托服务商等各类数据交易中介机构为数据要素交易提供专业、合规的匹配撮合、商业代理等服务,是市场必不可少的"润滑剂",但我国目前的中介机构多样化程度还远远不够。

《全国数商产业发展报告(2022)》将数商(数据产业相关主体)分成15类,调查统计结果显示:截至 2022 年 11 月,全国数商行业企业数量达到 192 万家,其中数据咨询服务商为 66.6 万家,数量最多,占比 34.7%,数据资源集成商为 41 万家,数量占比约 21.4%,数据分析技术服务商为 27.5 万家,数量占比 14.3%左右,而数据合规评估服务商、数据质量评估商、数据产品供应商、数据人才培训服务商、数据交易经纪服务商、数据交易仲裁服务商、数据治理服务商、交付服务商等的数量严重不足,且水平参差不齐。

数据产品供应商的稀缺,导致数据要素供给严重不足,进一步影响后续各环节服务商的发展,必然造成交易量不足;而数据合规、数据安全、数据经纪、数据交付等重要环节服务商数量稀少,进一步加剧了市场不活跃的现状。

对此,应积极培育各类数商,并积极鼓励其进场交易。如 2022 年 5 月广州市海珠区在电力、金融和电商等领域先行开展数据经纪制度试点,率先推出全国首批 3 家"数据经纪人"名单;北京国际大数据交易所也提出"数字经济中介服务商"概念,拟建设"数据托管"与"数据经纪"两大体系[①];而对已有的各类数商,应降低场内交易者准入门槛和入场成本,采用"备案+负面清单"等形式设计准入方案,鼓励其积极入场交易。

五、推动市场需求侧改革

除了上述供给侧的措施外,从长期来看,数据要素市场的发展最终驱动力还是旺盛的需求,因此刺激需求端企业对数据要素的消费能力也是非常重要的一环。

目前我国数据要素市场发展缓慢的需求侧原因在于需求方消费数据的能力不足,其原因在于:①大量企业数字化转型程度有限,管理者对数据赋能的必要性和重要性认识不足;②企业的数据要素管理水平较低,内部产生的数据尚未得到有效开发,更谈不上有采购外部数据的需求;③难以

---

① 对数据经纪人机制的详细阐述,将在第八章进行。

寻求到符合企业个性化需求的数据产品或服务。

鉴于上述现状，数据要素交易市场主体的培育不得不同时关注需求侧企业。需要继续大力推进企业的数字化、智能化转型，数智化转型以数据要素作为核心驱动因子，依托"大智移云物"[①]等数字技术改造升级传统产业和原有业务，培育新业态、拓展新业务、创造新产业，实现信息数字化、流程数字化、业务数字化，从而引导企业采购数据、用足数据、用好数据。

---

① 表示大数据-智能化-移动互联网-云计算-物联网。

第八章　数据要素交易机制分析及其完善策略

本章在分析数据要素交易机制时，仍沿用前文的分类方法，区分场外交易和场内交易两种模式。在场外交易模式下，通过博弈分析重点研究数据交易的定价机制；在场内交易模式下，将重点分析近年来开始试行的经纪人机制；最后根据理论分析，提出完善数据交易机制的策略。

第一节　数据交易定价机制文献述评

数据要素交易的核心问题是定价，彭慧波和周亚建（2019）、Pei（2022）、张小伟等（2021）已对数据定价的国内外研究做过详尽的文献回顾，此处不再赘述，仅做梳理和总结性评述如下。

按照彭慧波和周亚建（2019）、张小伟等（2021）综述中的分类，目前的数据定价模型主要分为以下几类：基于查询的定价模型、固定定价模型、基于博弈论的定价模型和基于拍卖的定价模型。

一、基于查询的定价模型

这种情况下，一般是由卖方指定一些视图的价格，买方则根据自身需要进行任意查询来购买需要的数据。但针对需要的数据生成查询的算法复杂度较高，研究多属于计算机相关领域。

二、固定定价模型

这种分类下常见的模型有以下两种。

（一）基于元组的定价模型

这种定价方式下，往往将每条数据（称为"数据元组"）作为基础的数据度量单位，对每个元组进行定价，在具体定价时，会考虑信息熵、数据引用情况、成本等多种影响数据价值的因素，本质上说，其与第三方定价模型类似，只是定价更加细致。

（二）基于数据特征的第三方定价模型

这类模型往往是设定一些影响定价的因素作为评价指标，如平台自有数据量、数据完整性、数据时间跨度、数据稀缺性等，根据估算模型对数据进行定价。这种方法虽然简单易行，但难以与经济学理论结合，理论价值不大。如《数据价值化与数据要素市场发展报告（2021年）》提出的四因素定价模型即是应用这种方法。

综合而言，上述基于查询的数据定价模型、固定定价模型是偏实践应用层面的模型，都是和具体算法结合，难以与经济学理论相结合，非计算机专业也难以进行深入研究。

而基于博弈论和拍卖的数据定价模型，是在博弈论的基础上，结合数据交易中讨价还价、拍卖的具体情境，考虑不同数据交易市场的特点，用求博弈均衡解的方式确定数据定价。它更注重价格发现的过程，建模思路方便与经济理论结合，适合对数据交易过程和价格发现的内在机理以及影响因素进行理论探索。

三、基于博弈论的定价模型

通过进一步对这部分文献的梳理，发现博弈论方向的前沿模型主要有两类。

（一）Stackelberg[①]博弈的定价模型

这类模型通过设定领导者和追随者，搭建多层的Stackelberg博弈模型求解均衡价格。如Liu等（2019）构建了一个包含多个数据卖家、一个数据买家和一个数据中间商的两阶段Stackelberg模型来分析数据定价过程及求解最终的数据均衡价格。Xu等（2020）的研究与上述研究类似，包括三类市场参与者群体，但博弈过程分成了三层。

---

① 译为斯塔克尔伯格。

（二）基于讨价还价博弈的定价模型

基于讨价还价博弈的定价模型是 1982 年由阿里尔·鲁宾斯坦（Ariel Rubinstein）创立的，是一种完全信息动态博弈，它将讨价还价的过程进行了理论模拟，建立了完全信息条件下，交易各方轮流出价、讨价还价的博弈模型，也因其创立者的名字而被称为 Rubinstein 模型。

目前较为前沿的模型设定方式，是三阶段 Rubinstein 讨价还价模型。张晓玉（2016）结合大数据的特殊性质，设置了"一对一"和"一对多"两种交易情形，对数据交易定价过程进行了理论模拟、过程分析和结果求导。马紫琪（2019）则建立了一个三阶段 Rubinstein 模型来研究数据服务定价问题，并给出了均衡状态下的定价策略。Jung 和 Park（2019）也运用三阶段 Rubinstein 讨价还价模型研究数据交易定价问题，给出了公平协商方式下的均衡数据价格，并进一步探讨了隐私损失的价值。

四、基于拍卖的定价模型

基于拍卖的定价模型目前较为分散。由于拍卖方式分为一级价格密封拍卖、二级价格密封拍卖、英式拍卖和荷兰式拍卖四种，而基础模型包括私人估价模型、共同价值模型、关联价值模型，此外，依据结构分类又有单向拍卖和双向拍卖，同时各类拍卖模型还与不同数据科学技术结合，因此，拍卖方面的模型类型比较繁杂，研究方向较多，尚未发现统一的前沿模型（陈志注等，2018）。国内外数据交易中拍卖机制的相关文献已有全面梳理（欧阳日辉和杜青青，2022；江东等，2023），此处不再赘述。

综合第二章的文献回顾，我们知道：目前国内数据交易方面的研究，特点是定性研究多、对策研究多，定量研究少、理论推演少，因此交易定价的理论研究成果很少，且已有研究尚未将数据要素的独有特点纳入考量，如数据要素本身有虚拟性、价值难度量、易复制易转卖、产权模糊性、数据交易存在较高的外部性等。针对这一现状，本章拟在基础博弈模型的基础上，引入数据要素的特征，对模型进行拓展分析，从而为完善数据交易定价机制提供理论依据。

第二节 场外交易模式下基本定价模型的建立和求解

综上可知，基于博弈论的数据定价模型，更注重价格发现的过程，其建模思路方便与经济理论结合，从而对数据交易过程和价格发现的内在机理以及影响因素进行理论探索。因此，为了明确数据交易中价格发现的过程，本章参考已有文献中 Rubinstein 讨价还价模型的建模思路（张晓玉，2016；马紫琪，2019；Jung and Park，2019），基于数据交易市场的特点，设计了如下三阶段的讨价还价博弈。

一、博弈的基本假设

（1）博弈中存在两个理性参与人：数据的供给方 S（寡头数据企业）和需求方 D（众多中小企业），且供需双方的风险偏好均为中性。

（2）一般而言，数据供给方有先动优势，故假设在该动态博弈中，由供给方先出价，再由需求方还价。

（3）讨价还价过程存在成本，故引入贴现因子 δ（$0<\delta<1$），供给方与需求方的贴现因子分别为 δ_S 和 δ_D，这代表了双方在数据交易过程中的耐心程度和议价能力。

（4）讨价还价过程开始之前，双方在心理上各自会有一个价格阈值，这两个预期价格为非公开的信息。数据需求方只知道供给方心理预期价格 E_S 的概率分布，服从在[a,b]区间内的均匀分布（$a<b$）；同时，数据供给方也只知道需求方心理预期价格 E_D 的概率分布，服从在[c,d]区间内的均匀分布（$c<d$）。可以想见，只有当价格预期在双方的价格阈值区间内，交易才有继续进行的可能，所以此处假设 $a<c<b<d$。

（5）与传统的实物产品不同，数据极容易被复制、转卖，从而产生较高的外部性。此时，为了弥补数据外泄造成的损失，供给方必然要提高预期价格至 E'_S。$E'_S = E_S + \gamma_S$，γ_S 为正常预期之外通过提高报价弥补的数据转卖损失。而需求方则因转卖数据可以获得更高的收益，同样提高了预期价格至 $E'_D = E_D + \gamma_D$，γ_D 为正常预期之外数据转卖的收益。一般而言，数据供给方为了尽可能地弥补损失，对数据转卖收益的估价往往高于需求方的实际所得（即 $\gamma_S > \gamma_D$）。

二、讨价还价博弈的建立

基于以上假设，构建了如下三阶段的讨价还价博弈，过程如图 8-1 所示。

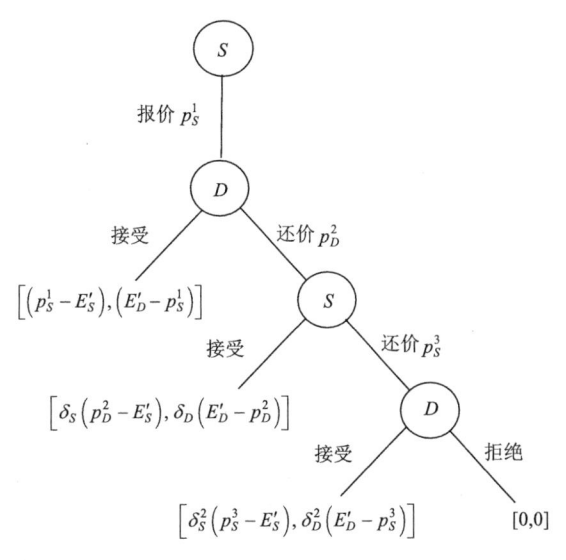

第八章　数据要素交易机制分析及其完善策略 ·183·

图 8-1　讨价还价博弈过程

交易量单位：笔；交易金额单位：万元

在数据交易的第一阶段，供给方首先出价 p_S^1。为了尽可能抬高成交价格，供给方往往在初始阶段故意报出高于自己心理预期的价格，即此时 $p_S^1 \geqslant E_S'$。在接下来的讨价还价过程中，只有供给方的报价不高于需求方的心理预期，双方才有继续磋商交易的可能，即议价满足 $p_S^1 \leqslant E_D'$。若需求方接受对方的出价，则博弈结束，双方以 p_S^1 的价格达成数据交易，收益分别为 $\left[\left(p_S^1 - E_S'\right), \left(E_D' - p_S^1\right)\right]$；若需求方拒绝第一阶段对方的报价，做出还价，则博弈进入第二阶段。

第二阶段一开始，需求方进行还价为 p_D^2。供给方可以选择接受或者拒绝，此时双方议价的范围同样需要满足 $E_S' \leqslant p_D^2 \leqslant E_D'$。若供给方接受对方报价，则博弈结束，双方以 p_D^2 价格达成数据交易，考虑到贴现因子的影响，收益分别为 $\left[\delta_S\left(p_D^2 - E_S'\right), \delta_D\left(E_D' - p_D^2\right)\right]$；若供给方拒绝该报价，则博弈进入第三阶段。

第三阶段，供给方继续进行还价 p_S^3。需求方的选择可以有接受或拒绝两种，此时双方议价的范围同样需要满足 $E_S' \leqslant p_S^3 \leqslant p_S^1 \leqslant E_D'$。若需求方接受对方的出价，则博弈结束，双方以 p_S^3 的价格达成数据交易，收益分别为 $\left[\delta_S^2\left(p_S^3 - E_S'\right), \delta_D^2\left(E_D' - p_S^3\right)\right]$；若需求方拒绝对方的报价，则博弈结束，收益分别为[0,0]。

三、讨价还价博弈模型求解

根据逆向归纳法的求解思路，对三阶段博弈模型的均衡结果进行了探讨。

首先，对第三阶段博弈过程进行分析。对于需求方，由于这是博弈的最后阶段，只要 $\delta_D^2 (E_D' - p_S^3) \geqslant 0$，则可以接受供给方的报价 p_S^3。供给方对前一阶段需求方的报价 p_D^2 做出反馈，将自己对需求方的心理预期价格估计调整为服从 $[p_D^2, d]$ 的均匀分布。由此得到第三阶段供给方的期望效用函数：

$$\max_{p_S^3} \left[\delta_S^2 \left(p_S^3 - E_S' \right) \times P_{rra} + 0 \times P_{rrr} \right] \quad (8\text{-}1)$$

式中，P_{rra} 和 P_{rrr} 分别为第一阶段需求方拒绝，第二阶段供给方拒绝，需求方在本阶段（第三阶段）接受和拒绝供给方报价的概率。

$$P_{rra} = P\left\{ \delta_D^2 \left(E_D' - p_S^3 \right) \geqslant 0 \right\} = P\left\{ E_D' \geqslant p_S^3 \right\} = \frac{d - p_S^3}{d - p_D^2} \quad (8\text{-}2)$$

$$P_{rrr} = 1 - P_{rra} = \frac{p_S^3 - p_D^2}{d - p_D^2} \quad (8\text{-}3)$$

将式（8-2）和式（8-3）代入式（8-1）可得

$$\max_{p_S^3} \left[\delta_S^2 \left(p_S^3 - E_S' \right) \times \frac{d - p_S^3}{d - p_D^2} \right] \quad (8\text{-}4)$$

关于 p_S^3 求一阶导数后可得最优报价：

$$p_S^3 = \frac{d + E_S'}{2} \quad (8\text{-}5)$$

代入供给方的收益 W_S^3 公式可得

$$W_S^3 = \delta_S^2 \left(\frac{d - E_S'}{2} \right) \quad (8\text{-}6)$$

其次，对第二阶段博弈过程进行分析。对于需求方，根据第一阶段供给方的报价 p_S^1，需求方将供给方的心理预期价格服从 $[a,b]$ 的均匀分布修正为 $[a, p_S^1]$ 的均匀分布。此外，供给方接受需求方第二阶段报价 p_D^2 的前提条件是：供给方的收益不小于第三阶段收益，即 $\delta_S \left(p_S^2 - E_S' \right) \geqslant W_S^3$，得出

$$E_S' \geqslant \frac{2 p_D^2 - \delta_S d}{2 - \delta_S} \quad (8\text{-}7)$$

因此，需求方在第二阶段的期望效用函数为

$$\max_{p_D^2} \left[\delta_D \left(E_D' - p_D^2 \right) \times P_{ra} + \delta_D^2 \left(E_D' - p_S^3 \right) \times P_{rra} \right] \quad (8\text{-}8)$$

式中，P_{ra} 为供给方在本阶段接受需求方报价的概率。

$$P_{ra} = P\left\{E'_S \geqslant \frac{2p_D^2 - \delta_S d}{2 - \delta_S}\right\} = \frac{p_S^1(2-\delta_S) - \delta_S d - 2p_D^2}{(\delta_S - 2)(p_S^1 - a)} \quad (8\text{-}9)$$

将式（8-2）和式（8-9）代入式（8-8），并求一阶导数可得最优报价：

$$p_D^2 = \sqrt{\frac{(E'_D - p_S^3)(p_S^3 - a)(2 - \delta_S)(p_S^1 - a) - (d - p_S^3)}{2a(\delta_S - 1) - 2E'_D - (2 - \delta_S)(p_S^1 - a)}} + a \quad (8\text{-}10)$$

代入需求方的收益公式可得

$$W_D^2 = \delta_D \left[\sqrt{\frac{(E'_D - p_S^3)(p_S^3 - a)(2 - \delta_S)(p_S^1 - a) - (d - p_S^3)}{2a(\delta_S - 1) - 2E'_D - (2 - \delta_S)(p_S^1 - a)}} + a - E'_D\right]$$

$$(8\text{-}11)$$

最后，对第三阶段博弈过程进行分析。对于供给方，若要需求方接受报价 p_S^1，必须保证需求方的收益不小于第二阶段收益，因此满足：

$$E'_D - p_S^1 \geqslant W_D^2$$

因此，供给方在第一阶段的期望效用函数为

$$\max_{p_S^1}\left[(p_S^1 - E'_S) \times P_a + \delta_S(p_D^2 - E'_S) \times P_{ra} + \delta_S^2(p_S^3 - E'_S) \times P_{rra}\right] \quad (8\text{-}12)$$

式中，P_a 为需求方在本阶段接受需求方报价的概率；P_{ra} 为需求方在第一阶段拒绝，而供给方在第二阶段接受报价的概率。

$$P_a = P\{p_S^1 \leqslant E'_D\} = \frac{b - p_S^1}{b - a} \quad (8\text{-}13)$$

$$P_{ra} = \frac{p_S^1 - a}{b - a} \times \frac{p_S^1(2 - \delta_S) - \delta_S d - 2p_D^2}{(\delta_S - 2)(p_S^1 - a)} \quad (8\text{-}14)$$

式中，P_{rra} 为第一阶段需求方拒绝，且第二阶段供给方拒绝，而第三阶段需求方接受报价的概率。

$$P_{rra} = \frac{p_S^1 - a}{b - a} \times \frac{\delta_S d - 2p_D^2 - a(\delta_S - 2)}{(\delta_S - 2)(p_S^1 - a)} \times \frac{d - p_S^3}{d - p_S^2} \quad (8\text{-}15)$$

将式（8-13）、式（8-14）和式（8-15）代入式（8-12），并求一阶导数可得最优报价：

$$p_S^1 = \frac{2b + 2E'_S - \delta_D(d - c) + \delta_S(2E'_D + a - E'_S)}{4} \quad (8\text{-}16)$$

进一步，将 $E'_S = E_S + \gamma_S$ 和 $E'_D = E_D + \gamma_D$ 代入式（8-16）可得

$$p_S^1 = \frac{2b + 2E_S - \delta_D(d-c) + \delta_S(2E_D + a - E_S) + 2\delta_S\gamma_D + \gamma_S(2-\delta_S)}{4} \quad (8\text{-}17)$$

至此，以上讨价还价博弈的序贯议价过程结束，形成了数据要素的均衡价格 p_S^1。

第三节　场外交易模式下博弈模型的拓展优化

一、博弈均衡结果的外部影响因素探讨

与传统实物产品不同，数据容易被复制和转卖而产生较高的外部性，由此会对交易过程和价格形成产生以下影响。

第一，数据交易价格往往高于普通正常价格。一方面，受数据转卖的外部性影响，供需双方对数据产品的价格预期皆高于正常价格，导致式（8-17）中均衡报价 p_S^1 较传统交易增加 $[2\delta_S\gamma_D + \gamma_S(2-\delta_S)]/4$，从而提高了成交价格。此外，$\frac{\partial p_S^1}{\partial \gamma_S} > 0$ 且 $\frac{\partial p_S^1}{\partial \gamma_D} > 0$，即供需双方对外部性预期价格越高，成交价格则相应越高。另一方面，当前供需双方的市场结构差异也成为抬升交易报价的重要因素。贴现因子 δ_S 和 δ_D 分别代表供给方和需求方的议价能力，同时式（8-17）中 $\frac{\partial p_S^1}{\partial \delta_S} > 0$ 且 $\frac{\partial p_S^1}{\partial \delta_D} < 0$，说明均衡报价 p_S^1 与供给方议价能力正相关，而与需求方的议价能力负相关。由于现实中供给方主要为寡头数据企业，而需求方为众多中小企业，因此供给方议价能力高于需求方，从而形成了有利于供给方提价的竞争环境。

第二，谈判失败的概率较传统产品大。Muthoo（1999）提出，并非所有的讨价还价过程或者是谈判最终都能成交，而谈判破裂的风险作为悬在双方头顶的达摩克利斯之剑，会时刻影响博弈局中人的行为，并最终影响均衡支付。令 T_S 和 T_D 代表数据交易双方的谈判破裂点，低于 T_S 将会被供给方拒绝，而高于 T_D 将会被需求方拒绝。根据前文分析，T_S 与 T_D 值取决于 E'_S 和 E'_D。由于受数据转卖的外部性影响，在正常预期价格之外，增加了交易双方对外部性的预期价格，即 $E'_S = E_S + \gamma_S$ 和 $E'_D = E_D + \gamma_D$。γ_S 与 γ_D 之间是非对称的，且供给方对数据转卖收益的估价往往高于需求方的实际所得（即 $\gamma_S > \gamma_D$），则导致在 $[T_S, T_D]$ 之间 p_S^1 的报价空间面临明显压缩。

甚至可能产生 $E_S' \geq E_D'$ 的情况，导致数据产品不存在交易的可能性。

综上所述，根据博弈模型可知，数据交易中存在的外部性问题，加剧了成交价格提升的可能，且导致谈判失败的概率明显提高，这就从理论方面解释了国内数据市场不活跃、交易定价难以形成的内在原因。

二、降低外部性影响的模型拓展思路

为了降低外部性带来的不利影响，让预期价格和成交价格回归正常水平，并提高数据交易的成功率，可以针对模型中以上问题产生的内在原因，从以下三个方面探索解决方案。

（一）短期策略：政府层面建立激励约束机制

习近平总书记曾提出"发挥数据的基础资源作用和创新引擎作用"[①]。当前，不仅数据交易市场本身具有巨大的潜在价值，而且正在成为推动企业经营决策和技术创新方面不可或缺的要素。不过，虽然政府层面已在大数据交易平台建设方面进行了深入探索，但在激励约束机制构建方面仍相对薄弱。针对严重的数据泄露、转卖的外部性问题，政府层面不仅可以采取激励手段通过财政补贴提高供给端收益，也可以采取惩罚手段通过提升数据交易协议的法律约束力限制数据泄露。

第一，在财政补贴支持方面，结合前文模型，假定补贴给供给方资金为 ω，则将一定程度上弥补数据泄露的损失，由此降低供给方对外部性的价格预期，即 $E_S' = E_S + \gamma_S - \omega$，相应地，式（8-17）变为

$$p_S^1 = \frac{2b + 2E_S - \delta_D(d-c) + \delta_S(2E_D + a - E_S) + 2\delta_S\gamma_D + (\gamma_S - \omega)(2 - \delta_S)}{4}$$

（8-18）

基于此，一方面，由式（8-18）可知，在政府补贴资金支持下，均衡报价 p_S^1 下降，因此有利于数据价格回归正常水平；另一方面，由于供给方预期价格降低，在 $[T_S, T_D]$ 之间 p_S^1 的报价空间将相应提高，因此数据交易成功率将提高。

第二，在法律制度约束方面，供需两端都会受到影响，且影响程度取决于制度完善程度和违约的执法力度。假定违约惩罚对供需双方外部性价格预期影响分别为 η_S 和 η_D，则 $E_S' = E_S + \gamma_S - \eta_S$ 且 $E_D' = E_S + \gamma_D - \eta_D$。相

---

① 《发挥数据的创新引擎作用》，https://m.gmw.cn/baijia/2023-01/12/36296867.html [2024-11-29]。

应地式（8-17）变为

$$p_S^1 = \left[2b + 2E_S - \delta_D(d-c) + \delta_S(2E_D + a - E_S) + 2\delta_S(\gamma_D - \eta_D) + (\gamma_S - \eta_S)(2 - \delta_S)\right]/4 \quad (8\text{-}19)$$

由式（8-19）可知，一方面，在违约惩罚下均衡交易价格 p_S^1 下降，甚至超过财政补贴的影响，因此有利于数据价格回归正常水平；另一方面，数据交易的成功率则取决于供需双方对违约惩罚的信任程度，因此对 p_S^1 报价空间的影响存在不确定。但是，当法律约束和惩罚制度完全发挥作用时（即 $\gamma_S = \eta_S$ 且 $\gamma_D = \eta_D$），数据交易能够与传统产品相同，成功率将明显提升。

综合以上激励约束机制的作用可知，财政补贴的方式相对简单易行，但如何衡量供给方对数据交易外部性的预期价格，从而制定合理的补贴金额则存在一定的困难。同时，虽然惩罚约束机制效果较好，但在目前数据确权等基础工作尚未完成的情况下，全面推动数据交易法律建设，以及完善惩罚约束机制仍需较长时间。

（二）中期策略：行业层面发挥产业联盟作用

目前，在国内外数据交易市场上，逐渐发展形成了产业联盟内部交易合作的新形式。大数据产业联盟虽然往往是非强制、非紧密的组织形式，但它通常能够以数据资源为纽带，聚集起大数据产业相关组织机构。由于联盟成员彼此熟悉、相互信任，交易和合作更加顺畅，从而能够实现成员之间的数据转移、共享、整合、互动，促进数据资源共享，实现数据要素价值。作为新型的联盟组织形式，这种方式可以将数据外部性问题内部化，从而有效促进数据要素的交易、共享。

结合前文模型，产业联盟内数据交易的基础是供需双方多次交易形成的信任，因此，这种形势下博弈的供需两端都会受到影响，假定对供需双方外部性价格预期影响分别为 τ_S 和 τ_D，则 $E_S' = E_S + \gamma_S - \tau_S$ 且 $E_D' = E_S + \gamma_D - \tau_D$。相应地，式（8-17）变为

$$p_S^1 = \frac{2b + 2E_S - \delta_D(d-c) + \delta_S(2E_D + a - E_S) + 2\delta_S(\gamma_D - \tau_D) + (\gamma_S - \tau_S)(2 - \delta_S)}{4} \quad (8\text{-}20)$$

进一步地，如果建立在完全信任基础上的大数据联盟，完全不存在数据复制和转卖等外部性问题，则 $\gamma_S = \tau_S$ 同时 $\gamma_D = \tau_D$，式（8-20）则调

整为

$$p_S^1 = \frac{2b + 2E_S - \delta_D(d-c) + \delta_S(2E_D + a - E_S)}{4} \quad (8-21)$$

此时，数据产品的交易与正常实物产品相同。一方面，数据外部性对供需双方预期价格的非对称影响消失，谈判破裂的 T_S 与 T_D 值取决于正常的预期价格 E_S 和 E_D，p_S^1 的报价空间恢复正常，因此数据交易的成功率明显提升。另一方面，均衡报价水平较之前降低 $[2\delta_S\gamma_D + \gamma_S(2-\delta_S)]/4$，价格水平也明显下降，企业利率数据要素的成本降低，有利于整体社会福利的提升。不过，值得注意的是，大数据产业联盟的方式仅仅针对内部成员，而所有产业皆建立数据联盟的难度较大，且在产业间利用此类关联关系的难度也较大，这就限制了数据资源的开发利用水平，导致总体的数据市场交易量难有明显提升。

（三）长期策略：技术层面推进区块链应用

由于区块链技术可以通过量子加密的方式，有效解决数据流通中的安全保密问题，同时确保数据流通可信、透明、可追溯，解决数据非授权复制和使用等问题，因此，区块链技术具有解决数据交易中外部性问题的天然优势，目前也已经成为国内外数据交易市场积极探索的主要方向。

应用区块链技术后，需求方数据复制、转卖等行为将会被记录，且不可篡改，不仅会被交易的供给方发现，也会被其他数据供应商知晓，从而严重影响需求方信誉和未来交易。与大数据产业联盟依靠成员之间的相互信任不同，这种方式让交易变得透明，从根本上杜绝了交易违规的可能，因此，利用区块链技术可以完全解决数据交易的外部性问题。结合前文模型，此时数据交易完全变成正常产品交易，因此式（8-17）则调整为

$$p_S^1 = \frac{2b + 2E_S - \delta_D(d-c) + \delta_S(2E_D + a - E_S)}{4} \quad (8-22)$$

与大数据产业联盟最优的结果相同，一方面，数据外部性对供需双方预期价格的非对称影响消失，p_S^1 的报价空间恢复正常，数据交易的成功率明显提升。另一方面，均衡报价水平较之前降低 $[2\delta_S\gamma_D + \gamma_S(2-\delta_S)]/4$，价格水平也明显下降，企业利用数据要素的成本降低。而且，应用区块链技术不会受到行业的限制，因此整个数据市场的交易成功率和交易量可以同时提升。

第四节 博弈模型数值模拟仿真

为了更加直观地反映数据要素均衡价格形成过程中外部性的不利影响以及政策支持的作用效果，本章在对参数校准的基础上，以数值模拟的方式对均衡解进行了计算，并将计算结果以图形的方式表达出来。

一、基本模型模拟与外部因素影响

（一）参数校准与均衡价格

目前，不同数据要素平台定价方式差别较大，且数据价格缺少可比性，因此按照传统的校准方式难以确定一致的参数区间。对此，本章参考张晓玉（2016）和张文妍等（2019）的数据参数和设定方式，为主要参数设定了合理区间，从而保证了以上模拟过程的可行性。具体来说，以上模型中供给方的预期价格 E_S 为 200，需求方认为其服从在[100,500]区间内的均匀分布，需求方的预期价格 E_D 为 400，供给方认为其服从在[300,800]区间内的均匀分布。同时，考虑到现实中供给方主要为寡头数据企业，而需求方为众多中小企业，供给方议价能力高于需求方，因此设定供给方与需求方贴现因子 δ_S 和 δ_D 分别为 0.8 和 0.6。此外，与传统的实物产品不同，数据容易复制和转卖的属性决定了供求皆有外部性的溢价，供给方对溢价的预期高于需求方，因此设定供给方和需求方的溢价预期 γ_S、γ_D 分别为 100 和 50。根据以上具体参数则可以测算出此时均衡价格为 465，博弈成功的概率为 8.75%。

（二）外部因素影响

1. 数据要素转卖的外部性导致均衡价格提高

为了探索供需两方外部性溢价的影响，根据前文模型，分别设定供给方溢价预期 γ_S 的参数区间为[100,200]，需求方溢价预期 γ_D 的参数区间为[50,100]。由图 8-2 和图 8-3 的模拟结果可以看出，无论是供给方还是需求方，对数据转卖外部性溢价的预期皆会导致均衡价格的显著增加，例如，当供给方预期溢价从 100 增加为 200 时，均衡价格由 465 上升至 495；当需求方预期溢价从 50 增加为 100 时，均衡价格由 465 上升至 485。

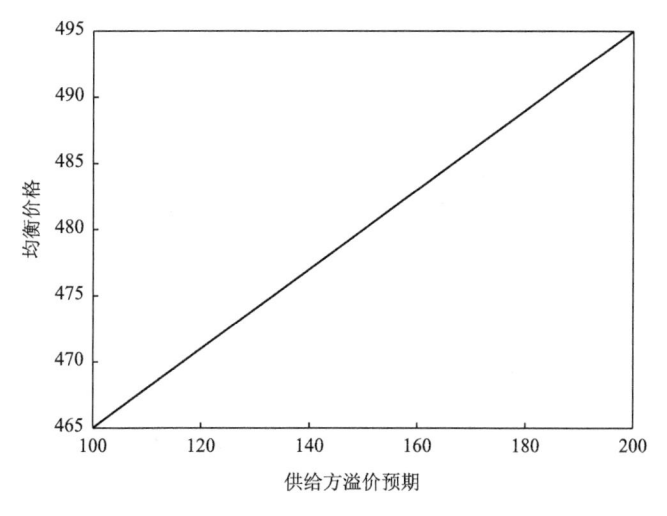

图 8-2　供给方溢价预期对均衡价格的影响

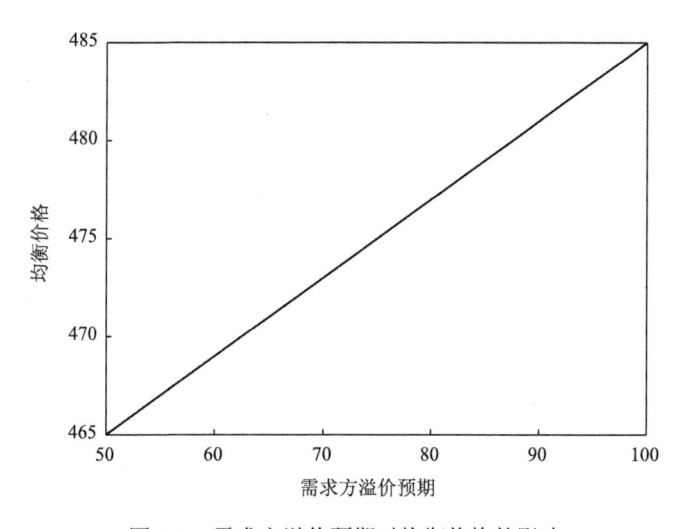

图 8-3　需求方溢价预期对均衡价格的影响

2. 供给方溢价能力提高导致均衡价格提高

为了分析供需双方议价能力差别的影响，根据前文模型，设定供给方贴现因子 δ_S 的参数区间为[0.8,0.9]。由图 8-4 的模拟结果可以看出，作为寡头数据企业的议价能力越强，就越能够利用自身的话语权提高数据价格，从而导致博弈的均衡价格越高。例如，当供给方贴现因子从 0.8 上升至 0.9 时，均衡价格从 465 增加至 482.5。

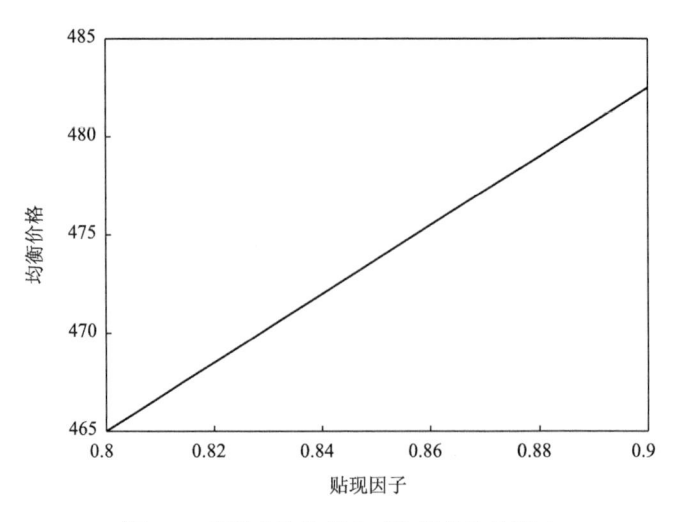

图 8-4 供给方议价能力对均衡价格的影响

3. 供需双方对数据外部性溢价的预期差异导致谈判成功难度加大

考虑到供给方溢价预期 γ_S 与需求方溢价预期 γ_D 之间非对称会导致报价空间明显压缩，由此影响数据交易的成功率。基于此，根据前文模型，设定需求方溢价预期 γ_D 不变，而供给方溢价预期 γ_S 的参数区间为 [100,200]。由图 8-5 的模拟结果可以看出，数据要素具有外部性，在信息不对称的条件下，供给方溢价预期的增加，会导致成交的概率明显下降。例如，当供给方溢价预期从 100 增加为 200 时，成交概率由 8.75% 下降至 1.25%。

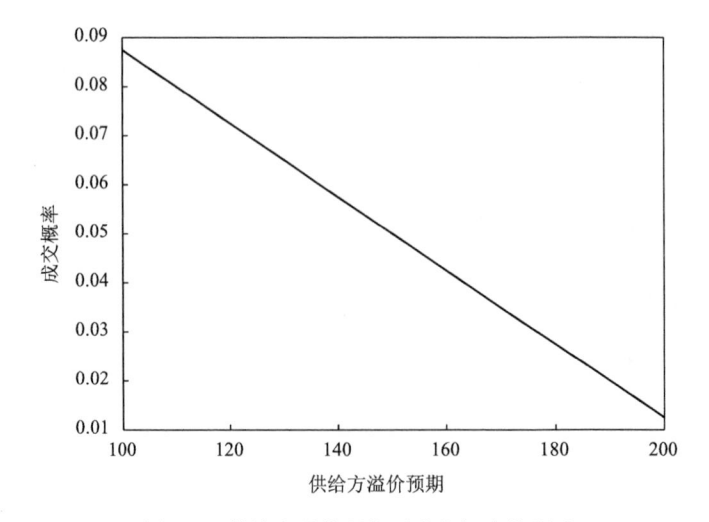

图 8-5 供给方溢价预期对成交概率的影响

二、应对思路模拟

（一）建立激励约束的作用效果

1. 财政补贴有利于降低均衡价格，提高交易成功概率

财政补贴是针对供给方数据泄露损失的补偿，因此根据前文模型，设定财政补贴 ω 的参数区间为[0,50]。由图 8-6 和图 8-7 的模拟结果可以看出，随着财政补贴力度加大，供给方数据预期价格下降，因此博弈中的均衡价格随之下降；同时，供给方预期价格降低有利于报价空间提高，相应的讨价还价成功的概率明显增加。例如，当财政补贴从 0 上升至 50 时，均衡价格从 465 下降至 450，且成交概率从 8.75% 上升至 12.5%。

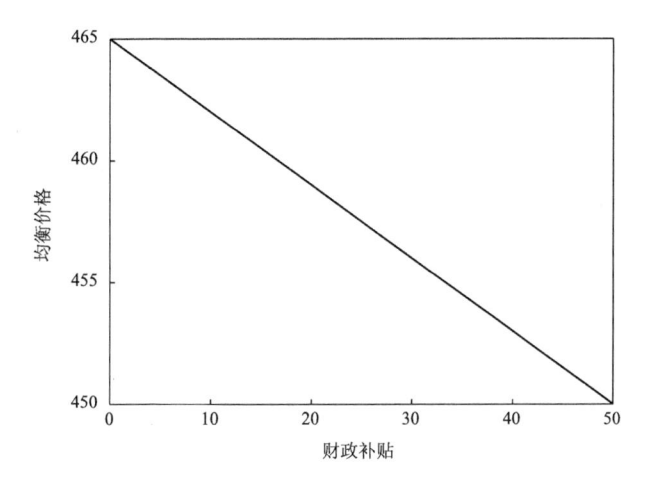

图 8-6 供给方财政补贴对均衡价格的影响

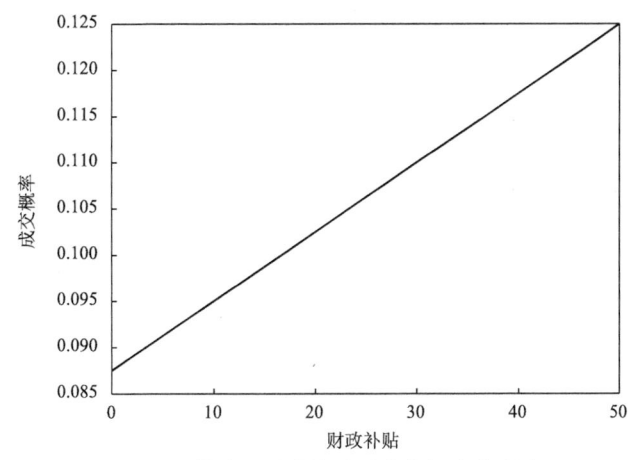

图 8-7 供给方财政补贴对成交概率的影响

2. 法律约束有利于降低均衡价格

法律制度是通过对数据转卖和泄露进行违约惩罚，从而降低供需双方数据溢价预期。这种违约惩罚方式虽然对交易成功率的影响存在不确定，但是供需两端数据溢价预期的下降却能有效降低均衡价格。由图 8-8 和图 8-9 的模拟结果可以看出，随着法律制度不断完善，无论是供给方还是需求方，对数据要素的溢价预期皆有所下降，从而导致最终均衡价格降低。例如，当供给方溢价预期降低程度从 0 上升至 50 时，均衡价格从 465 下降至 450；当需求方溢价预期降低程度从 0 上升至 50 时，均衡价格从 465 下降至 445。

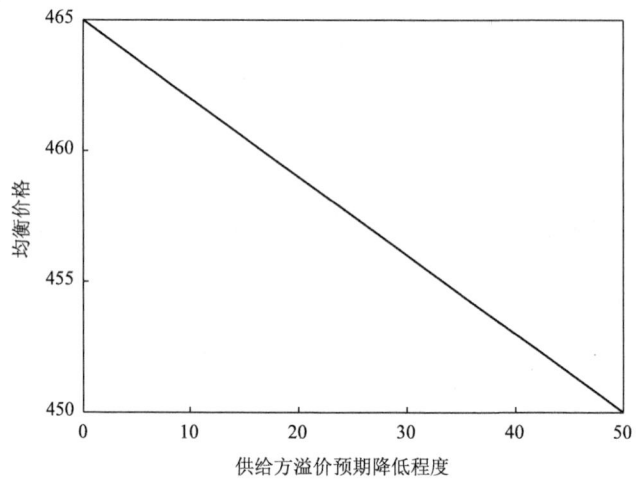

图 8-8　供给方违约惩罚对均衡价格的影响

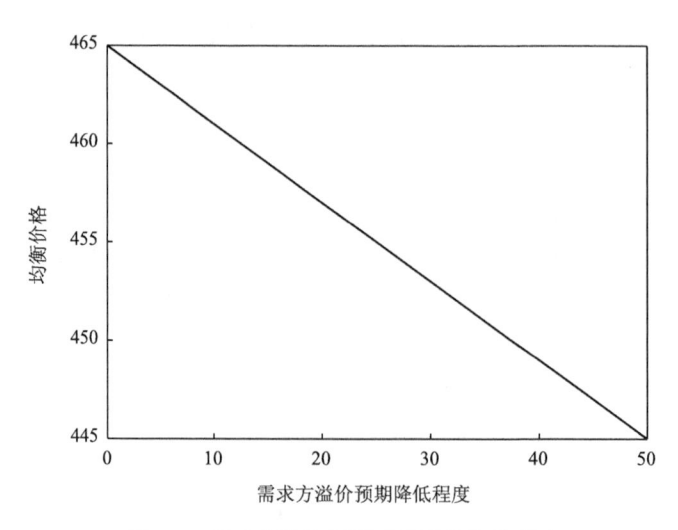

图 8-9　需求方违约惩罚对均衡价格的影响

（二）建立产业联盟的作用

不同于政策支持的外部支持方式，产业联盟可以将数据外部性问题内部化，从而有效促进数据资源的交互共享。产业联盟的作用方式是通过供需双方多次交易形成信任，从而降低数据要素外部性带来的溢价预期。由图 8-10 和图 8-11 的模拟结果可以看出，产业联盟的作用效果实际与法律制度类似。虽然对交易成功率的影响存在不确定，但是供需两端信任程度的提高，有利于数据溢价预期的下降，从而有效降低均衡价格。例如，当供给方溢价预期降低程度从 0 上升至 50 时，均衡价格从 465 下降至 450；当需求方溢价预期降低程度从 0 上升至 50 时，均衡价格从 465 下降至 445。此外，如果能够建立完全信任的大数据产业联盟，则可以彻底解决数据复制和转卖等外部性问题，此时，供给方和需求方的溢价预期 γ_S、γ_D 皆为 0，数据产品的交易则与传统实物产品相同，均衡价格由 465 下降至 415，交易成功率由 8.75% 上升至 21.25%，整个社会的福利水平明显提升。

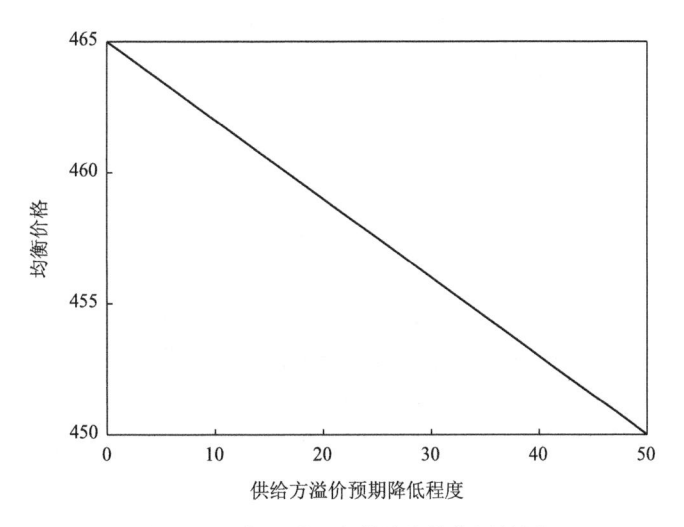

图 8-10 产业联盟在供给方的作用效果

（三）应用区块链技术的作用

相较于依靠外部政策的激励约束方式和产业联盟的内部合作方式，区块链在技术层面与数据交易方式结合，可以完全解决信息不对称背景下的外部性问题。因此，应用区块链技术的作用效果与建立完全信任的大数据产业联盟相同，由于可以彻底解决数据复制和转卖等外部性问题，此时，

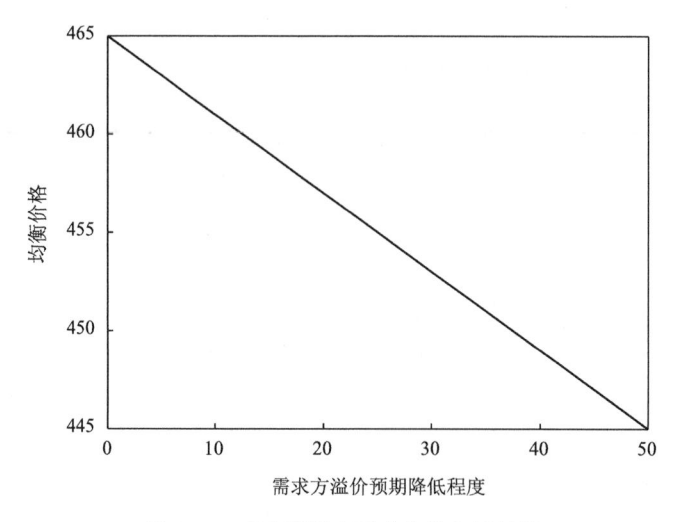

图 8-11 产业联盟在需求方的作用效果

供给方和需求方的溢价预期 γ_S、γ_D 皆为 0，数据产品的交易则与传统实物产品相同，均衡价格由 465 下降至 415，交易成功率由 8.75% 上升至 21.25%，整个社会的福利水平明显提升。

第五节 场内交易模式下经纪人机制的完善

相较于目前实践中多见的场外交易模式，场内交易是我国近年来一直在大力推行的数据交易模式。本章将这种模式下的研究重点放在交易中介上，下面将重点对目前试行的数据经纪人机制的实践及其完善策略进行阐述。

一、数据经纪人机制的实践

前文论及，受益于较为成熟的数据经纪商制度，美国的数据交易发展领先于世界。借鉴成功的国际经验，我国近年来也开始试行数据经纪人制度。

（一）广州市海珠区首批数据经纪人实践

2022 年 6 月，全国首批 3 家数据经纪人在广州市海珠区被率先推出，它们分别是：电力领域的广东电网能源投资有限公司、金融领域的广州金控征信服务有限公司和电商领域的广州唯品会数据科技有限公司。

不同于传统意义上仅具有"掮客"作用的经纪人，数据经纪人的职责更为丰富、多元：一是受托行权，也就是数据经纪业务内含了数据信托业务，经纪人受数据所有者托付，可以以所有者名义行使相关权力，当所有者权益受到侵害时，也需要维护所有者的利益；二是风险控制，亦即经纪人应具备较强的经济实力，可以承担数据交易中的风险担保责任，并保障交易公平；三是价值挖掘，这一职能的要求最高，它要求数据经纪人不但要促进数据价值的流通，而且要创造和发现数据要素价值。

2023年4月，广东电网能源投资有限公司已通过国家级数据管理能力成熟度4级评估，为客户创收超过1亿元，同时，其发布了全国首个数据经纪人撮合交易定价器。该定价器以数据成本为基础，加入数据质量系数、流通系数、风险系数等因素和市场供求状况，能够实现多场景、多对象的即时"一键报价"，目前，其有效性已初步获得市场验证。

另一个首批数据经纪人广州唯品会数据科技有限公司也取得了初步成效：其开发了"品牌用户运营"和"唯品会智数平台"，2023年4月客户约1500多家，品牌创建运营活动超过29万个，获益消费者超5000万人次。

同时，2023年4月海珠区上线全国首个数据经纪人微平台"数易找"，并在全国范围内公开遴选第二批数据经纪人。

（二）福建大数据交易所数据经纪人实践

2023年7月，福建大数据交易所通过在全国范围内的遴选，推出15个数据经纪人，包括：福建极推科技有限公司、广东德生科技股份有限公司、厦门国际银行股份有限公司福州分行等。

鉴于数据交易的关键点是破解供需双方的匹配问题——即一方面发掘出数据供给方拥有的海量数据可以在哪些场景中利用，另一方面指导数据需求方获得数据后如何运用——福建的数据经纪人机制即为解决这一痛点而设计。

在福建模式下，数据经纪人获得授权，可以在数据脱敏的前提下掌握社会公共数据的字段情况，从而优先加工数据，孵化项目，开发数据应用场景，创新数据产品。

福建的数据经纪人制度依托福建大数据交易所，采用"线上一平台，线下一大厅"的方式，汇聚福建省近七万个数据资源目录、近千亿条政务数据的海量资源，在交易大厅设置数据经纪人特色专席，并配备专门的工作人员，加速公共数据与社会数据的挖掘、融合、应用。

福建首例由数据经纪人研发投用的数据产品是厦门国际银行股份有限公司福州分行的兴安贷+。该产品充分挖掘和利用公共数据，以住房公积金数据替代房产抵押，并结合第三方反欺诈数据、个人借贷意向数据、电信运营商数据等形成贷款风险控制模型，大大缩短了贷款审批时间，简化了贷款手续，在提高效率的同时也保证了贷款风险真实可控。

数据经纪人广东德生科技股份有限公司则研发成功"失业保险业务核验""个人职业背景调查"等四款数据产品并挂牌。该产品发掘税务、电商等社会公共数据，解决了电商、外卖等新业态从业人员的就业调查、参保核验、失保核验等问题，实现了数据来自社会——数据导向政府的良性循环，提高了政府工作效率，服务民生。

同样，数据经纪人福建极推科技有限公司基于司法、税务、工商、工程项目等公共数据和第三方反欺诈社会数据，推出履约保证保险风控模型，为保险公司设计险种提供支持。

除了上述海珠区和福建省的成功案例之外，全国各地也都在积极推进数据经纪人的实践。

二、完善数据经纪人制度

（一）明确数据经纪人的功能与定位

就目前国内数据经纪人的实践来看，数据经纪人的功能比传统意义上的经纪人要更多样化，定位也不是单纯的"撮合交易"，至少还包括了数据加工处理、数据分析（包括数据挖掘、建模、解决方案设计等）、数据咨询等多种数商的功能。

上海数据交易所等联合发布的《全国数商产业发展报告（2022）》中，将数商分为15小类，除了传统的数据交易经纪服务商外，还包括数据加工处理服务商、数据分析技术服务商、数据咨询服务商等。目前较少见的数据合规评估服务商、数据质量评估商、数据资产评估服务商、数据交付服务商等，未来将是数商发展的蓝海，所以对其进行具体、清晰的界定，并制定履行相关职能时的规定、准则，使其规范化发展是首要的任务。

（二）确立数据经纪人准入资格

为防止信息滥用造成对信息源利益的侵害，需要制定完备、严格的数据经纪人准入资格标准，进行牌照化管理。

具体的准入标准应包括以下几个方面：在诚信方面，从当前的实践中可以看到，数据经纪人比其他数据服务商能更优先地接触、使用一些政府授权的公共大数据，如果越权滥用将造成巨大的负面影响，因此诚信标准是首先要重点审核的；在资本方面，鉴于信息中间商一般都是轻资产类企业，较重资产类企业的一般标准低；在技术方面，应当要求其有行业内领先的信息存储、分析加工、安全防护等能力，应当有先进的信息加密传输能力；在人员方面，除了数据采集、加工、脱敏、清洗、融合、分析、治理等技术人员之外，还应该具备相关的法律、金融方面的人才；在组织方面，应设立专门部门负责数据信息保护工作，包括评估信息影响风险、拟定信息保护政策、联络信息保护相关主管机构；在内部制度方面，应构建严格的"防火墙"，能够将敏感信息分离开来。

（三）制定数据经纪人的交易细则

鉴于现阶段数据经纪人制度主要的目的在于促进数据交易特别是场内交易的活跃，所以目前数据经纪人的交易形式应限定为场内交易，在具体细则上也应进行规定，以便形成规范，比如：最好与交易场所内的会员企业进行交易；数据交易要"可用不可见"；数据经纪人是否应进行指标考核，具体考核指标是否应同时考虑经济效益和社会效益指标……这些细节都需要在"干中学"，边实践边摸索，从而形成可以全国推广的经验。

（四）完善数据经纪人的追责制度

数据经纪人在数据交易中，会涉及数据供给方、需求方等多方主体，由于经纪人往往掌握着数据、技术、资金等资源，通常处于优势地位，一旦其发生不合法、不合规的交易行为，常常会侵害处于弱势地位的其他主体利益。

因此，一方面事前应该在制度上明确各交易主体，特别是数据经纪人的责、权、利，比如告知、防止信息泄露、进行客观风险评估等义务，以及同意权、知情权、删除权、更正权等权力；当有关主体，特别是数据经纪人违反相应的法律义务，给其他主体带来损害时，应该规定事后的赔偿、追责机制。

数据经纪人的违约责任应当包括以下几个方面：第一，提供的数据商品或服务不符合或低于要求、存在质量瑕疵。鉴于目前尚无统一的数据要素质量标准，数据产品和服务质量瑕疵的认定可以由交易各方约定，或以合理预期为标准，即数据的完整性、准确性、可靠性、适用性等。第二，未能及时、持续、稳定地交付数据。比如，在 API 业务中，数据传输中断等行为。第三，数据采集、加工和交易的过程中对个人信息权益造成了损害。

第四，数据加工生产过程侵犯了第三方的知识产权，并给第三方造成了损害。第五，在独家数据交易中出现"一数多卖"行为。在与数据买方签订了提供独家数据的合同中，发生了转让给第三人或其他多人等行为。

鉴于数据的特点，除了适用于一般交易物的停止侵害、赔偿损失、消除影响等违约责任承担方式外，还可以按照实际情况采用重新履行、减少或免除价款和删除数据等方式，另外，如果违约导致了有关人员个人人格、尊严等的损伤，还应当增加精神损害赔偿。

此外，当出现受让方违反约定处理数据、违反保密义务等违约情况时，也应做出相应的追责规定，在诉讼过程中由受害方承担相应的举证责任，由过错方对自身过错承担责任，具体方式包括：赔偿损失、停止使用、删除数据等。

（五）建立数据经纪人信息披露与年审制度

鉴于数据交易的特殊性，数据经纪人的诚信守法比其他产品与服务的交易更重要，但也更难以监管，因此严格其信息披露与审核，促使其行为更加透明是十分必要的。

借鉴欧盟与美国的经验，我国也应当建立数据经纪人的信息披露、年度注册与资格审核制度。应该要求数据经纪人将其主要服务的情况及时向主管部门备案，内容应包括但不限于：交易的数量、目的、方案等，并接受公众监督，从而确保数据经纪人在交易过程中的合法合规；对数据经纪人资格应该每年进行注册和审核，注册时应当公开相关具体信息，特别是数据安全管理情况等；若数据经纪人在注册间隔期间发生数据泄露事故或其他数据违法行为，应主动告知，并披露其具体细节，监管部门根据情节严重程度确定是否注销或暂停其经纪人资格；此外，当主管部门为了审核数据经纪人行为合法性而向其索要某些信息时，数据经纪人应当积极配合。

第六节　数据交易机制完善综合策略

为破解数据外部性导致的交易市场不活跃、交易难定价等问题，结合前文模型的模拟结果和解决方案，提出以下对策建议。

第一，完善数据要素相关的政策法规和监管机制。目前我国缺少数据交易和市场规范方面的专项法律法规，因此，应尽快建立更加细化的法律法规体系和标准规范体系，要以数据要素市场中的实际场景、实际问题为切入点，分类分级探索数据确权授权路径，持续完善数据产权制度框架体系。同时，建立数据要素方面的监管机制，明确数据交易的权利与义务，清晰划分数据的所有权与使用权，严禁数据的违约使用、转卖等行为。

第二，发挥政府激励约束机制。一方面，加大数据交易方面的政策支持、指导与监督，加强数据的反垄断管理，并通过财政补贴、税收优惠等激励手段支持数据交易，降低数据要素交易中的负外部性影响。另一方面，建立政府数据交易平台，发挥政府公益属性作用，更大程度上挖掘和利用政府数据信息，探索数据交易平台专业化、规范化的运营模式。

第三，支持数据产业联盟模式规范发展。一方面，支持数据产业联盟跨行业、跨领域、跨区域发展，推动建立以数据资源为纽带，聚集数据产业上下游不同组织机构的产业联盟模式。另一方面，加强对数据产业联盟的监督管理，进一步明确监管机构，并制定详细的管理规定，定期对数据交易和共享情况进行评估，并开展线上线下的不定期检查，支持数据产业联盟健康规范发展。

第四，探索区块链技术在数据交易中的应用。通过区块链上私钥和公钥的双认证技术，可以确认交易是否如约进行；区块链技术生成数字时间戳可以对数据资产进行界权，在解决数据交易复制、转卖等外部性问题方面具有天然优势。不过，目前区块链技术与数据交易的结合仍在探索阶段。因此，应发挥有效市场和有为政府的双重作用，加大研究力度，支持区块链技术在数据交易中的应用。

第五，完善数据经纪人制度。从明确数据经纪人的功能与定位、确立数据经纪人准入资格、制定数据经纪人的交易细则、完善经纪人的追责制度、建立数据经纪人信息披露与年审制度等方面，对目前我国试行的数据经纪人制度进行完善。

第九章　数据要素市场结构-绩效分析及绩效提升策略

第一节　问题提出与理论回顾

大数据时代涌现出一批"数字巨头",随之出现了特殊的"高度垄断"与"激烈竞争"并存的市场结构(傅瑜等,2014;曲创和刘重阳,2016):一方面,头部企业凭借先入优势使各自领域内市场份额高度集中,比如我国的搜索引擎、即时通信、移动支付、网络购物、网约车、在线外卖等行业,均存在很高的市场集中度(苏治等,2018;唐要家,2021);另一方面,中小型数字经济企业又不断进入市场,加入激烈的竞争——少数几家企业占据着市场的大部分份额导致市场结构呈现出垄断的部分特征;而大量企业频繁地进出行业,又说明行业处于可竞争的状态。

具体到数据要素市场,也可以看到同样的现象——"数字巨头"在大数据、云计算、相关设备制造、核心操作系统及软件开发等数字要素上游领域具有极高的市场占有率,而利用它们的数据产品作为中间投入品,以继续生产应用类数字产品或服务的大量下游企业,如金融科技公司、数据采集企业、数据咨询企业、数据分析企业等在各自的行业红海中苦战。

那么,数据市场"分层式垄断竞争"的市场结构(苏治等,2018),是否和具有类似结构的其他行业一样,形成了"市场份额-企业绩效"的正相关关系,即垄断寡头企业占据了较大市场份额的同时,也获得了高额利润?寡头企业的高额利润,到底是来自其市场力量的垄断超额利润,还是来自规模效率或者其他 X-效率?下游竞争激烈的小厂商绩效如何?造成其绩效现状的原因是市场结构还是其他?这些问题都是需要厘清却又还未被深入研究过的。

产业组织理论对上述"市场结构—企业行为—市场绩效"问题的探

索,大致经历了三个时期:"前结构主义"时期、"结构主义"与"行为主义"并存时期、"后结构主义"时期。

"前结构主义"时期的理论来源于古典经济学的某些观点,该学派以亚当·斯密等人为代表。当时的学者认为最有效率的市场结构就是处于竞争状态的市场。这种市场结构可以实现资源的最优配置及福利最大化。受此观点的影响,学术界开始将垄断和竞争视为两种对立的概念。此后,学术界认识到规模经济与竞争活力的冲突,并名之为马歇尔冲突。张伯仑(1958)和罗宾逊(1936)又进一步提出垄断竞争理论,认为完全竞争是一种过于理想的市场结构,而垄断也并非有害无益。

此后,在"结构主义"与"行为主义"并存时期,产生了传统的SCP假说,而且奉行"结构主义"的哈佛学派和奉行"行为主义"的芝加哥学派,两派的争论形成了这一时期的很多理论,也产生了大量围绕着市场结构与绩效水平关系的理论和经验研究。这些研究起始于贝恩,经后人的发展,形成了市场力量假说、效率结构假说和平静生活假说,其中前两大假说都认为具有较高市场份额的企业具有较高的市场力量,从而具有较高的绩效水平,而平静生活假说则认为企业效率和市场力量之间呈现负相关关系。

市场力量假说有两种分支观点:传统的 SCP 假说和 RMP(relative-market-power,相对市场力量)假说。SCP 假说认为,在市场集中度较高的行业内,大企业可以运用其市场力量抬高价格、剥夺消费者剩余,从而获得较高的垄断利润。RMP 假说虽然也承认大企业会利用其市场力量来获得超额利润,但前提是其拥有较大的市场份额且更好地实现了产品差异化。

效率结构假说则认为具有较高绩效水平的企业虽然通常是大企业,但真正促进其绩效提升的并非仅仅是市场力量,而是效率的提高,即大企业首先提高了自身效率,进而获得较大的市场份额,最终表现出绩效的提高。它也分为两种:X-效率结构假说(efficient-structure hypothesis of X-efficiency,ESX)和规模效率假说(efficient-structure hypothesis of scale-efficiency,ESS),两者的区别在于最终归因的效率不同:前者认为是X-效率,后者则认为是规模效率,导致了大企业拥有更大的市场份额,进而产生更高的绩效。

此外,还有学者提出平静生活假说,认为当企业拥有较强的市场力量时,管理者就会沉溺于"平静生活"而不努力提高运营效率,从而导致市场力量与效率之间呈现出负相关关系。

第二节 模型演变

本章在模型的选择上参考了 Smirlock 等（1984）、Sheperd（1986）和 Berger（1995）的研究。

Smirlock 等（1984）最早构造出一组模型用来检验市场力量假说，具体模型如下：

$$R = a_0 + a_1 \text{MS} + a_2 \text{CR} + \sum_{i=3}^{n} a_i Z_i \tag{9-1}$$

$$q^* = b_{10} + b_{11}\text{MS} + b_{12}\text{MBTE} + b_{13}\text{HBTE} + b_{14}\text{MSG} \tag{9-2}$$

$$q^* = b_{20} + b_{21}\text{CR} + b_{22}\text{MBTE} + b_{23}\text{HBTE} + b_{24}\text{MSG} \tag{9-3}$$

$$q^* = d_0 + d_1\text{MS} + d_2\text{CR} + d_3\text{MBTE} + d_4\text{HBTE} + d_5\text{MSG} \tag{9-4}$$

式中，R、q^* 为公司绩效；MS 为市场份额；CR 为市场集中度；Z_i 为控制变量；MBTE（中等进入壁垒）、HBTE（高进入壁垒）、MSG（市场增长率）为控制变量；a_0、b_{10}、b_{20}、d_0 为常数项；a_i、b_{1i}、b_{2i}、d_i（$i=1,2,3,4,5$）为回归系数。

其后，Sheperd（1986）也选取了 1960~1969 年美国的 117 个大型工业公司的相关数据作为样本进行研究，在该项研究中，沿用了 Smirlock 等（1984）的模型。

Berger（1995）在其论文中分别展示了效率结构假说和市场力量假说的模型形式，并推导出了嵌套所有四种假说的单一模型。

强调效率结构假说、X-效率结构假说和规模效率假说的模型如下：

$$\pi_{im} = f_1\left(\text{EFF}, Z_{im}^1\right) + \varepsilon_{im}^1 \tag{9-5}$$

$$\text{MS}_i = f_2\left(\text{EFF}_i, Z_{im}^2\right) + \varepsilon_{im}^2 \tag{9-6}$$

$$\text{CONC}_m = f_3\left(\text{MS}_i \text{ for all } i \text{ in } m\right) \tag{9-7}$$

式中，π_{im} 为公司 i 在 m 时间的盈利能力；EFF 为效率；Z^1_{im} 和 Z^2_{im} 为控制变量（代表除了公式中的自变量外,其他一系列影响公司效率的潜在变量）；ε^1_{im} 和 ε^2_{im} 为随机变量（后面公式中 Z_{im} 和 ε_{im} 的含义均相同，只是用上角标对不同模型中的控制变量和随机变量加以区分）；CONC_m 为 m 时间的市场集中度，它由市场份额决定；此处的 MS_i for all i in m 为在时间 m 时，公司 i 在市场中所占市场份额。

该模型存在的问题在于利润与结构和效率都是相关的。一般来说，市场份额越大的公司，市场集中度越高。在这个模型中，盈利能力和市场结构呈现出虚假的正相关关系,因为 π、CONC 和 MS 都和 EFF 正相关。EFF 越高的公司,拥有的 π 和 MS 越高,而与 MS 和 CONC 正相关。

强调市场力量假说、SCP 假说和 RMP 假说的模型如下:

$$\pi_i = f_4\left(P_i, Z_{im}^4\right) + \varepsilon_{im}^4 \tag{9-8}$$

$$P_i = f_5\left(\text{STRUC}_i, Z_{im}^5\right) + \varepsilon_{im}^5 \tag{9-9}$$

$$\text{CONC}_m = f_3\left(\text{MS}_i \text{ for all } i \text{ in } m\right) \tag{9-10}$$

式中,P 为产品价格的度量;STRUC 为市场结构的度量;Z 为控制变量。在 SCP 假说下,利润和集中度的正相关关系是因为 CONC 影响到了 P,而 P 会影响 π。而在 RMP 假说下,利润和市场份额正相关是 MS 影响到了 P 的原因,而 P 会影响 π。在两种假说下,利润都和市场结构变量呈现出虚假的正相关,市场集中度和市场份额是正相关的。

后来,Berger(1995)设计了简化的模型如下:

$$\pi_i = f_6\left(\text{CONC}_m, \text{MS}_i, \text{X-EFF}_i, \text{S-EFF}_i, Z_{im}^7\right) + \varepsilon_{im}^7 \tag{9-11}$$

式中,新增的变量 X-EFF、S-EFF 分别为 X-效率和规模效率[①]。

这可被视为上述四个假说(SCP 假说、RMP 假说、X-效率结构假说和规模效率假说)的简化形式。①在规模效率假说下,EFF 变量的系数为正,而所有其他关键变量的系数相对较小或为零。CONC 和 MS 虽然在效率结构模型中是内生的,但可以被当作不相关的解释变量,前提是回归结构模型中的误差项相互不相关。②在市场力量假说下,市场结构变量 CONC 或 MS 具有正系数,而另一个则完全不相关。例如,如果只有 RMP 假说成立,CONC 的系数就为零,因为 CONC 与 π 的关联只是通过与 MS 的关联而虚假地关联起来。在市场力量假说下,EFF 是外生变量,但被视为相对不重要。③简化形式的模型允许所有四个假说同时有效。在任何关键变量具有正相关系数的情况下,其可被视为相应假设的边际贡献证据。

该模型的一个重要局限性在于,它仅测试了效率结构假说的两个必要条件之一。为了解释利润-结构的虚假关系,利润和市场结构变量都必须与效率正相关。为了检验 EFF 与市场结构正相关的条件,Berger(1995)还

---

① X-效率:它是一种传统经济理论单纯从资金和技术角度无法解释的、来源不明的低效率现象,是由美国哈佛大学教授 Leibenstein(1966)提出的,旨在解释经济单位在缺乏竞争压力的情况下,由内部摩擦和惰性等原因导致的效率损失。规模效率:指产业结构通过优化配置对产出单元所发生作用的大小,即在一定条件下,随着生产规模的扩大,是否能够有效降低单位产品所消耗的资源和成本。

从效率结构假说模型中导出了 CONC 和 MS 的简约化形式：

$$\text{CONC}_m = f_8\left(\text{X-EFF}_i, \text{S-EFF}_i, Z_{im}^8\right) + \varepsilon_{im}^8 \quad \text{for all } i \text{ in } m \quad (9\text{-}12)$$

$$\text{MS}_i = f_9\left(\text{X-EFF}_i, \text{S-EFF}_i, Z_i^9\right) + \varepsilon_i^9 \quad (9\text{-}13)$$

第三节 实证文献回顾

虽然市场力量假说和效率结构假说都发现了市场结构与绩效水平之间的正相关关系，但两者认为导致这种结果的原理大相径庭：市场力量假说认为企业之所以能够获得超额利润是因为它们通过垄断剥夺消费者剩余，从而导致社会总福利减少，整个市场的效率降低，所以应该加大反垄断的力度；而效率结构假说则认为，企业获得的高额利润源于这些企业的 X-效率或者规模效率提高，企业效率提高会增进社会福利，因此对高效率企业增加市场份额的行为不应进行打击而应进行鼓励。

对此，国内外学者做了大量的实证研究，两种假说各有支持，从而也产生了不同的政策主张。

一、支持市场力量假说

陈璐（2006）选取了2000~2005年《中国保险年鉴》中与我国各保险公司相关的数据作为样本进行实证分析，结果显示，传统的 SCP 假说在我国保险业是存在的。陈向华和耿玉德（2011）选取了2003~2009年东北国有林区83个森工企业的数据为样本进行实证分析，其结果符合市场力量假说。卢山冰等（2011）选取了2003~2008年中国风机行业的相关数据作为样本进行实证分析，结果显示该行业内企业的市场规模与绩效呈现正相关关系，可以说明市场力量假说适用于我国的风机行业。王健和钟俊娟（2013）选取了2004~2011年在 A 股上市的25家物流企业的面板数据作为样本进行实证分析，实证结果表明我国物流业市场支持 RMP 假说，市场份额与物流企业总资产的净利润率显著正相关，而物流业 X-效率和规模效率与其绩效的关系均不显著。在银行业市场上，冉光和和肖渝（2014）以15家商业银行为对象的研究结果表明：我国商业银行的绩效与其市场力量和收入多元化呈正相关，商业银行可以利用高市场力量获得更高的经济效益，说明我国的银行业符合 RMP 假说。刘亚婕等（2018）则以2007~2015年上市的35家风电企业作为研究对象进行分析，结果发现市场集中度对风电企业绩效有显著正效应，而企业效率变量与企业绩效之间并没有显著的相关性，说明我国风电产业符合市场力量假说而不是效率结构假说。余静文等（2021）选取了 1998~2013 年中国工业企业数据库中的相关数据作为样本进行实证分析，最终得出了在中国情境下市场力量假说成立的结论。

二、支持效率结构假说

Smirlock 等（1985）通过实证研究发现美国银行业支持效率结构假说。Sheperd 等（1986）对效率结构假说进行了修正。他认为市场份额含有诸如市场力量或产品差异等与效率无关的因素，因此绩效的变化应由效率和市场份额的影响来解释。赵旭（2011）选取了 1994~1998 年中国 15 大银行进行研究，发现市场力量假说不成立，但效率能够显著改善银行的绩效。彭琦（2006）选取了 1993~2003 年中国 14 家银行的相关数据作为样本进行实证分析，我国银行数据实证结果部分支持 X-效率结构假说，完全否定了其他几类假说。王艾敏（2009）选取了国务院发展研究中心 1999~2006 年饲料加工业相关统计数据作为样本进行实证分析，结果表明我国饲料市场存在修正的效率结构假说。刘伟（2014）选取了 2002~2008 年 18 个一线城市的 77 家家电零售企业的相关数据作为样本进行实证分析，研究发现相对其他三种假说，我国家电零售行业更支持基于 X-效率的效率结构假说，而市场力量假说并不能解释我国家电零售行业市场结构-利润关系。王皓（2013）选取了 2001~2009 年中国轿车行业的相关数据进行研究，结果存在明显的异质性，即合资企业样本符合平静生活假说，本土企业样本则支持效率结构假说。王继东和杨蕙馨（2016）选取了 2001~2013 年 17 家整车上市汽车企业的面板数据作为样本进行实证分析，结果支持 X-效率结构假说。

三、同时支持两种假说

黄慧和汪波（2008）选取了 1996~2006 年天津房地产企业的相关数据作为样本进行实证分析，研究后认为天津房地产企业的市场绩效与市场份额、市场效率和市场集中度同时呈显著正相关，单纯的市场力量假说与效率结构假说无法解释这种现象。毛凯丰等（2016）选取了 1995~2005 年来自《中国食品工业年鉴》的相关产业数据和 2005~2013 年来自中国酒业协会啤酒分会年会资料的相关产业数据作为样本进行实证分析，研究表明认为，"市场力量-效率结构混合假说"在中国啤酒产业成立。傅昌銮（2015）选取了 2010~2012 年浙江省农村中小金融机构的相关数据作为样本进行实证分析，研究表明农村银行的 X-效率以及市场集中度对其经营绩效均有显著的正向作用，在农村银行中存在一定的平静生活假说现象，而在小额贷款公司中存在典型的 RMP 假说现象，同时效率结构假说在农村信用合作社中也得到很好的验证。

四、两种假说均不支持

这些研究主要集中在银行、证券、保险等金融业中。①银行业方面。秦宛顺和欧阳俊（2001）选取了 1997~1999 年度我国商业银行的相关数据作为样本进行实证分析，实证检验结果与市场力量假说并不吻合，检验结果同样也不支持效率结构假说。盛国辉（2004）基于 1997~2001 年我国 15 家规模较大的商业银行相关数据的研究结果显示，市场力量假说和效率结构假说均不成立。贺春临（2004）以 1995~2000 年 15 家银行作为样本、陈敬学（2004）以 1996~2001 年 15 家商业银行的相关数据作为样本的实证分析，结果与盛国辉（2004）一致。李百吉（2008）选取了 2003~2006 年中国 12 家商业银行的相关数据作为样本进行实证分析，最终得出结论：市场力量假说和效率结构假说在银行业均不成立。袁宁怿（2010）选取了 2001~2008 年中国 120 家商业银行的相关数据作为样本进行实证分析，结果显示我国银行业市场结构与绩效之间呈明显的负相关性，且平静生活假说存在。邵汉华等（2014）选取 2003~2012 年的 102 家商业银行的面板数据作为样本进行实证分析，结果显示中国银行业存在平静生活假说。赵旭（2011）选取了 1998~2007 年中国 15 家银行的相关数据作为样本进行实证分析，最终得出了贷款市场拒绝平静生活假说，而存款市场接受平静生活假说的结论。袁绍波（2012）选取了 2001~2010 年我国 14 家商业银行的相关数据作为样本进行实证分析，发现不管是存款市场还是贷款市场，其结果都支持平静生活假说。高蓉蓉和吴敏（2014）选取了 2007~2012 年中国 15 家商业银行的相关数据作为样本进行实证分析，研究发现市场力量假说和效率结果假说都不适用于中国银行业，但是对这 15 家银行进行分组分析时，发现有 8 家股份制商业银行的绩效受到市场集中度和市场份额显著的积极影响，市场力量假说适用于我国股份制商业银行。②证券业方面。姚秦（2003）选取了 1997~2001 年我国规模较大且有代表性的 10 家证券公司的相关数据进行实证分析，研究结果既不支持市场力量假说也不支持效率结构假说。宋健和刘艳（2006）选取了 1996~2004 年来自《中国金融年鉴》中各家证券公司的相关数据作为样本进行实证分析，结论与姚秦（2003）相同。翟永会（2014）选取了 2004~2010 年中国证券公司的非平衡面板数据作为样本进行实证分析，结果与前两位学者的一致。③保险业方面。刘江峰和王虹（2005）选取了 2001~2003 年市场占有率居前几位的保险公司的相关数据作为样本进行实证分析，最终得出结论我国财产保险业和人身保险业既不存在共谋假说也不存在效率结构假说。蔡华（2009）选取了 14 家保险企业 2003~2006 年的相关数据作为样本进行实证分析，结果显示，中国的财产保险市场既不是结构决定绩效，也不是效率决定绩效，但是产险市场从市场力量假说向效率结构假说转化的趋势日益明显。孙健等（2014）选取了 2007~2011 年中国保险市场 25 家财险公司和 29 家寿险公司的相关数据作为样本进行实证分析，结果显示，我国无论是财险市场还是寿险市场，市场结构与保险经营绩效之间都缺少必要的联系，市场力量假说和效率结构假说都不适用，但是我国保险市场在某种程度上符合平静生活假说。

综观以上研究，大部分是对金融业特别是银行业的研究，在数字经济相关产业、互联网行业领域，学者的实证研究大多集中在对市场集中度、垄断势力指数（如勒纳指数）的测算上（傅瑜等，2014；曲创和刘重阳，2016；徐齐利，2017），尚未有运用系统的实证模型进行的分析。因此，本章试图基于我国数据市场的现实，回答前面提到的问题：数据市场上寡头企业的高额利润，到底是来自其市场力量的垄断超额利润，还是来自规模效率或者其他 X-效率？下游小厂商绩效现状的原因是市场结构还是其他？并根据实证结果提出数据市场企业绩效提升的对策建议。

第四节　实证模型设定

一、模型设定

本章在模型设定上主要参考了 Berger（1995）的研究，首先采用式（9-14），但该模型仅测试了效率结构假说的两个必要条件之一，为了研究利润-结构之间的关系，又参考 Berger（1995）设计了式（9-15）和式（9-16）进行验证。此外，本章为了更全面地解释市场力量和效率的关系，又构造了式（9-17）验证平静生活假说。

$$\pi_{ij} = \beta_0 + \beta_1 \text{CONC}_j + \beta_2 \text{MS}_{ij} + \beta_3 X\text{-EFF}_{ij} + \beta_4 S\text{-EFF}_{ij} + \beta_5 Z_i + \varepsilon \quad (9\text{-}14)$$

$$\text{MS}_{ij} = \gamma_0 + \gamma_1 X\text{-EFF}_{ij} + \gamma_2 S\text{-EFF}_{ij} + Z_i + \varepsilon \quad (9\text{-}15)$$

$$\text{CONC}_j = \alpha_0 + \alpha_1 X\text{-EFF}_{ij} + \alpha_2 S\text{-EFF}_{ij} + Z_i + \varepsilon \quad (9\text{-}16)$$

$$\text{EFF}_{ij} = \omega_0 + \omega_1 \text{CONC}_j + Z_i + \varepsilon \quad (9\text{-}17)$$

式中，β_i、γ_i、α_i、ω_i 均为常数项（$i=0$ 时）或回归系数（$i\neq 0$ 时）；ε 为随机扰动项；π_{ij} 为企业绩效测度变量；$CONC_j$ 为市场集中度的测度变量；MS_{ij} 为企业市场份额的测度变量；X-EFF$_{ij}$ 为 X-效率；S-EFF$_{ij}$ 为规模效率；Z_i 为其他控制变量。

若效率结构假说成立，则式（9-14）中 X-效率、规模效率的系数为正，企业市场份额和其他变量的系数相对较小；式（9-15）和式（9-16）中的两个效率变量的系数至少有一个显著为正。

若市场力量假说成立，则式（9-14）中市场集中度或企业市场份额的系数应该显著为正，同时两个效率变量均为外生变量，对企业绩效影响很小；市场力量假说对式（9-15）、式（9-16）不存在系数符号的要求，甚至不认为式（9-15）所表示的关系存在。

若平静生活假说成立，则式（9-17）中市场集中度系数应显著为负。

二、变量说明

在上述方程组中，各变量在不同的方程中分别为被解释变量和解释变量，因此变量统一列示如表 9-1 所示。

表 9-1 模型变量说明

变量类别	变量意义	变量名称	变量定义	变量代码
被解释变量	绩效	资产回报率	净利润/总资产	ROA
		营业净利率	净利润/销售收入	PR
被解释/解释变量	市场集中度	赫芬达尔指数	各企业占行业总收入百分比的平方和	CONC
		行业集中度	行业前 n 家企业的收入占全行业的比重	CR4
	市场份额	市场份额	企业销售额占行业销售额的比重	MS
解释变量	效率变量	综合效率	DEA 法得出	EFF
		X-效率	DEA 法得出	XEFF
		规模效率	DEA 法得出	SEFF
控制变量	企业内部因素	产权结构	国有资产的比重	state
		经营风险	资产负债率	leverage
		经营规模	资产总额的对数	ta
	外部环境因素	宏观经济发展	GDP 增长率	GDP
		通货膨胀率	价格指数增长率	CPI

三、DEA 方法说明

测度企业效率的方法有参数法和非参数法两类。Berger 和 Humphrey（1997）归纳了效率的研究方法，总结出常用的五种方法：DEA 法和无界分析法（free disposal hull，FDH）是非参数方法，参数方法则分别是随机前沿法（stochastic frontier approach，SFA）、自由分布法（distribution free approach，DFA）和厚前沿法（thick-frontier approach，TFA）。

在具体研究问题时，采用参数与非参数两类方法孰优孰劣，并无一定之规。所以本章选用 DEA 这种非参数研究方法，是基于如下的考虑：①DEA 法不必确定前沿生产函数的具体表达式，这一优点正好适用于本书的研究。②DEA 法确定的各指标的权重不是在统计平均意义上的权重，具有内在的客观性。③DEA 法对分散的评价指标进行综合分析处理，避免了片面性。④DEA 法可自如处理多投入与多产出的问题。综上所述，本章选用其进行分析。

最早的 DEA 法是 CCR（Cooper-Charnes-Rhode，库珀-查恩斯-罗兹）模型，只能处理不变规模特征的效率评估。1984 年，Banker（班克）等人将其拓展，得到可用于处理可变规模报酬的 BCC（Banker-Charnes-Cooper，班克-查恩斯-库珀）模型。BCC 模型主要用于评价决策单元的综合技术有效性，并将综合技术效率分解为纯技术效率和规模效率，且综合技术效率=纯技术效率×规模效率。

本章使用的 DEA 法具体如下。

假设 n 个决策单元对应的输入数据和输出数据分别为

$$x_j = \left(x_{1j}, x_{2j}, \cdots, x_{mj}\right)^{\mathrm{T}}, \quad j = 1, 2, \cdots, n \tag{9-18}$$

$$y_j = \left(y_{1j}, y_{2j}, \cdots, y_{sj}\right)^{\mathrm{T}}, \quad j = 1, 2, \cdots, n \tag{9-19}$$

式中，x_j 为决策单元 j 的 m 种输入矩阵；y_j 为决策单元 j 的 s 种输出的矩阵；$x_j > 0$，$y_j > 0$，$j = 1, 2, \cdots, n$，则 BCC-DEA 法为

$$D_{\mathrm{BCC}} \begin{cases} \min \theta = V_D \\ \text{s.t.} \sum_{j=1}^{n} x_j \lambda_j + s^- = \theta x_0 \\ \sum_{j=1}^{n} y_j \lambda_j - s^+ = y_0 \\ \sum_{j=1}^{n} \lambda_j = 1 \\ s^- \geqslant 0, s^+ \geqslant 0, \lambda_j \geqslant 0, \quad j = 1, 2, \cdots, n \end{cases} \tag{9-20}$$

式中，θ 为各决策单元的相对效率值；V_D 为所求最优效率；s^- 和 s^+ 分别为输入和输出的松弛变量；λ_j 为权重项；x_0 和 y_0 为参照决策单元。

四、投入、产出指标选取

DEA 法评价效率的关键在于选择输入、输出指标。本章总结了近年来运用 DEA 法的主要文献，综合已有研究来确定具体指标（表 9-2）。

表 9-2 近年来相关文献中投入、产出指标选取情况汇总表

作者	投入指标	产出指标	样本企业
茶洪旺和蔡高楼（2017）	研发人员占比、R&D（research and development，研究与开发）强度	人均专利申请数、营业利润率	2015 年 32 家大数据上市企业
陈晓芳（2017）	R&D 经费投入强度 R&D 人员投入强度 R&D 人员素质	新产品销售收入增长率 软件著作权 专利申请量 新产品销售利润增长率	2012~2015 年 30 家大数据类上市公司
孟祎（2018）	期末资产总额 在职员工人数	净利润 主营业务收入	2012~2016 年 29 家大数据上市企业
李俊丽（2018）	大数据研发人员占比 大数据研发投入强度 开发大数据项目支出 企业无形资产 大数据产品销售费用	发明专利数量 软件著作权数量 大数据新产品销售收入 数据产品及服务收入 企业净利润 政府扶持资金	2013~2016 年 36 家大数据企业
潘康（2019）	权益乘数 流动负债权益比率 资本固定化比率	净资产收益率 销售净利率 营业总收入增长率	2013~2017 年 21 家大数据企业
刘畅（2020）	技术研发阶段：研发人员数、研发投入经费、固定资产 技术成果商业化阶段：销售人员人数、有效发明数	技术研发阶段：专利授权数 技术成果商业化阶段：营业利润率	2014~2017 年 31 家具有一定代表性的深沪上市大数据企业
陈立梅等（2021）	技术开发阶段：研发投入金额、研发人员数量 物料转化阶段：专利申请量、无形资产增加额、企业员工数量 效益产出阶段：固定资产总值、销售费用、管理费用	技术开发阶段：专利申请量、无形资产增加额 物料转化阶段：固定资产总值 效益产出阶段：主营业务收入、营业利润	2015~2018 年大数据板块境内 79 家上市公司

续表

作者	投入指标	产出指标	样本企业
邓一航等（2021）	集成电路、微型计算机设备、移动电话产量；每万名R&D人员专利授权数、规上企业R&D经费支出与GDP之比、技术市场成交合同金额、R&D内部经费支出额；单位互联网接入流量、电子商务平台销售额；由电子商务交易活动企业比重、网上零售总额占社会消费品零售总额的比重；经济活动人口中R&D机构R&D人员硕士及以上人数的比例、R&D人员总数、每万名就业人员中R&D人员折合全时当量	国家高新区单位企业总产值、国家级高新区出口额占总出口额的比重、单位GDP能耗降低率、软件产品收入、软件技术服务收入	2017~2019年各地区大数据产业

第五节 实证检验及结果分析

一、样本选择及数据来源

综合考虑数据可得性、企业代表性等因素，本章从互联网及相关行业、软件产品行业和信息安全及服务行业内选取目标企业，同时将数据缺失的企业剔除。最终选用2011~2021年11年内数据要素市场的291家上市企业数据。数据主要包括两个方面：第一个方面，收集整理的企业营业收入、市场份额、总资产、资产收益率等指标数据，用于对数据要素市场的结构进行分析描述；第二个方面，由收集整理的企业专利授权量、研发支出、研发费用、无形资产等指标数据，采用DEA法计算出效率值，对数据要素市场的效率进行描述分析。本章数据主要来源于各企业每年披露的年度报告、国泰安CSMAR（China stock market & accounting research database，中国股票市场与合计）数据库以及Wind数据库。

为了避免数据异常值的影响，本章对数据按照上下1%进行缩尾处理。根据Stata16的运算结果，缩尾处理后选定变量的描述性统计如表9-3所示。

表 9-3 变量的描述性统计

变量指标		均值	标准差	最小值	最大值
ROA	综合	0.034 177 3	0.103 314 4	−0.508 935 0	0.256 819 0
	组间		0.074 642 3	−0.508 935 0	0.191 718 0
	组内		0.089 743 5	−0.518 818 4	0.338 835 8
MS	综合	0.004 635 1	0.006 428 4	0.000 190 2	0.040 570 2
	组间		0.004 475 2	0.000 271 1	0.031 295 3
	组内		0.004 121 1	−0.025 340 4	0.036 685 2
CONC	综合	0.022 772 1	0.007 185 9	0.015 269 6	0.034 161 2
	组间		0.003 166 2	0.015 925 7	0.027 707 5
	组内		0.006 900 2	0.010 990 4	0.035 028 4
XEFF	综合	0.369 022 5	0.318 339 0	0.019 299 6	1
	组间		0.234 532 7	0.040 674 4	1
	组内		0.217 866 8	−0.422 375	1.179 657 0
SEFF	综合	0.502 807 1	0.343 101 3	0.039 562 9	1
	组间		0.257 848 7	0.068 968 3	1
	组内		0.244 978 6	−0.180 849 7	1.299 687 0
leverage	综合	0.345 567 3	0.202 091 8	0.042 3590	1.016 778 0
	组间		0.152 807 2	0.063 0440	1.016 778 0
	组内		0.150 533 5	−0.324 754 2	1.002 859 0
state	综合	0.016 101 3	0.067 341 9	0	0.463 504 1
	组间		0.043 921 9	0	0.274 201 4
	组内		0.053 202 5	−0.258 100 1	0.433 255 0
ta	综合	21.517 980 0	0.927 513 4	18.997 160 0	23.553 550 0
	组间		0.578 680 2	19.191 000 0	22.991 040 0
	组内		0.734 359 4	18.330 640 0	24.646 530 0
GDP	综合	0.064 422 7	0.019 014 5	0.022 000 0	0.096 000 0
	组间		0.013 703 0	0.022 000 0	0.073 444 4
	组内		0.017 526 8	0.018 122 7	0.092 122 7
CPI	综合	0.023 932 3	0.008 773 1	0.014 000 0	0.054 000 0
	组间		0.001 664 0	0.019 000 0	0.027 000 0
	组内		0.008 619 7	0.012 821 1	0.052 832 3

二、模型检验及结果分析

本章共选择 291 家企业连续 11 年的数据,该面板数据是非平衡的短面板数据。根据最小二乘虚拟变量法进行回归过程中,大多数个体虚拟变量都很显著,拒绝"所有虚拟变量都为 0"的原假设,即认为存在个体效应,不应该使用混合回归。之后采用 Hausman(豪斯曼)检验,根据检验结果确定应使用固定效应模型。实证回归结果如表 9-4 所示。

表 9-4　实证回归结果

变量	模型 1 ROA	模型 2 MS	模型 3 CONC	模型 4 EFF
MS	2.939*** (4.837)			
CONC	−1.804*** (−5.069)			−0.869 (−1.154)
XEFF	−0.006 (−0.551)	0.001** (2.106)	−0.004*** (−5.382)	
SEFF	−0.003 (−0.388)	−0.001** (−2.528)	0.004*** (6.328)	
leverage	−0.197*** (−14.394)	0.004*** (6.322)	0.002 (1.603)	0.046 (1.465)
state	0.086** (2.293)	0.004** (2.221)	−0.006** (−2.168)	0.060 (0.690)
ta	0.009** (2.268)	0.003*** (21.159)	0.004*** (16.641)	−0.031*** (−4.026)
GDP	0.611*** (4.030)	0.060*** (10.730)	0.155*** (16.186)	0.351 (1.132)
CPI	0.091 (0.372)	0.076*** (7.397)	0.036** (2.070)	2.016*** (3.604)
Constant	−0.110 (−1.216)	−0.064*** (−20.682)	−0.072*** (−13.632)	0.806*** (4.677)
Observations	2 037	2 037	2 037	2 037
Number of code	291	291	291	291
调整的 R^2	0.012	0.131	0.097	−0.130

注:括号内为 t 统计量

表示 $p<0.05$,*表示 $p<0.01$

以上回归结果显示：

（1）方程（9-14）即 ROA 模型中 MS、state、ta、GDP 对 ROA 是显著的正向影响，CONC、leverage 对 ROA 是显著的负向影响，XEFF、SEFF、CPI 对 ROA 影响不显著。实证结果表明，市场份额、产权结构、经营规模、宏观经济发展水平的提高有利于企业绩效的提高，过高的赫芬达尔指数和经营风险会降低企业绩效，X-效率、规模效率和通货膨胀率对企业绩效影响不显著。

（2）方程（9-15）即 MS 模型中 XEFF、leverage、state、ta、GDP、CPI 对 MS 是显著的正向影响，SEFF 对 MS 是显著的负向影响。实证结果表明，X-效率提高、经营风险增加、国有资产的比重提高、经营规模扩大、宏观经济发展水平提升和通货膨胀率上涨有利于企业市场份额的提高，而规模效率的增加会降低企业市场份额。

（3）方程（9-16）即 CONC 模型中 SEFF、ta、GDP、CPI 对 CONC 是显著的正向影响，XEFF、state 对 CONC 是显著的负向影响，leverage 对 CONC 影响不显著。实证结果表明，规模效率提高、经营规模扩大、宏观经济发展水平提升和通货膨胀率上涨有利于提高产业集中度，而 X-效率和国有资产的比重的提高会降低产业集中度，经营风险对产业集中度影响不显著。

（4）方程（9-17）即 EFF 模型中 CPI 对 EFF 是显著的正向影响，ta 对 EFF 是显著的负向影响，CONC、leverage、state、GDP 对 EFF 影响不显著。实证结果表明，通货膨胀率的上涨有利于提高综合效率，经营规模的扩大会降低综合效率，赫芬达尔指数、经营风险、产权结构、宏观经济发展水平对综合效率影响不显著。

根据上面列举的结果可以得出，企业市场份额的提高有利于企业绩效的增加；赫芬达尔指数的提高，不利于企业绩效增长，同时对综合效率的影响不明显；X-效率的增加，有利于企业市场份额的提高，但会降低产业集中度；规模效率的增加能增加产业集中度，但会降低市场份额，同时对企业绩效的影响不明显；经营风险的增加能提高企业市场份额，但是会降低企业绩效，同时对产业集中度和综合效率的影响不明显；产权结构会影响企业绩效、市场份额和产业集中度，但是对综合效率的影响不明显；企业经营规模和通货膨胀率的增长会增加企业绩效、市场份额和产业集中度，但是对综合效率的影响不同，企业经营规模的增加会降低综合效率，而通货膨胀率对综合效率的影响不显著；宏观经济发展水平对市场份额、产业集中度和企业绩效有影响，但是对企业综合效率的影响不明显。

虽然方程（9-15）中 X-效率对 MS 是显著的正向影响、规模效率系数对 MS 是显著的负向影响，方程（9-16）中 X-效率对 CONC 是显著的负向影响、规模效率对 CONC 是显著的正向影响，但由于方程（9-14）中 X-效率系数和规模效率系数都对 ROA 不显著且均为负，而 MS 与 CONC 均对 ROA 显著，MS 的系数为 2.939，CONC 的系数为 –1.804，不满足效率结构假说成立的条件，表明效率结构假说在我国数据要素市场中不适用。

由于方程（9-17）中 CONC 对 EFF 综合效率是不显著的负向影响，因此不满足平静生活假说成立的条件：方程（9-17）中 CONC 系数显著为负。表明平静生活假说在我国数据要素市场中也不适用。

方程（9-14）中虽然 CONC 对 ROA 是显著的负向影响，但是 MS 对 ROA 是显著的正向影响，满足市场力量假说成立的条件：方程（9-14）中 CONC 或者 MS 系数显著为正，而两个效率变量均为外生变量，对企业绩效影响很小；市场力量假说对方程（9-15）、方程（9-16）不存在系数符号的要求，甚至不认为方程（9-15）所表示的关系存在。表明市场力量假说在我国数据要素市场中是成立的，市场份额大的企业能运用市场力量通过有利的定价决策获得超额利润，企业市场份额的提高有利于企业绩效的提高。

第六节　稳健性检验

为保证实证结果的稳健性，本章选择了替换变量法、分样本回归法和调整样本期限三种方法进行进一步的检验。

一、替换变量法

企业的绩效有多种衡量指标，如净资产收益率、经营净利率、托宾 Q 等。上文采用资产回报率 ROA 衡量企业的绩效，下面将采用经营净利率作为因变量，对模型（9-14）进行回归。结果见表 9-5。

表 9-5　替换变量后回归结果 1

变量	(1) PR
MS	4.905** (2.412)

续表

变量	（1） PR
CONC	−6.689***
	（−5.613）
XEFF	−0.015
	（−0.432）
SEFF	−0.008
	（−0.279）
leverage	−0.575***
	（−12.570）
state	0.202
	（1.617）
ta	0.040***
	（2.943）
GDP	2.482***
	（4.892）
CPI	0.149
	（0.182）
Constant	−0.652**
	（−2.154）
Observations	2037
调整的 R^2	−0.023

注：括号内为 t 统计量
表示 $p<0.05$，*表示 $p<0.01$

虽然自变量市场份额 MS 的显著性由1%水平下的显著下降为5%下显著，但结果仍然符合市场力量假说的要求。

同样地，市场集中度的衡量指标也有多种，比较常用的有 CONC 和 CR4。因此，我们将自变量 CONC 替换为 CR4，考察市场结构对企业绩效的影响，进一步的回归结果如表9-6所示。

表 9-6　替换变量后回归结果 2

变量	(1) ROA	(2) CR4	(3) EFF
MS	3.506***		
	(5.817)		
CR4	−0.135***		0.048
	(−2.966)		(0.495)
XEFF	−0.003	−0.027***	
	(−0.250)	(−4.678)	
SEFF	−0.006	0.034***	
	(−0.632)	(6.841)	
leverage	−0.200***	0.008	0.043
	(−14.627)	(1.110)	(1.378)
state	0.086**	−0.063***	0.069
	(2.284)	(−2.978)	(0.791)
ta	0.005	0.030***	−0.037***
	(1.160)	(16.572)	(−4.714)
GDP	0.357**	0.441***	0.220
	(2.560)	(5.951)	(0.748)
CPI	−0.005	0.091	1.981***
	(−0.022)	(0.667)	(3.544)
Constant	−0.009	−0.489***	0.900***
	(−0.106)	(−11.923)	(5.302)
Observations	2037	2037	2037
调整的 R^2	0.002	0.079	−0.131

注：括号内为 t 统计量
表示 $p<0.05$，*表示 $p<0.01$

市场份额 MS 仍然显著为正，行业集中度 CR4 虽然显著，但系数为负，X-效率 XEFF 和规模效率 SEFF 不显著。结果支持市场力量假说。

二、分样本回归法

我们根据更为详细的行业划分标准，将样本进一步细分为互联网及相关行业、信息安全及服务和软件行业三个子样本分别进行回归，结果如表 9-7~表 9-9 所示。

表 9-7 互联网及相关行业回归结果

变量	(1) ROA	(2) MS	(3) CONC	(4) EFF
MS	1.246***			
	(3.653)			
CONC	−0.086			0.102
	(−0.675)			(0.396)
XEFF	−0.002	0.003	−0.015*	
	(−0.098)	(0.892)	(−1.694)	
SEFF	−0.004	−0.002	0.011	
	(−0.182)	(−0.725)	(1.337)	
leverage	−0.172***	0.023***	−0.016	−0.007
	(−5.254)	(4.952)	(−1.297)	(−0.100)
state	0.069	0.008	−0.066***	−0.042
	(1.046)	(0.857)	(−2.589)	(−0.306)
ta	0.006	0.007***	0.017***	−0.072***
	(0.752)	(7.489)	(6.785)	(−5.307)
GDP	0.782**	0.159***	1.357***	−0.602
	(2.034)	(3.308)	(10.585)	(−0.809)
CPI	−0.837	0.341***	−2.996***	2.210
	(−1.226)	(4.147)	(−13.630)	(1.565)
Constant	−0.076	−0.162***	−0.300***	1.720***
	(−0.444)	(−7.272)	(−5.028)	(5.602)
Observations	506	506	506	506
调整的 R^2	−0.049	0.075	0.319	−0.057

注：括号内为 t 统计量
*表示 $p<0.1$，**表示 $p<0.05$，***表示 $p<0.01$

表 9-8 信息安全及服务业回归结果

变量	(1) ROA	(2) MS	(3) CONC	(4) EFF
MS	1.478***			
	(4.271)			
CONC	0.022			−0.262
	(0.229)			(−1.088)

续表

变量	(1) ROA	(2) MS	(3) CONC	(4) EFF
XEFF	0.022* (1.669)	0.003* (1.769)	−0.011** (−2.208)	
SEFF	−0.002 (−0.233)	−0.004*** (−3.264)	0.009** (2.223)	
leverage	−0.185*** (−9.926)	0.012*** (6.039)	0.008 (1.089)	−0.045 (−0.956)
state	0.035 (0.840)	0.012*** (2.599)	−0.017 (−1.040)	0.036 (0.335)
ta	−0.003 (−0.542)	0.007*** (14.735)	0.006*** (3.527)	0.000 (0.016)
GDP	−0.067 (−0.412)	0.137*** (8.114)	−0.303*** (−5.005)	0.440 (1.142)
CPI	−0.077 (−0.225)	0.144*** (4.537)	1.738*** (15.356)	2.892*** (3.406)
Constant	0.141 (1.310)	−0.149*** (−14.674)	−0.103*** (−2.841)	0.132 (0.559)
Observations	884	884	884	884
调整的 R^2	−0.023	0.196	0.141	−0.150

注：括号内为 t 统计量
*表示 $p<0.1$，**表示 $p<0.05$，***表示 $p<0.01$

表 9-9　软件行业回归结果

变量	(1) ROA	(2) MS	(3) CONC	(4) EFF
MS	0.489* (1.716)			
CONC	0.698*** (4.123)			0.701 (1.628)
XEFF	−0.008 (−0.502)	−0.006* (−1.950)	0.004 (0.763)	
SEFF	−0.021 (−1.506)	0.001 (0.256)	−0.002 (−0.509)	

续表

变量	（1） ROA	（2） MS	（3） CONC	（4） EFF
leverage	−0.145*** (−6.580)	0.003 (0.834)	−0.018*** (−2.734)	0.207*** (3.478)
state	0.176** (2.036)	−0.023 (−1.502)	0.002 (0.064)	−0.108 (−0.451)
ta	0.018** (2.345)	0.012*** (11.860)	−0.015*** (−8.843)	−0.015 (−0.913)
GDP	1.920*** (4.696)	0.293*** (7.974)	−1.835*** (−29.641)	2.339** (2.412)
CPI	−0.826 (−1.597)	0.230*** (3.160)	2.000*** (16.312)	0.673 (0.472)
Constant	−0.436** (−2.410)	−0.261*** (−11.433)	0.462*** (12.032)	0.233 (0.585)
Observations	556	556	556	556
调整的 R^2	0.051	0.145	0.643	−0.130

注：括号内为 t 统计量

*表示 $p<0.1$，**表示 $p<0.05$，***表示 $p<0.01$

从结果来看，各样本虽然总体上都符合市场力量假说，但是具体情况不同。①在互联网及相关行业和信息安全及服务两个子样本中，自变量市场份额 MS 的系数显著为正，市场集中度 CONC、X-效率 XEFF 和规模效率 SEFF 显著，符合市场力量假说下的 RMP 假说，即市场份额大、实现了产品差异化的企业才能运用市场力量获得超额利润。②软件行业因发展时间更久，发展程度更为成熟，行业中的占据较大市场份额企业的地位更为稳定，话语权更大，能够利用其市场力量获得较高的利润，市场集中度是企业绩效的主要影响因素。因此，在该样本中，市场份额 MS、市场集中度 CONC 系数显著为正，且市场集中度 CONC 显著性更强，X-效率 XEFF 显著，规模效率 SEFF 不显著，符合市场力量假说下的 SCP 假说。

三、调整样本期限

数据要素市场正处于快速发展阶段，市场结构日益改变，过长的样本期限得出的结果可能难以准确地描述数据要素市场的现状。为了削弱这一因素的影响，我们将样本期限限定在 2016~2020 年，再次进行回归，结果如表 9-10 所示。

表 9-10　近五年回归结果

变量	(1) ROA	(2) MS	(3) CONC	(4) EFF
MS	6.977***			
	(4.832)			
CONC	−2.062**			2.803*
	(−2.214)			(1.961)
XEFF	−0.012	0.000	−0.003***	
	(−0.567)	(0.103)	(−4.057)	
SEFF	−0.005	−0.000	0.005***	
	(−0.338)	(−1.169)	(8.528)	
leverage	−0.260***	0.003***	0.001*	−0.013
	(−12.570)	(7.236)	(1.739)	(−0.411)
state	0.209***	−0.001	0.002	0.024
	(3.067)	(−0.532)	(0.717)	(0.215)
ta	0.001	0.003***	0.000*	−0.002
	(0.197)	(25.599)	(1.681)	(−0.184)
GDP	0.723*	0.004	0.386***	−1.131*
	(1.761)	(0.904)	(55.662)	(−1.863)
CPI	0.749	−0.068***	0.788***	−1.848
	(0.707)	(−3.853)	(28.810)	(−1.110)
Constant	0.062	−0.062***	−0.022***	0.248
	(0.421)	(−23.661)	(−5.340)	(1.338)
Observations	1240	1240	1240	1240
调整的 R^2	−0.087	0.274	0.702	−0.308

注：括号内为 t 统计量

*表示 $p<0.1$，**表示 $p<0.05$，***表示 $p<0.01$

将样本期限调整为 2016~2020 年后可以看出，市场份额 MS 仍然较为显著，且系数更大，市场集中度 CONC 系数显著但为负。总体来看，结果仍然是显著的，符合市场力量假说要求。

第七节　结论与企业绩效提升策略

通过上述实证分析我们可以得出以下结论。

第一，我国数据市场的现状总体上符合产业组织理论假说中的市场力量假说，即可以通过提高企业的市场份额提高企业的绩效。

第二，对数据交易市场所涉及的行业进行更为详细的划分后可以发现，不同的细分行业分别符合市场力量假说的不同情况。互联网及相关行业、信息安全及服务行业支持 RMP 假说，在这两个行业中只有市场份额大、实现了产品差异化的企业才能运用市场力量获得超额利润；软件行业则支持传统市场力量假说，即企业只要通过提高市场份额、增加市场力量，就能从不利于消费者的定价中获得较高的利润。

在第七章的社会网络分析中，我们发现：以通信技术服务、电信增值服务、信息技术服务、互联网相关服务为代表的大型企业处于数据交易网络的核心地位，具有主导作用；同时，在对数据供应商的分析中也看到：以阿里云为代表的互联网大型数据供应商，是目前数据市场中发展最好、交易最活跃的主体；本章的实证研究进一步印证了：在数据相关行业中，大型企业占有较大市场份额会带来超额利润。

针对上述结论，从宏观、中观、微观层面，提出以下提升我国数据市场企业绩效的对策建议。

从宏观层面来看，由于数据相关市场属于规模效应明显的行业，具有一定的自然垄断性，所以符合市场力量假说，容易出现"赢家通吃"现象，而且在一定区间内，市场集中度与整体绩效是成正比的，所以鼓励大型企业发挥龙头作用、鼓励大型平台发挥集聚优势，应该是一贯的政策；当然，过度的垄断会妨害整体效率，导致不公平竞争，对消费者福利也会有损害，所以，反垄断也是政策的另一目标。

因此，对于政府来说，一方面要强化综合竞争能力强的大型企业的带动作用、引领作用、集聚作用，鼓励其进行科技攻关，发挥自身的技术优势，提升数据要素市场的总体技术水平和层次。另一方面，要注意加强对不规范竞争行为的监管，提升监管水平，做好垄断行为和恶性竞争的防控工作，创造良好的市场环境。

从中观层面看，平衡好大型企业和中小型企业的关系也是关键点：既要让大型企业发挥核心作用和引领作用，又要避免其对中小型企业的恶性倾轧；另外，对大型企业来说，中小型企业对其也是有益的补充，中小型企业的发展有利于形成行业和谐互补的生态。

因此，应鼓励数据产业联盟的发展，让其充分发挥行业中观的协调作用：通过聚合社会资本，助力企业成长；通过落实国家战略，聚合产业势能。在这方面的典型案例有：成立于 2012 年的中关村大数据产业联盟、成立于 2014 年的中国产业大数据联盟等。今后，产业联盟需要进一步通过联盟成员之间交易合作，促进数据市场的繁荣。

从微观层面看，不论是大型企业还是中小型企业，进行技术创新、提高产品差异化，都是突破发展瓶颈的必由之路。

实证结果表明，即使对于大型企业（特别是互联网及相关行业、信息安全及服务行业），如果缺少产品差异化，仅仅依靠市场份额优势也不能获得很好的绩效，对中小型企业而言，就更是如此了。因此，各类企业都应该加大对技术创新的投入力度，通过技术来提高数据要素的赋能作用；大力发展差异化的产品或服务，追求更高水平绩效；适时地做出顺应市场变化的决策战略，来确保企业不在激烈竞争中被淘汰，甚至能顺势扩张企业的市场份额；企业还可以积极进行并购重组，努力扩大企业的整体规模和市场份额；或者采取品牌战略，打造数据产品和服务品牌——总之，力争在人才、技术、品牌等多方面形成良性竞争，进而提高数据要素市场整体活力和效率。

第十章　数据要素市场的保障制度构建

前文围绕我国数据要素估值、交易两个核心环节，系统地阐述了数据要素市场构建的问题，但对与数据要素市场相关的一些保障制度，如数据要素确权制度、数据产权登记制度、数据要素市场监管制度、数据要素治理体系构建等尚未论及。上述制度虽然不是本书的研究重点，但其作为我国数据要素市场构建的前提或必要保障，仍需要加以探讨。

第一节　数据要素确权制度

一、当前全球数据要素确权的主要模式

数据要素确权是数据要素交易的前提，数据要素确权有利于保护隐私、降低交易风险和交易成本，促进数据要素市场规范发展，而且数据要素的复杂特征进一步增加了确权的必要性。因此，市场要求建立数据保护立法制度，解决数据确权难和安全保护难问题。

数据要素确权主要解决三个基本问题：一是数据权利属性，即给予数据何种权利保护；二是数据权利主体，即谁应当享有数据权利；三是数据权利内容，即数据主体享有何种具体的权利。因国情、文化、历史、价值观等不同，美国与欧洲分别确立了不同的数据要素确权思路，在数据隐私保护和促进数据产业发展上各有侧重。

（一）美国模式

美国是发达的市场经济国家，对新技术、产业发展具有很强的包容性，所以美国数据市场政策较为宽松，鼓励数据产业蓬勃发展。而谷歌、Meta等数字巨头在全球繁荣发展，也为美国带来巨大的经济效益。美国认为，个人信息是个人财产，市场机制是保护个人隐私的最佳方式，自由市场将

鼓励消费者选择有高隐私保护标准的企业。因此，美国在数据产权上采取了以财产权为导向的分散式立法方式，并实行立法与行业自律并行机制。

目前美国虽没有联邦层面的数据治理立法，但制定了多部行业性隐私法案，法案范围覆盖了联邦和各州等层面。总体来看，美国隐私保护法案涉及的范围广、力度大，而且完善，能够较好发挥对个人数据的保护作用。同时各州已经陆续出台相关法律，如美国加利福尼亚州通过《消费者隐私法案》保障个人数据在控制、使用以及交易方面的权力，对企业收集、存储、处理以及应用数据的行为做出规范。另外，美国在各个细分行业上对数据权利进行立法保护，如电信领域的《电子通信隐私法》、医疗卫生领域的《消费者数据保护法》等。对于非个人数据，美国也有相关法规保护，司法案例也对其"准财产权"予以肯定。

美国数据确权立法既体现了尊重市场和自治的观念，同时也体现了对数据领域领先地位及其既得利益者的保护倾向，另外也是为了保护美国在全球数据领域的领先地位。其优点是，市场管理较为宽松，企业激励较为充分，短期内有利于数据产业快速崛起，占领全球有利地位。缺点是数据权利保护只能依赖法律框架下的企业自律及事后救济来实现，容易导致数据的泄露和滥用，可能影响市场参与积极性和数据供给，对数据市场长远健康发展也有一定负面影响。

（二）欧盟模式

与美国倾向于市场开放和企业发展相比，欧盟更加注重个人数据权利的保护，数据确权时将保护个人信息安全放在首要地位。欧盟将数据保护视为一项基本的人格权利，对数据权属问题采取了严格的保护立场，因此与美国分行业立法不同，欧盟在数据权属上采用了统一立法模式，体现了对人格权利的重视。虽然欧盟在保护个人隐私上取得了更好效果，但严格的法规导致数据获取难度和成本增加，一定程度上阻碍了数据产业的发展。

为了实现更好的数据权益保护效果，欧盟将数据分为个人数据与非个人数据，对其分别进行确权并立法保护。在个人数据权益方面，2018年欧盟《通用数据保护条例》正式实施，被称为欧盟"史上最严"数据保护条例，该法确立了个人信息的遗忘权、访问权、可携带权等，极大地保护了公民数据隐私。之后，欧盟又推出了《非个人数据自由流动条例》，补充其在非个人数据方面的处理和流动规则。

从表面上看，欧盟在数据确权立场上更加注重个人数据权保护，但本质而言是为了扶持本土数据产业。因为欧盟的数字产业大幅落后于美国，欧洲数据市场长期被美国公司垄断，所以欧盟急于改变这一状况。欧盟立法能否取得预期效果有待观察，但导致数据交易成本和执法成本大幅增加的负面效应已经体现，不但阻碍了市场交易流通，扰乱了市场秩序，而且扼杀了大数据产业发展的活力。《通用数据保护条例》生效不到两年时间里，数据企业罚款数量和规模激增，数据合规负担大幅上升。

（三）我国对数据确权模式的探讨

我国与欧美国家的经济体制不同，数据要素市场也有显著差异。欧美国家数据主要产生并集中于私营企业，数据交易也主要在私营企业之间进行，较少涉及公共机构和公共数据。与之不同的是，我国大量数据不但产生于私营企业，而且政府公共部门及国有企业也是我国数据的重要来源，这些数据不但涉及隐私权，而且关乎公共安全。因此，数据确权需要统筹兼顾数据流通、公平分配、数据保护等多重因素。同时，数据产权制度要有助于促进市场竞争和创新，有利于建立更加透明有效的数据市场。

2022年12月，《数据二十条》提出建立保障权益、合规使用的数据产权制度，推动数据产权结构性分置和有序流通，在国家数据分类分级保护制度下，逐步形成具有中国特色的数据产权制度体系。《数据二十条》明确了我国数据要素确权的基本思路，指出了建立公共数据、企业数据、个人数据的分类分级确权授权制度，体现了我国数据要素产权制度的主要目标和价值判断。

与欧美等国家相比，我国数据产权立法起步晚，体系不够健全，而且重保护、重监管、轻市场，产权界定不明确。虽然我国的《中华人民共和国个人信息保护法》《中华人民共和国网络安全法》《中华人民共和国数据安全法》《中华人民共和国反不正当竞争法》等对数据确权做出了一定范围内的定义，但是现有法律法规难以覆盖当前数据应用场景，所以无论是从保护数据、公平收益还是从促进数据流通角度讲，均迫切需要与数据要素市场发展相适应的健全法律体系。面对日益增长的数据流通交易需求，福建、天津、上海、贵州、深圳等地方政府先行先试，从行政管理的角度率先开展了对数据确权的探讨，探索出了具有地域特色的数据权属制度体系，为我国数据要素确权立法提供了重要参考。

二、我国数据要素确权原则与思路

虽然我国在数据确权方面的立法与实践尚不成熟，还没有针对数据产权归属问题出台法律。但我国已经认识到建立健全数据产权制度的重要性，结合自身国情以及经济发展阶段，进行了一系列学习和探索。特别是《数据二十条》的出台，为我国数据产权制度建设确立了思路和框架，将大大加快数据确权的进程。

（一）"三权分置"的数据确权原则

《数据二十条》提出了建立公共数据、企业数据、个人数据的分类分级确权授权制度。在数据交易及权益方面，《数据二十条》在强调审慎对待原始数据的流转交易行为的同时，推动对原始数据的开放利用，支持相关数据处理者依法行使相关权利；同时明确了建立数据资源持有权、数据加工使用权及数据产品经营权。这不但打破了数据价值流动的枷锁，保障了数据处理者使用数据和获得相关收益的权利，为数据要素市场参与者建立了正向激励机制，而且有助于政府统计我国数据资源情况，并对不同数据进行分类分级保护。"三权分置"原则兼顾了安全与发展，充分体现了对个人数据权利的保护。目前，中外还没有就是否使用"三权分置"原则达成共识。我国或将根据数据分类分级原则，在保护个人与公共利益，以及促进数据产品经营者的积极性，减少数据要素流通交易成本中探索兼顾平衡之路。

（二）财产规则为主体、责任规则为补充的企业数据确权思路

数据要素除了具有可复制性、非竞争性等一般特征外，还具有经济目的性、利益复杂性、价值实现的流动性及显著的外部性等独有特征。目前数据确权主要有两种规则，即责任规则和财产规则。规则类型的选择是市场利弊衡量的结果，且随着市场条件和现实需求的变化而调整。从现实发展趋势看，责任规则回避了企业数据确权的争议，潜在风险和成本过高，只能是数据权属争议和市场流转困境下的暂时性安排，财产规则才应是市场首选。

我国应该建立以财产规则为导向的数据确权体系。首先，《数据二十条》要求建立数据产权制度、数据要素流通和交易制度、数据确权授权机制。有别于责任规则的强交易模式，确权与授权机制的要义在于充分尊重市场意志。其次，近些年我国数据要素交易市场快步发展，交易成本不断下降，垄断风险逐步减少，定价机制日趋成熟，市场具备了自我调节能力，将制度重心从责任规则转变为财产规则是符合市场选择的。另外，财产规则和责任规则二者并非完全排斥，在一定阶段两种方式将会共同存在，要坚持市场在资源配置中的决定性作用，尊重市场规则的选择，保障自由交易权利。

三、加快推进数据要素产权立法

近年来，我国数据安全相关法律法规建设进展迅速，先后出台了《中华人民共和国数据安全法》《中华人民共和国个人信息保护法》等，但数据产权制度尚属"空白地带"。为确保数据登记的法定效力，推动各类市场主体积极参与数据要素登记和交易活动，制定数据要素产权相关法律法规是关键举措。

一是明确数据要素产权框架。在法律层面确立数据资源持有权、数据加工使用权和数据产品经营权"三权分置"的数据要素产权制度框架，明确产权的属性、归属以及权利和义务，保护数据生产、流通、使用过程中各参与方享有的合法权利。

二是明确数据要素登记的法律效力。借鉴土地、资本、技术等传统要素经验，应明确数据要素登记的公示力、证据力和对抗力，明确依法登记的数据要素产权受法律保护。

三是充分保护数据各权益方的合法权益。要明确数据权益归属，保护数据来源者、数据资源持有者以及数据产品经营者的合法权益，消除数据要素资产流通交易链条各环节的产权障碍，促进数据要素规范流通和合法交易。

四、推进公共数据确权授权及开发机制

公共数据是各级政府部门、企事业单位在依法行政履职、提供公共服务过程中产生的数据。公共数据是数据资源体系中的核心要素，蕴含着巨大的价值，公共数据的开发利用有助于实现数据资源的政治价值、经济价值、社会价值，也是推动数字经济发展的重要一环。

（一）我国公共数据确权授权的思路和原则

《数据二十条》提出对公共数据加强汇聚共享和开放开发，强化统筹授权使用和管理，原始数据不出域、数据可用不可见，确立了我国公共数据确权授权的基本思路和原则。数据统筹授权意味着在统一开放政策、规则和规划下，允许公共服务机构根据数据行业特征、用途等因素实施开放，但开放使用是有条件的，即原始数据不出域、数据可用不可见，这就要求一方面对公共数据进行分类分级，同时对开放的数据必须进行清洗、分类、归集和注释等治理工作。各公共服务机构作为公共数据的开放义务主体，可以建立公共数据开放平台，针对不同层次数据采取不同的开放模式，在

坚持受益者负担公共数据治理成本原则和满足公共利益需要的同时，促进公共数据转化为生产要素，让需求者可以获得可用且好用的公共数据资源。

（二）我国对公共数据开发利用的实践探索

为深化公共数据开发利用，在中央不断建立和完善顶层制度的同时，地方已经对公共数据开发利用制度的构建进行了积极探索。地方立法实践中，一些地方制定了"数字经济条例"或"数据条例"及"公共数据管理办法"，还有地方出台了数据要素市场行动方案或数字政府发展规划等政策文件，为公共数据的开发利用提供了原则性规定和明确的路径。

各地在探索公共数据开发利用过程中，也形成了多元化的模式。其中主流模式可以大致总结为政府自行开发、政府购买服务、公共数据开放、公共数据授权运营、公共数据交易五种。各地对公共数据开发利用的努力探讨，对于我国建立健全公共数据确权和开发模式具有重要参考意义。

（三）我国公共数据确权授权和开发利用机制

《数据二十条》明确了公共数据确权授权机制，强调了当公共数据被用于公共治理、公益事业时，应该在监管下进行有条件无偿使用，充分推动公共数据为社会发展创造价值、为居民生活提供便利、为社会问题提供解决方案。探索用于产业发展或行业发展的公共数据有条件有偿使用，充分推动各方开发使用公共数据的积极性，使数据价值最大化。

一是对公共数据分类分级，实行分层管理。公共数据产生于各级政府部门、企事业单位和依法行政履职、提供公共服务的过程，其数据开放涉及个人隐私、公共安全等问题，必须首先要对不同类型的数据隐私性和安全性进行评估，根据安全程度和重要程度进行分类分级，确立不同数据层级的开放程度。其次，按照原始数据不出域、数据可用不可见原则，对开放数据进行清洗、分类、归集和注释等治理，做好原始数据的加工管理，为数据开放打好基础。

二是根据数据安全分类分级和使用目的，确定数据开放模式。公共数据开放是数字经济时代的公共基础设施，目的是满足社会对基础数据资源的需求。因此，《数据二十条》指出，依据公共数据使用目的，采取有条件有偿使用和有条件无偿使用两种模式。用于公共治理、公益事业的公共数据，采取有条件无偿使用；用于产业发展、行业发展的公共数据则采取有条件有偿使用；对于涉及隐私、个人信息、商业秘密与国家安全等的数据，按照法律规定不予开放。

三是公共数据开发利用模式。公共数据产生于政府部门，许多数据有条件无偿开放，不以市场效益为目标，因此公共数据的开发利用能更多地发挥政府的主导作用。对于可以有条件无偿使用的公共数据，可以采取政府自行开发和政府购买服务两种模式，以降低开发成本，保证基本的服务供给。对于可以有条件有偿使用的公共数据，比较适合公共数据授权运营模式和市场交易模式两种，以提升数据开发质量和利用效率，提升公共数据运用的市场化水平。

五、推进建立企业数据确权授权机制

企业数据是生产经营过程中产生的不涉及个人信息和公共利益的数据。与其他数据相比，企业数据与市场联系更为紧密，完善的企业数据确权授权机制能够有效保障数据要素市场活力。相比于个人数据和公共数据，企业数据更多是通过市场力量进行配置，近年来随着企业数据规模快速上升，纠纷数量大幅增长，为数据产业化带来了挑战，亟须建立完善全面的企业数据确权授权机制，构建更为健康公平的发展环境来实现数据要素价值的充分释放。

（一）企业数据产权的结构性分置

《数据二十条》对数据产权制度安排提出了两点要求：根据数据来源和数据生成特征，分别界定数据生产、流通、使用过程中各参与方享有的合法权利；建立数据资源持有权、数据加工使用权、数据产品经营权等分置的产权运行机制，推进非公共数据按市场化方式"共同使用、共享收益"的新模式。结合"原始数据—数据资源—数据产品"三分法和《数据二十条》要求，可差异化设置不同企业数据产权。

一是对于原始数据，虽然企业是通过个人信息主体授权获取的，且具有法律效力，但企业仅享有个人原始数据的持有权，仅具有有限的排他支配权，企业在原始数据持有权和支配权上受到个人信息权益的限制。因此，企业在转让个人原始数据时，要经过个人信息主体的二次授权。

二是数据资源是企业经过大量劳动投入加工生成的信息客体，企业依据其付出的劳动取得对数据资源这一客体的持有权。但考虑到实际情况下，数据资源往往集合了个人数据、公共数据和企业自采集数据，再加上不可能全部都适合进行匿名化和脱敏化处理，因此，企业的数据资源持有权原则上只能是一种有限支配、有限排他的权利，其权能限制需要结合具体数

据资源的原始数据予以判断。

三是数据产品在形态上完全独立于数据资源，企业劳动在数据产品生产过程中起到决定性作用，数据产品市场价值主要来源于企业的生产加工，因此企业对数据产品具有完全支配、绝对排他的效力，可以完全决定收益和处分权。

（二）企业数据的授权规则

三重授权原则需要根据市场需求进一步改造提升。数据确权为数据要素流通交易创造了基础，但数据流通仍有一个关键前提是，建立规范、合理、可行的数据授权机制。数据流通交易的主体是个人（或者用户）、企业和其他企业，三重授权原则确立了不同交易主体间数据授权的基本思路框架，对企业数据授权机制设计提供了指导。三重授权原则建立在个人信息处理场景之下，偏重个人原始数据授权机制和法律制度设计，但缺乏对流通交易企业之间的法律制度安排，另外也导致现有制度规定没有涵盖企业数据流通所涉及的所有情形，存在一定的内部缺陷，需要进一步改进和完善，以适应市场发展需求。

实践中有两种企业之间的数据流通需要进一步明确授权规则。一种是企业之间对原始数据、数据资源和数据产品的交易流通。此种情形下，对于个人原始数据、数据资源中未匿名处理的个人数据，未脱敏化处理后的有条件开放的公共数据，需二次授权；其他情况之下企业享有完全支配权利，无须二次授权。另一种是经用户授权后企业获得的在公共网络空间获取的数据。此种情形之下，应该坚持一重授权原则为主，降低交易成本，促进数据竞争和创新。对于个人原始数据、数据资源中未匿名处理的个人数据，无须经过二次授权，一次授权即可；对于无条件开放的公共数据，其他企业在平台上抓取数据的行为无须经过平台企业授权。需要进一步说明的是，上述授权规则同样适用于企业数据持有权、数据加工权和数据产品经营权发生变动的情况。

六、建立健全个人信息数据确权授权机制

与公共数据和企业数据不同，个人数据在不征得许可的情况下使用，会造成对隐私权和个人信息权的侵犯。因此若要实现个人数据的价值释放，首要解决的问题就是如何建立起个人数据受托机制和收益分配机制。

(一)保护个人信息不被泄露和合法合理的收集方式是释放数据价值的前提

企业在收集个人信息时要区分隐私权和个人信息权,任何组织或者个人不得侵害个人隐私权,信息主体可以选择是否提供个人信息。因此企业收集数据时应征求信息主体同意并充分告知收集范围,要维护好个人信息的安全。《数据二十条》也指出,对承载个人信息的数据,推动数据处理者按照个人授权范围依法依规采集、持有、托管和使用数据,规范对个人信息的处理活动,不得采取"一揽子授权"、强制同意等方式过度收集个人信息,促进个人信息合理利用。

(二)建立受托人制度

由于个人在提供数据给企业使用后,很难监督和控制使用者的后续使用行为,也很难维权。在国外出现了淡化个人作用,直接给数据使用者施以信义义务,并由专门机构监督管理的个人数据信托实践。因此,《数据二十条》提出探索由受托者代表个人利益,监督市场主体对个人信息数据进行采集、加工和使用的机制,即是中国版的个人数据信托制度。受托人制度有利于个人信息权益的保护,规范个人信息数据的使用行为。

(三)数据授权的规则安排

一是个人数据可分为个人原始数据和数据资源中的个人数据,对于个人数据的结构性分权机制安排,可参考前文关于企业数据的规则思路。一方面,对于个人原始数据和数据资源中未匿名化处理的个人数据,自然人拥有绝对的所有权,由其决定是否允许收集和捕获的个人数据在脱敏后进行交易,亦即数据使用方不但在收集数据时需要数据所有人进行授权,后期进行数据交易时也需要数据所有人二次授权。另一方面,对于数据资源中经过脱敏匿名化处理的个人数据,由于不涉及个人隐私和国家安全,基于降低交易成本、促进数据流通的发展原则,无须经过二次授权,一次授权即可。

二是适当简化"用户授权"机制流程。随着大数据、人工智能和网络技术的发展,生活数字化进程加快,个人信息被广泛运用于各个领域,侵犯隐私、数据泄密和利益纠纷日益增多,各国法律均加强了对个人信息的保护。但信息保护程度的加强一定程度上影响了数据交易流通,影响了个人信息的公共属性和价值属性。为了促进数据交易流通,可在充分保护个人隐私权和国家安全的前提下,考虑简化"用户授权"的程序,降低交易成本,提高市场效率。可考虑对个人信息做进一步分级,根据敏感度和隐私性划分成敏感信息和非敏感信息,分别采取差异性授权机制和救济方式,充分发挥其社会功能。

三是建立个人信息分类标准。"用户授权"的简化在一定程度上可促进数据的流通,在简化"用户授权"的操作方式上,有关部门应制定敏感个人信息目录及《隐私政策》《个人信息处理规则》等参考文本,为"用户授权"的简化提供指导,避免用户未准确理解,错误"授权"。《数据二十条》指出,充分保护数据来源者合法权益,推动基于知情同意或存在法定事由的数据流通使用模式,保障数据来源者享有获取或复制转移由其促成产生数据的权益。

第二节 数据产权登记制度

数据产权登记就是通过登记界定数据资源和产品的基本信息与权利归属,以法律的形式确认特定主体所拥有的数据资源持有权、数据加工使用权、数据产品经营权等权利。数据产权登记制度则是通过规定登记程序、登记平台、登记主体、权利主体和权利客体、监管主体等,规范数据产权登记行为。

一、建立数据产权登记制度的重要意义

建立健全数据产权登记制度有利于构建全国一体化数据要素登记体系,推动构建数据要素全国统一大市场。《数据二十条》对建设我国数据登记制度提出要求,提出研究数据产权登记新方式,建立健全数据要素登记及披露机制。

一方面,数据产权登记制度是我国数据要素市场体系的重要内容。数据资产化和数据流通的前提是权属清晰,而数据资产登记制度是对数据资产自然属性和法律性财产的确认,因此,数据产权登记制度是数据确权的基础,是规范引导数据要素市场化的制度前提。通过登记确权能够明确数据资源和数据产品的基本信息与权利归属,从而在市场流通环节提供有效力的凭证,降低获取必要产品信息的成本,提升交易互信,加速数据由价值到价格的转化,为数据实现市场化交易流通提供保障。

另一方面,从促进产业发展角度看,数据产权登记制度是数字经济发

展的必然要求。目前我国正处于数据产业蓬勃发展阶段,数据资产和数据产品不断丰富,总量持续上升,实现对全社会海量数据资源的有效归集、管理和开发,是做优做大以数据为关键要素的数字经济的核心抓手,而数据产权登记则是其中的"牛鼻子"工程。数据产权登记制度为数据要素型企业认定提供凭证依据,并为解决数据权益纠纷提供法律保障,不但是促进数据自主有序流通、培育超大规模数据要素市场的必由之路,也是规范数据市场管理、优化数字经济营商环境的根本保障。

二、我国数据产权登记制度的经验积累

我国数据产权登记始于政务数据和公共数据。2002年我国开始着手政务数据资源目录体系建设,可以认为是数据产权登记的前身。2016年发布的《"十三五"国家信息化规划》提出要建立国家关键数据资源目录体系。2017年由国务院办公厅印发的《政务信息系统整合共享实施方案》中提出,"初步建立全国政务信息资源目录体系""开展政务信息资源目录编制和全国大普查"等工作要求。2021年《"十四五"国家信息化规划》再一次对数据登记工作做出了部署安排。

全国各地对建立数据资产登记制度进行了探索。2017年,贵州发布了国内首个关于政府数据资产管理登记的暂行办法;2019年,山西省推行政务数据资产登记制度,北京市提出建立社会数据目录;2020年,山东省推出了全国首个数据(产品)登记平台;2021年,广东省发布全国首张公共数据资产凭证。国家知识产权局局长申长雨在博鳌亚洲论坛2023年年会上表示,"我国已先后在浙江、上海、深圳等8个地方开展了数据知识产权保护治理试点,尤其是深圳已经在尝试数据确权,截至2月底已发放36份数据登记证书"。

三、建设我国数据产权登记体系的措施建议

尽管我国数据产权登记体系有了一定的发展基础,但与市场需求及建设目标相比,仍有很大差距。《数据二十条》指出,"研究数据产权登记新方式""建立健全数据要素登记及披露机制",应从以下几方面入手。

一是推进全国数据要素登记体系建设。虽然国家相关部门提出了建立全国数据要素登记体系的目标,但整体制度框架仍在构建中。目前"全国数据要素登记管理办法"尚未出台,相关配套政策体系还不完善,而且缺乏全国一体化的数据登记机构,这些关键基础制度和基础设施的缺乏,非但不能对全国数据要素登记市场发展提供指导,而且成为影响我国数据要

素市场发展的主要障碍。因此，当前我国需要充分梳理总结各地数据要素登记实践探索成果，明确登记的目的、功能、主体、登记机构、内容、流程以及登记各参与方的权利义务，推动建立全国统一的数据要素登记管理制度，为各地数据要素登记工作开展提供指导。

二是推动建设全国统一的数据要素登记平台。目前我国已有国家数据共享交换平台、国家公共数据开放平台、全国一体化政务服务平台、全国信用信息共享平台，可为数据要素登记平台的建设提供数据、网络、安全等各方面的坚实支撑。建议充分运用区块链等技术，依托有较好工作基础和产业优势的地方联合建设国家数据要素登记平台，为数据要素登记工作开展提供技术支撑。同时，鼓励多元主体共同参与平台建设，拓宽数据产权登记的应用场景，加速数据产权登记价值向市场价格的转化，优化数据资产监管和授信结构。另外，数据产权登记参与者众多，只有调动社会各方力量共同参与，才能把数据产权登记制度向深处、实处推进，充分探索出好的经验做法。

三是鼓励顶层设计与地方试点相结合推进示范应用。为此，国家相关部门需要加快推进顶层制度建设，建立并完善全国数据产权登记体系。与此同时，要支持具备条件的地区结合地方数据要素市场发展实际大胆改革探索，在实践探索中逐步总结数据登记机构建设的有效方式，形成可复制、可推广的经验借鉴，为全国数据要素登记体系提供参考。另外，鼓励地方结合本地数据要素市场发育程度、数据产业发展情况、数据商产品交易模式和数据资源登记习惯等特点，研究数据产权登记的新方式，培育数据要素登记平台，增强数据要素登记平台和交易平台的互联，促进区域内外数据登记和交易平台的互联，逐步构建全国一体化数据要素登记体系。

第三节 数据要素市场监管制度

一、国内数据要素市场监管制度体系

《数据二十条》明确提出要完善数据全流程合规与监管规则体系。数据流通全流程监管既要满足提升市场流通效率的要求，也要满足隐私保护与保障国家安全的制度要求。因此数据要素全流程合规与监管体系包括流通市场的基础保障、参与者的安全合规要求、数据产品使用安全合规要求、数据产品流通效率要求以及全流程的监管要求等。

（一）建立"双支柱"数据市场监管体系

数据要素市场规范发展，全流程合规与监管体系的建立，既要发挥政府监管部门的监督指导作用，也要发挥市场自律机制作用，因此，未来的数据市场监管治理体系应建立政府监管机构和数据交易协会相互补充的"双支柱"模式。

一方面，政府监管可以有效防止数据垄断、恶意竞争等行为。虽然我国出台了一系列数据要素管理的文件制度，但全国性一体化监管体系尚未建立，数据要素监管分散在各个行业主管部门，部门间及政策间缺乏协调，数据分割、监管空白及管理重叠等各种问题都不同程度的存在，而且不同地区间在监管政策上也存在较大差异，影响了数据市场发展及数据资产价值的实现。因此，我国需要成立全国性统一的数据监管治理机构，整合跨部门、跨区域和跨层级的数据流通交易监管职能，避免市场监管、工业信息化部门、公安机关和网络信息管理等多个部门之间的监管空白。

另一方面，数据行业协会可以牵头制订市场标准、交易规则、评价机制、退出机制并对重要环节进行监管，发挥自律监管和协同监管职能，针对存在负面评价的数据供应商进行调查，及时制止违法违规交易。截至目前，我国已经成立了大量与大数据产业发展相关的行业协会，存在全国性、区域性及聚焦不同细分领域的协会，要充分调动发挥行业协会的自律及发展职能。同时，可发挥大数据平台的重要监督作用，将交易费用、信息披露、惩戒机制等手段，作为数据安全风险防范的第一道屏障，对风险事件及时进行汇报和披露，帮助政府监管机构优化监管策略和工具。

（二）建立数据流通准入标准规则体系

数据流通准入标准规则是指对进入数据要素流通交易的市场主体、数据产品（交易标的物）、基本规范等进行必要条件、必要程序或必要规则的设定，形成管理标准、技术标准或工作标准。建立数据流通准入标准规则是数据要素流通市场培育阶段需采取的必要措施，是建立数据市场准入的基础性规范。由于数据要素流通交易市场相对还不成熟，存在着市场管理经验缺失、交易更复杂、潜在风险更高、参与主体更多元等特点，市场自我调节能力不够，需要由政府、行业和企业共同参与建立数据流通准入标准规则，以维护市场建设的规范性和安全性，为数据要素市场安全高效运行提供基础保障。参与数据流通的市场主体有数据供应方、数据需求方、数据交易平台运营方、各类第三方服务商等，需要对各类参与者建立相关的市场准入标准和市场退出标准规则。

（三）建立数据分类分级授权使用规范和数据质量标准化体系

一方面，数据要素分类分级授权制度的前提是对数据进行分类和分级，由于数据来源量多面广，涉及各行各业，是一项系统工程，需要采取"标准配套、领域落地、快速迭代"的策略推进这项工作。加强行业主管部门与数据流通交易部门的协同合作，对重点应用领域率先开展分类分级标准建设，尽快形成行业标准或地方标准，为全国性数据要素分类分级制度提供基础。另一方面，确保数据产品的质量，是数据要素流通市场运行的必要前提。目前关于数据流通中的数据质量评价尚无合适的标准，因此，积极开展数据质量标准化体系的建设将是数据流通安全合规规则制定中的一项重要任务。要探索开展数据质量标准化体系建设，同时保障数据产品的流通效率。

（四）强化市场参与主体的数据合规治理

数据流通市场是一个多主体参与的市场，需要加强数据合规治理，以保障隐私和数据来源合法，并促进数据流通和交易规范。目前我国数据要素市场建设的探索刚刚开始，企业和机构对参与数据要素流通与交易业务持谨慎态度，参与数据流通的能力体系和制度体系尚未建立和健全。因此，需要加强数据治理与合规体系建设，从法治环境、发展战略、组织变革、制度完善、流程优化、技术支撑、文化建设等方面构建数据合规治理体系。同时，按照鼓励创新、公平保护原则，需要建立健全包容创新的容错纠错机制和监管体系，增强数据流通的监管力度，在确保数据流通全流程安全合规的前提下，对数据要素各参与方的劳动予以尊重、保护、规范和激励。

（五）依法取缔数据流通黑灰色产业

目前我国数据要素市场相关法律法规不健全，监管体系尚未完全建立，而数据黑市行为藏匿于不断迭代的数据技术背后，监管难度较大，再加上合法数据交易渠道缺乏，一定程度上阻碍了数据要素的正常流通，需求与供给之间出现断层，市场存在较大的投机和谋利空间，导致了一些非法数据收集及交易活动的出现，催生了数据黑市。我们必须健全数据市场监管制度，并充分借助市场力量和技术手段，坚决严厉打击黑市交易，依法取缔数据流通黑灰色产业，否则将出现"劣币驱除良币"的现象，严重影响到数据要素流通市场的建设，侵害数据相关利益者的权益，危及国家的安全和公民隐私的保护，最终会影响到我国数据经济的快速发展。

二、跨境数据要素市场监管

全球双边和多边贸易谈判越来越关注跨境数据流动，跨境数据监管已成为对外贸易过程中必不可少的部分。数据跨境流动能为包括传统制造业在内的几乎所有行业创造价值。为了使数据的贸易价值最大化，维护数据安全，解决数据运用过程中所产生的问题，有必要对跨境数据进行监管。《数据二十条》也提出了跨境数据监管要求。

（一）当前全球跨境数据主要监管模式

目前跨境数据监管模式在全球范围内存在明显的分歧，主要模式有三种，分别是以美国为代表的市场导向型模式、以欧盟为代表的价值保护导向模式和以日本、新加坡为代表的亚洲模式。

一是美国模式。美国模式的主要特点是主张数据自由流动。美国数字经济技术优势领先，产业基础雄厚，大型平台企业众多，业务遍布全世界，在全球数字经济中居于领先地位，因此美国反对数字贸易壁垒，期望通过推动数据流动，进入并占领国外市场，巩固本国数字产业优势地位。同时，美国为了维护本土利益，对中国等对其构成数字经济挑战和威胁的国家实行双标政策，以国家安全为由，设置数字壁垒，限制中资等企业进入美国市场，实质是为了制衡竞争对手，压缩他国对跨境数据的自主管控空间。

二是欧盟模式。欧盟模式的主要特点是注重保护公民隐私权，强调"充分性"认定。在数据规制标准方面，欧盟对内外实行不同的监管要求。对内提倡成员国之间数据自由流动，着力打造单一数据市场；对外要求数据跨境流动须以隐私权保护为基础，设置了较高的监管标准，要必须满足监管机构的"充分性"认定条件。与美国不同，欧盟更注重跨境数据流动规则话语权的争夺，并努力在数字产业发展、保障个人隐私和国家安全及数据流动之间保持平衡。能否实现这些目标尚待验证，但过高的监管标准导致交易成本增加、跨境流动效率下降的后果已经显现。

三是亚洲模式。亚洲模式主要特点是兼顾数据流动与安全，强调"多元共治"。除了中国外，其他亚洲国家数字经济规模与发展水平和欧美存在不小差距。亚洲国家之间因政治问题，很难形成统一的监管模式，目前亚洲国家主要通过 RCEP（Regional Comprehensive Economic Partnership，《区域全面经济伙伴关系协定》）等区域贸易协定推进跨境数据监管规则的共识。RCEP 关于数据跨境监管倡导"多元共治"的发展理念，在推动数据自由流动基础上，兼顾数据安全和产业发展。另外，考虑到各国数字经济发展水平和监管能力的差异，RCEP允许各缔约方保留较大的监管力度，并允许数字产业落后国家在一定限期内可以优先发展本土数字产业与完善数据立法框架，逐步向协定要求靠拢。亚洲模式为了化解美欧两种模式间的冲突而做出了规则上的折中处理，虽然能增强一定的兼容性，但其普适性仍有待观察。

（二）我国跨境数据监管框架

一是明确我国跨境数据监管理念。2023年9月，国家互联网信息办公室发布《规范和促进数据跨境流动规定（征求意见稿）》，对《数据出境安全评估办法》及个人信息保护认证、标准合同备案等相关规范在实践过程中企业存在的疑点进行了澄清、对数据出境监管难点进行了疏通，回应了国际贸易市场对我国数据跨境监管环境的忧虑。《规范和促进数据跨境流动规定（征求意见稿）》也做出了重大立法价值的转变。此前，我国关于数据出境战略的主要侧重点在于数据主权和数据安全，《规范和促进数据跨境流动规定（征求意见稿）》则是从促进数据跨境流通与数据交易的角度对原本的规范内容进行了调整，形成分场景的豁免条款和精细化的管理举措，为正常、合规、安全的数据跨境流动需求提供有力支持，可以相当程度地促进跨境数据流通，对数据的国际交流合作提供了重大利好。数据跨境规则的调整并不意味着数据安全合规重要性的降低。我们依然需要持续不断地完善数据合规的生态体系，尤其是发挥数据交易所这样的基础设施的功能。

二是建立起跨境数据监管的基础框架。我国应遵循"信任"、"公平"和"价值"全球数据治理理念，加快构建跨境数据监管框架，完善跨境数据监管制度，为跨境数据监管行动提供依据。包括建立和完善数据要素确权、交易流通、安全保护等在内的基础制度与标准规范，各行业部门的重要数据清单；建立分级授权的数据跨境管理机制，明确分级标准和重要数据目录，出台负面清单，制订出境实施细则；借鉴欧盟经验，构建双边或多边数据流通协议及贸易机制，实施数据贸易国家"白名单"，并通过双边和多边区域贸易协定，推进数据共治、共享、安全的跨境数据管理框架。

三是积极推动跨境数据监管的立法进程。我国已经在信息安全、网络安全方面做了顶层规划和立法，发布和出台了《中华人民共和国网络安全法》《个人信息和重要数据出境安全评估办法（征求意见稿）》等一系列相关法律法规。总体看，虽然我国已经构筑了数据跨境治理的基本框架，但与 CPTPP（Comprehensive and Progressive Agreement for Trans-Pacific

Partnership,《全面与进步跨太平洋伙伴关系协定》)、《美国-墨西哥-加拿大协议》、DEPA（Digital Economy Partnership Agreement,《数字经济伙伴关系协定》）等新一轮高水平自由贸易协定相比，还存在一定差距。目前超过 100 个国家和地区针对数据跨境流动进行了专门立法，相比之下，我国针对跨境数据管理，在立法体系、管理体制机制等方面还存在一些漏洞和短板。

四是要着重通过贸易机制、标准化机制和认证机制的多维联动缔造出全球范围内的数字信任共识。在贸易机制上，无论是何种平台，至少有三项内容需要优先获得澄清：跨境数据监管的规则与例外、因扭曲贸易而被禁止的具体监管措施以及他国在应对这些措施时所能适用的方法；在标准化机制上，法律规则和技术规则的进一步趋同是行动的主要目标，不同国家或地区间可借助既有的组织展开数据标准的共识性探索；在认证机制上，为了链接不同的监管模式，促使数据能在多个辖区内自由跨境，"互认协议"等的签订将是理想的选择。

五是建立跨境数据流动的全球治理框架。数据保护主义不仅会降低企业的运行效率，还迫使企业加大数据获取的投入力度，变相提高了生产成本，对中小企业的发展壮大尤为不利。通过跨境数据流动，企业获取更多个人数据来计算消费者的偏好，可以提供更优质的产品和服务。因此，我国应坚持开放思维，主动对标国际通用规则，构建数据共享机制，促进数据互联互通。要立足于全球视野，积极参与国际组织和机构会议活动，参与标准或协议制订。同时，顺应全球产业竞争态势和跨境数据流动趋势，在保障安全的基础上，加强全方位、多层次的国际合作，推动数据要素赋能国内国际双循环，并打破以美国为首的西方国家主导数据治理话语体系的企图。

（三）建立数据跨境流动安全管理机制

在安全层面，应当细化数据跨境流通各项数据安全规则相关内容，增强其可操作性。应严格遵循《数据出境安全评估办法》以及《数据出境安全评估申报指南（第一版）》的要求，加强数据出境安全评估。数据处理者因业务需要确需向境外提供数据，符合数据出境安全评估适用情形的，应当根据《数据出境安全评估办法》规定，进行数据出境安全评估，重点评估数据出境活动可能对国家安全、公共利益、个人或者组织合法权益带来的风险，并坚持事前评估和持续监督相结合、风险自评估与安全评估相结合，防范数据出境安全风险，保障数据依法有序自由流动。

第四节 数据要素治理体系

近年来,数据治理已成为各国高度重视的战略任务,各国均建立了适应本国战略需求的数据治理框架,我国初步形成了具有中国特色的数据治理体系。虽然我国数据治理立法和监管不断完善,但政府监管体系以及数据治理均面临诸多挑战,特别是缺乏系统化的数据治理架构,需要尽快建立多元共治的治理体系。

一、构建多方协同的数据治理格局

良好的数据治理格局的构建需要发挥政府、企业、社会多方协同及行业自律机制作用,明确各方权利和义务,强化市场规则和秩序规范。

一方面,强化政府和企业治理主体作用。政府作为市场规则的制定者和守卫者,要明确监管红线,守住安全底线,健全法律法规,明确权利和义务,开展合规检查,打造安全可信、包容创新、公平开放的市场环境,引导市场有序规范发展。鼓励企业参与市场治理,强化责任意识和自律意识,严格落实相关法律法规,健全数据登记及披露机制,打破数据垄断,促进公平竞争。

另一方面,充分发挥社会治理的协同作用。社会治理是数据治理体系中不可或缺的重要部分,行业协会是社会治理的重要组成部分,要鼓励行业协会等社会组织积极参与数据要素市场建设,充分发挥行业协会的自律机制、惩戒机制及监测机制作用,促进数据要素有序交易和安全流通。建立包含数据交易守信激励、失信认定和惩戒、信用修复、争议处置等内容的数据要素市场社会信用体系;畅通举报投诉和争议仲裁渠道,维护数据要素市场的良好秩序。

二、健全数据规则制度体系

一是进一步完善我国数据要素流通和交易规则制度。《数据二十条》虽创造性地提出了数据资源持有权、数据加工使用权、数据产品经营权的"三权分置"产权制度框架,但权利的内涵并不明确,国家在立法层面也未明确数据权属中的权利内容及保护程度。同时,当前我国与数据要素流通交易相关的规则体系缺失,特别是缺乏实施细则,导致大规模数据交易市场运行不畅。因此,当前我国需要尽快完善数据产权法律体系,从立法上明确各方权利和义务,保护各市场主体利益;确立数据要素交易规则,为数据要素流通和交易提供支持。

二是进一步完善我国数据安全规则制度。如何保护个人隐私和数据安全是数据治理中的重点，也是当前我国数据治理体系的重要环节。虽然我国已有相关法律，但具体实施细则不完善，不同行业法律之间缺乏协调性，而且缺乏专门的数据信息保护机构。因此，政府应广泛征求企业和行业组织的意见，建立健全包含数据交易隐私保护、安全标准、安全审查等的制度体系，同时出台实施细则，并加强政策及部门间的协调，增强政策法规可行性及实效性。

三是建立数据要素统计核算、标准及质量管理规则体系。要将数据生产要素纳入国民经济核算体系，建立符合我国实际的数据生产要素统计核算制度，科学评价数据生产要素的经济社会价值。探索制定数据产品和服务标准、数据贸易标准、数据质量标准、数据治理标准、数据价值标准等，统筹不同部门、不同领域的技术标准资源，形成权威一致、市场公认的数据技术标准体系。制定数据质量管理制度和规范，完善数据质量管理体系，规范数据使用和交易行为，有效保障数据的真实性、准确性和完整性。

三、构建数据技术开发体系

我国数字科技总体发展水平跻身世界前列，但与世界顶级水平相比仍然存在差距。我国必须集中力量强化关键核心技术自主攻关，加快构建支撑力和竞争力更强的数据技术开发体系。

一方面，加强数据开发利用的技术开发。要聚焦数据要素生产、采集、存储、加工、共享等各环节，加强数据技术和先进工具的开发，推动前沿领域技术创新以及融合应用；加大核心技术攻关力度，着力突破大数据建模、大模型算法、大数据关联等基础性原创性技术。同时，增加数字产业基础设施建设投入，优化空间和产业布局，强化技术载体支撑。

另一方面，加强保障数据流通交易安全的技术开发。要聚焦数据流通安全保障技术，加快推进软硬件的研究开发，特别是对关键环节和关键领域，强化重点技术自主开发攻关，加强知识产权保护，提高核心技术自主权；加快数据要素交易加密、可追溯、风险识别、安全评估等的技术研发，增强网络安全保障水平，提高风险预警和应急处置能力，提高数字技术衍生风险前瞻性研判能力。

四、健全数据共享合作体系

一方面，推动公共数据向社会开放，以公共数据资源目录体系为基础，建立公共数据开放管理制度，编制并动态更新公共数据开放目录，实现公共数据资源统一管理和开放。强化数据共享共用,拓宽数据开放渠道,在保障公共利益和个人隐私的前提下,推动公共数据资源开放共享、依法应用。积极参与全球数据要素市场合作竞争,加强数据开发利用的国际合作,顺应数据跨境流动趋势,健全数据跨境流动机制,建立与国际规则接轨的数据开放合作体系。

另一方面,搭建优质数据开放共享平台。数据流通的关键枢纽是数据交易平台,要明确数据交易平台的功能定位,搭建优质数据开放共享平台,解决交易分散化、碎片化问题。加强数据开发共享技术研发,制定规范数据开放共享制度,完善数据开放共享机制,提升数据治理成效。同时,加强部门间的数据流通,强化安全保障措施,实现数据共享安全。另外,在数据要素交易中引入数据经纪人,承担价值发现、价格评估、组织交易等市场性功能。

五、强化数据合规指导和安全治理体系

为了促进数据合规治理,需要监管部门加强协助和指导,牵头制订出台技术指南、行业标准、合规指引,完善数据分类分级体系,明确各类合规措施的适用范围。同时,丰富监管方式,探索行业自律机制,加强合规意识引导,推动数据交易者自律合规。

建立健全我国数据安全治理体系。贯彻落实《中华人民共和国数据安全法》《中华人民共和国个人信息保护法》等法律法规,健全数据安全治理体系,鼓励数据依法有效利用,促进个人信息数据合理利用和数据依法有序流动,保障数据全生命周期安全。健全数据信息安全监管机制,优化数据风险控制流程,确保数据使用行为的合法性。完善大数据环境下的数据分类分级安全保护制度,健全数据安全审查制度,落实严格规范的安全保障措施。

六、加强数据治理国际交流合作

数据治理已经成为全球焦点议题,超过 140 个经济体出台了数据治理法律法规。由于数字经济发展水平、监管理念及利益诉求不同,各国数据治理重点、规则、方法和路径也有明显差别。但本质上,治理规则之争是国家话语权和利益之争。要提升我国话语权,必须深入参与国际高标准数据治理规则的制定。

美国将中国列为最强有力的竞争对手,近些年为了维护在全球市场中的地位,确立并巩固在数字领域的利益和话语权,美国在亚太地区积极推

广数据治理规则，拓展自己的国际空间，限制和打压我国的数字产业。为此，我国要积极应对。一方面，要通过向 APEC（Asia-Pacific Economic Cooperation，亚太经济合作组织）、OECD（Organisation for Economic Co-operation and Development，经济合作与发展组织）等多边机构先进治理框架靠拢，以及寻求与其他国家合作，推动建立符合区域数字经济发展要求的跨境数据流动标准，主动应对美国的挑战。另一方面，要系统地比较分析不同经济体的国际数据治理规则，积极沟通，减少冲突，依托 RCEP 和 CPTPP 等高水平双边或区域经贸协定，与国际先进经贸投资规则相衔接，推动全球跨境数据治理标准达成共识。

第十一章 研究结论与展望

第一节 研 究 结 论

近年来,随着全球数字经济的蓬勃发展,数据量及其交易规模也在飞速上升,据预测,2026年中国数据生产量将居于世界首位。在政策方面,自2017年12月习近平总书记指出"要构建以数据为关键要素的数字经济"以来,关于构建更加完善的要素市场化配置体制机制的纲领性文件纷纷出台。与此同时,我国数据市场历经十余年的发展,经过了萌芽发展阶段、快速增长阶段、升级发展阶段,现在面临着一些现实困境,如:数据尚无法确定公允价值、数据交易量与海量的数据产量相比明显不足、数据市场头部企业的"数据自留"是导致数据交易不足的重要原因、规范的场内交易在全部数据交易中占比过小、现有大数据交易平台并未实现促进数据交易的初衷、数据交易定价方法无法有效促进数据交易,这些现实问题亟待研究解决。

在理论研究方面,本书运用CiteSpace软件对国内外数据要素相关研究进行的文献计量分析和可视化展示的结果显示:国内外文献共同的研究热点是数据要素的特征、数据要素的确权、数据要素对经济发展的促进作用及其机理;国外文献对数据要素提升微观企业效率或增加宏观产出的研究更注重模型分析,而国内的研究则以定性分析为主;目前关于数据要素市场构建的全局性研究不足,尚未形成一个系统、全面、包含数据要素从估值到交易各环节的完整研究。因此,作者在陆岷峰和欧阳文杰(2021)"构建二级数据资产市场"的观点基础上做了修正,提出数据要素交易市场双核心环节理念,认为:我国数据要素市场的构建应该从数据要素估值环节、数据要素交易环节两个核心环节入手,从微观上开始分析、从环节上进行梳理、从机制上进行把握,对我国数据市场构建问题进行细致、深入、全面的阐述。

一、数据要素估值环节

综合有关文献，本书创造性地将现有数据估值方法按照数据要素发展的三个阶段进行分类梳理，结果发现：在数据要素社会价值显著阶段，不少企业对数据要素进行估值的需求很强烈，但此阶段适用的两种模型较少有研究者进行估值的尝试，有鉴于此，本书第四章、第五章分别选定相关典型企业，基于数据势能模型和拓展 B-S 模型进行案例研究，以弥补现有研究的不足。

（一）对浪潮健康运用数据势能模型进行案例研究

由于案例企业所拥有的医疗健康大数据具有准公共性质，并且由于其数据要素发展所处阶段的特点——目前数据变现能力较弱、社会价值大于经济价值、经济价值在不断蓄积"势能"——传统的评估模型和其他一些新兴的评估方法，如实物期权法、神经网络模型等均不适用该案例，但数据势能模型具有适用性。

利用数据势能模型对浪潮健康的数据要素进行估值的过程中，可以观测到：①浪潮健康数据要素经济价值在稳定上升，2019 年之前社会价值仍大于经济价值；②2020 年开始，由于疫情，浪潮健康加速了与政府、企业和医疗机构的端口对接，数据量迅速提升，数据服务在外部环境催化下，深度和广度上都得以跨越式发展，其经济价值也迅速提升，经济价值开始高于社会价值；③社会价值反映系数 h 的下降并不意味着其社会价值的降低，该值更多的是反映与经济价值相比，社会价值在资产价值评估起到的相对作用的大小。

通过系统的分析计算，最终得出：①就总量来看，浪潮健康在 2019~2021 年数据要素的总价值分别是 3.66 亿元、8.55 亿元以及 8.18 亿元，数据要素价值分别以 54.20%和 7.96%的速度实现增长。②就增速来看，2021 年，浪潮健康的数据要素的价值相较于 2019 年有了较大提升，但是增速相较于 2020 年有一定下降。这主要是因为 2020 年前后新冠疫情暴发，作为医疗健康数据领域的龙头企业，浪潮健康承接试点任务、与政府和企业加强合作，促进企业软硬件的升级，极大地促进了数据要素的发展；到 2021 年，进入了疫情防控常态化阶段，在疫情监测、预防等服务功能可以稳定提供的同时，浪潮健康继续探索其平台生态的发展，探索人工智能以及人工智能在本行业的应用，恢复了正常的发展速度。

综合来看，虽然数据势能模型还不尽完善，但鉴于浪潮健康这一评估主体的特殊性，其他的估值模型更难在该案例主体企业中得以运用，所以总体上数据势能模型的适用性和科学性还是目前最优的。

（二）对微博运用拓展 B-S 模型进行案例研究

由于案例企业所拥有的数据资源具有实物期权特性，本案例适用实物期权模型，但同时，由于普通 B-S 模型对初始价值的计算方法未能考虑案例企业社交平台的用户价值，可能造成价值低估，本书将 DEVA 模型修正后，与 B-S 模型结合，用于评估典型互联网企业微博的数据要素价值。

通过分析计算，最终得出：微博在 2019~2022 年数据要素的总价值分别是 350.89 亿元、233.70 亿元、407.53 亿元、320.86 亿元，数据要素的价值始终低于总市值，同时都高于数据要素的维护成本，估值结果经过敏感性分析和相关验证，证明结果具备较高的可信度和稳定性。

此外，在将 DEVA 模型与实物期权法相结合，对微博数据要素进行估值的同时，还得出了以下结论：①在对互联网行业特别是移动社交企业的数据要素价值进行评估时，必须从用户视角出发，才能构建出完整的价值创造链条。②相较于传统行业常用的资产评估方法，本案例采用的拓展 B-S 评估方法更契合互联网企业的特征，更适用于其数据要素价值的评估。

二、数据要素交易环节

数据要素交易环节包含的基本要素有：交易原则、交易客体、交易主体、交易模式、交易机制等。本书梳理了目前国内外有关数据交易的理论研究现状，发现成果主要集中在交易制度、发展路径、商业模式以及法律问题等方面，其中法律问题是交易的前提，制度设计是基础，而现有文献（特别是国内文献）大多是定性分析。同时，对我国数据要素交易环节实践现状的分析，大体可以看出目前的问题是：交易主体不活跃、交易客体质量差、交易机制不健全、交易环境不完善。因此，本书第七章至第九章对上述问题展开分析。

（一）交易主体分析及其培育策略

鉴于目前国内数据交易以场外交易为主，通过平台等第三方的场内交易不活跃，本书引入社会网络分析法分析了场外交易模式下形成的社会网络及其特征，发现：从网络整体特征来看，以通信技术服务、电信增值服务、信息技术服务、互联网相关服务为代表的大数据企业的整体网络密度较小、结构松散、聚类系数较小、企业之间的连接程度较弱，平均联系路径较长；从网络的中心性来看，各行业之间的联系都主要集中在中心节点企业，其与对应的供应商和客户之间的联系较少，点度中心度的波动很大，且存在大量点度中心度为0的企业；中介中心度的指标值显示大部分企业对于其他企业的影响较小，对信息和资源的控制能力较弱；接近中心度的波动相对较小，最大值、最小值和平均值都较大，主要原因是大量中小企业与剩余企业之间交易较少，构成的"距离"较远，且这类企业之间接近中心度差异较小。

接下来，本书以典型企业为例，对大型数据供应商、中小型数据供应商、数据交易平台进行分析，在全面了解其现状及发展瓶颈的基础上，提出我国数据要素交易主体培育的相应策略：发挥大型数据供应商的龙头作用；强化大型数据供应商的集聚效应；扶持中小型数据供应商；培育多样化市场中介机构；推动市场需求侧改革。

（二）数据要素交易机制分析及其完善策略

数据要素交易机制的分析仍区分场外交易和场内交易两种模式。

在场外交易模式下，通过建立三阶段Rubinstein讨价还价博弈模型，重点研究了数据交易的定价机制。

首先设定讨价还价博弈模型的初始情况，求解得到初始均衡价格；再结合了数据交易中存在的外部性问题，从理论方面解释了国内数据市场不活跃、交易定价难以形成的内在原因。

其次，为了降低外部性带来的不利影响，提高数据交易的成功率，从以下三个方面探索解决方案。①短期策略：政府层面建立激励约束机制，博弈分析显示，一方面，该策略有利于数据价格回归正常水平，另一方面，数据交易的成功率则取决于供需双方对违约惩罚的信任程度，因此对报价空间的影响存在不确定性。但是，当法律约束和惩罚制度完全发挥作用时，数据交易能够与传统产品相同，成功率将明显提升。②中期策略：行业层面发挥产业联盟作用，博弈分析显示，一方面，该策略有助于数据外部性对供需双方预期价格的非对称影响消失，导致数据交易的成功率明显提升，另一方面，均衡价格水平较之前降低，有利于整体社会福利提升。③长期策略：技术层面推进区块链应用，博弈分析显示，该策略的效果与中期策略的效果类似，一方面提高了数据交易的成功率，另一方面降低了均衡价格。

最后，为了更加直观地反映数据要素均衡价格形成过程中外部性的不利影响以及三种政策的作用效果，本书在对参数校准的基础上，以数值模拟的方式对均衡解进行了计算，并将计算结果以图形方式表达出来。

相较于目前实践中多见的场外交易模式，场内交易则是我国近年来一直在大力推行的数据交易模式。本书在第八章后半部分将场内交易模式下的研究重点放在交易中介上，重点对目前试行的经纪人机制的实践及其完善策略进行了阐述。

结合上面两部分的分析，第八章提出完善数据交易机制的对策建议：完善数据要素相关的政策法规和监管机制；发挥政府激励约束机制；支持数据产业联盟模式规范发展；探索区块链技术在数据交易中的应用；完善数据经纪人制度。

（三）数据要素市场结构-绩效分析及绩效提升策略

大数据时代涌现出一批"数字巨头"，随之出现了特殊的"高度垄断"与"激烈竞争"并存的市场结构，具体到数据市场，也可以看到同样的现象，第九章对数据要素市场进行了结构-绩效的实证分析，结果显示：①我国数据市场的现状总体上符合产业组织理论假说中的市场力量假说，即可以通过提高企业的市场份额提高企业的绩效；②对数据交易市场所涉及的行业进行更为详细的划分后可以发现，不同的细分行业分别符合市场力量假说的不同情况。互联网及相关行业、信息安全及服务行业支持RMP假说，在这两个行业中只有市场份额大、实现了产品差异化的企业才能运用市场力量获得超额利润；软件行业则支持传统市场力量假说，即企业只要通过提高市场份额、增加市场力量，就能从不利于消费者的定价中获得较高的利润。针对上述结论，第九章从宏观、中观、微观层面，提出了提升我国数据市场企业绩效的对策建议。

在围绕我国数据要素市场估值、交易两个核心环节，系统地阐述了数据要素市场构建问题之后，第十章对数据要素市场相关的一些保障制度，如数据要素确权制度、数据产权登记制度、数据要素市场监管制度、数据治理体系构建等进行了探讨，对交易市场构建的相关政策环境进行了全面论述。

第二节 不足与展望

本书克服了目前我国数据市场上研究资料少、定量数据少、典型案例少、公开信息少等困难，在有限的数据资料基础上，又通过调查访谈、手动收集、理论推演等方式尽可能地多渠道补充素材，尽最大可能让研究能够更深入、细致。但囿于现实条件和个人能力，本书仍不可避免地存在不足。

第一，鉴于目前数据市场上知名的互联网大型企业，如阿里巴巴、百度、腾讯、京东、美团等，大部分未在境内证券市场上市，同时，一些典型的中小型企业又未能上市，因此在进行实证分析时，样本企业未能包含上述非上市企业。对此，本书通过典型案例分析等方式弥补了上述不足，但仍然存在缺憾，后期将持续保持关注，如果上述企业能够上市、公开更多信息，将在实证研究中加入这些样本。

第二，鉴于目前数据交易的大部分具体信息，如交易标的、交易额、价格信息等均为非公开信息，因此本书在交易机制分析时只能采用博弈模型进行理论推演。今后如果能获得相关信息，将能够做更具体、深入的研究。

总之，由于我国数据市场的发展时间短、层次不高、各方面还不完善，因此对其的研究也不尽完善。但随着宏观政府层面对数据市场的关注、中观行业层面数据产业的发展、微观企业层面数据资产入表等举措的实施，我国数据要素市场一定会加速发展，对它的理论研究也一定会日臻完善。

参 考 文 献

闭珊珊, 杨琳, 宋俊典, 2020:《一种数据资产评估的 CIME 模型设计与实现》,《计算机应用与软件》第 37 卷.

蔡华, 2009:《中国财产保险市场结构、效率与绩效关系检验》,《广东金融学院学报》第 24 卷.

曹萍萍, 徐晓红, 李壮壮, 2022:《中国数字经济发展的区域差异及空间收敛趋势》,《统计与决策》第 38 卷.

曹鑫, 欧阳桃花, 黄劲松, 等, 2020:《基于共同演化的 B2B 平台策略研究: 京东新通路案例》,《管理评论》第 32 卷.

茶洪旺, 蔡高楼, 2017:《基于 DEA 方法的中国大数据企业创新绩效评价研究》,《北京邮电大学学报(社会科学版)》第 19 卷.

陈兵, 赵秉元, 2021:《数据要素市场高质量发展的竞争法治推进》,《上海财经大学学报》第 23 期.

陈芳, 余谦, 2021:《数据资产价值评估模型构建: 基于多期超额收益法》,《财会月刊》第 23 期.

陈敬学, 2004:《我国银行业市场结构与市场绩效的实证研究》,《金融论坛》第 5 期.

陈立梅, 邵丽娟, 朱卫, 2021:《大数据企业技术创新效率影响机制研究》,《南京邮电大学学报(社会科学版)》第 23 卷.

陈璐, 2006:《保险产业市场结构和市场绩效的关系研究》,《经济经纬》第 6 期.

陈向华, 耿玉德, 2011:《东北国有林区林业产业集中度、效率与绩效的实证分析》,《农业经济》第 3 期.

陈小亮, 陈伟泽, 2017:《垂直生产结构、利率管制和资本错配》,《经济研究》第 52 卷.

陈晓芳, 2017:《大数据类上市公司技术创新效率研究》, 合肥, 安徽大学.

陈甬军, 周末, 2009:《市场势力与规模效应的直接测度: 运用新产业组织实证方法对中国钢铁产业的研究》,《中国工业经济》第 11 期.

陈志注, 王宏志, 熊风, 等, 2018:《大数据拍卖的定价策略与方法》,《中国科学技术大学学报》第 48 卷.

陈舟, 郑强, 吴智崧, 2022:《我国数据交易平台建设的现实困境与破解之道》,《改革》

第 2 期.

程啸, 2018: 《论大数据时代的个人数据权利》, 《中国社会科学》第 3 期.

崔国斌, 2019: 《大数据有限排他权的基础理论》, 《法学研究》第 41 卷.

崔国钧, 潘宝玉, 李宏伟, 等, 2006: 《地质矿产数据资产管理利用探讨》, 《山东国土资源》第 4 期.

德勤, 阿里研究院, 2019: 《数据资产化之路: 数据资产的估值与行业实践》, http://blog.kurokoz.com/wp-content/uploads/2021/11/1636720863-389-valuation-of-data-assets-and-industry-practices.pdf[2024-11-26].

邓一航, 涂晓艺, 陈露, 等, 2021: 《我国大数据产业的投入产出效率研究》//中国统计教育学会, 教育部高等学校统计学类专业教学指导委员会, 全国应用统计专业学位研究生教育指导委员会. 《2021 年(第七届)全国大学生统计建模大赛获奖论文集(二)》. 北京, 中国统计出版社, 第 2105-2158 页.

丁传琛, 2023: 《铁路数据价值评估方法初探》, 《铁道经济研究》第 4 期.

窦悦, 易成岐, 黄倩倩, 等, 2022: 《打造面向全国统一数据要素市场体系的国家数据要素流通共性基础设施平台: 构建国家"数联网"根服务体系的技术路径与若干思考》, 《数据分析与知识发现》第 6 卷.

杜传忠, 2006: 《网络型寡占市场结构与企业技术创新: 兼论实现中国企业自主技术创新的市场结构条件》, 《中国工业经济》第 11 期.

房毓菲, 2023: 《推动协同治理 健全数据治理体系》, 《中国信息界》第 1 期.

冯科, 2022: 《数字经济时代数据生产要素化的经济分析》, 《北京工商大学学报(社会科学版)》第 37 卷.

弗若斯特沙利文(北京)咨询有限公司, 头豹信息科技南京有限公司, 大数据流通与交易技术国家工程实验室, 等, 2023: 《2023 年中国数据交易市场研究分析报告》, https://www.digitalelite.cn/h-nd-8058.html[2024-11-27].

傅昌銮, 2015: 《不同类型农村中小金融机构绩效的决定: 基于浙江省的研究》, 《农业经济问题》第 36 卷.

傅瑜, 隋广军, 赵子乐, 2014: 《单寡头竞争性垄断: 新型市场结构理论构建: 基于互联网平台企业的考察》, 《中国工业经济》第 1 期.

干春晖, 钮继新, 2003: 《网络信息产品市场的定价模式》, 《中国工业经济》第 5 期.

高富平, 冉高苒, 2022: 《数据要素市场形成论: 一种数据要素治理的机制框架》, 《上海经济研究》第 9 期.

高丽华, 2014: 《基于社会化媒体平台的互动仪式传播》, 《中国出版》第 14 期.

高蓉蓉, 吴敏, 2014: 《市场力量假说与效率结构假说在中国银行的检验: 基于产业组织理论视角》, 《贵州财经大学学报》第 2 期.

高太山, 2022-08-18: 《以场景化数据服务激活数据要素价值》, 《人民邮电报》第 6 版.

高文忠, 王进江, 李永刚, 2023: 《数据资产评估中增量收益法的参数度量及改进》, 《中国资产评估》第 5 期.

桂祥, 2021: 《大数据时代个人信息中间商模式分析》, 《上海对外经贸大学学报》第

28 卷.

郭建峰, 王丹, 樊云, 等, 2017: 《互联网企业价值评估体系研究: 基于实物期权模型的分析》, 《价格理论与实践》第 7 期.

国瀚文, 2021: 《数字经济视域下大数据交易管理法律模型建构研究》, 《中国应用法学》第 6 期.

韩海庭, 2020: 《数据如何赋能数字经济增长》, 《新金融》第 8 期.

何琦, 胡斌, 庄清, 2021: 《数字内容产业创意网络结构与演化特征研究: 基于 2012~2019 年中国电影数据的实证》, 《软科学》第 35 卷.

贺春临, 2004: 《我国银行业的市场结构与绩效研究》, 《经济评论》第 6 期.

洪玮铭, 姜战军, 2019: 《数据信息、商品化与个人信息财产权保护》, 《改革》第 3 期.

洪银兴, 2020: 《关于要素市场化配置改革》, 《图书与情报》第 3 期.

侯彦英, 2021: 《数据资产会计确认与要素市场化配置》, 《会计之友》第 17 期.

胡继晔, 杜牧真, 2021: 《数字平台垄断趋势的博弈分析及应对》, 《管理学刊》第 34 卷.

胡剑, 戚湧, 2023: 《数字经济背景下的数据治理模式研究与应用》, 《南京理工大学学报(社会科学版)》第 36 卷.

胡凌, 2022: 《数据要素财产权的形成: 从法律结构到市场结构》, 《东方法学》第 2 期.

胡雯镟, 任政亮, 2020: 《基于收益法的互联网企业价值评估: 以阿里巴巴为例》, 《商讯》第 28 期.

胡瑶琳, 余东雷, 王健, 2022: 《"健康中国"背景下的健康医疗大数据发展》, 《社会科学家》第 3 期.

黄海, 2021: 《会计信息化下的数据资产化现状及完善路径》, 《企业经济》第 40 卷.

黄慧, 汪波, 2008: 《市场结构的区域房地产业市场绩效》, 《工业工程》第 11 卷.

黄丽华, 窦一凡, 郭梦珂, 等, 2022: 《数据流通市场中数据产品的特性及其交易模式》, 《大数据》第 8 卷.

黄倩倩, 赵正, 刘钊因, 2022: 《数据流通交易场景下数据质量综合管理体系与技术框架研究》, 《数据分析与知识发现》第 6 卷.

嵇尚洲, 沈诗韵, 2022: 《基于情景法的互联网企业数据资产价值评估: 以东方财富为例》, 《中国资产评估》第 2 期.

纪海龙, 2018: 《数据的私法定位与保护》, 《法学研究》第 40 卷.

江东, 袁野, 张小伟, 等, 2023: 《数据定价与交易研究综述》, 《软件学报》第 34 卷.

姜玉勇, 2021: 《大数据资产价值评估研究: 一个分析框架》, 《经济研究导刊》第 8 期.

姜跃春, 陈运森, 2023: 《跨境数据治理: 理念、模式与中国选择》, 《海外投资与出口信贷》第 1 期.

巨荣良, 2003: 《网络经济的产业组织理论分析》, 《社会科学辑刊》第 4 期.

康旗, 韩勇, 陈文静, 等, 2015: 《大数据资产化》, 《信息通信技术》第 9 卷.

孔艳芳, 刘建旭, 赵忠秀, 2021:《数据要素市场化配置研究: 内涵解构、运行机理与实践路径》,《经济学家》第 11 期.

〔美国〕柯林斯, 2009:《互动仪式链》, 林聚任, 王鹏, 宋丽君, 译, 上海, 商务印书馆, 第 86 页.

李百吉, 2008:《我国商业银行结构、效率与绩效关系研究》,《中央财经大学学报》第 11 期.

李标, 孙琨, 孙根紧, 2022:《数据要素参与收入分配: 理论分析、事实依据与实践路径》,《改革》第 3 期.

李秉祥, 任晗晓, 2021:《大数据资产的估值》,《会计之友》第 21 期.

李成熙, 文庭孝, 2020:《我国大数据交易盈利模式研究》,《情报杂志》第 39 卷.

李德恩, 2020:《数据权利之法律性质与分段保护》,《理论月刊》第 3 期.

李菲菲, 关杨, 王胜文, 等, 2019:《信息生态视角下供电企业数据资产管理模型及价值评估方法研究》,《情报科学》第 37 卷.

李海舰, 赵丽, 2021:《数据成为生产要素: 特征、机制与价值形态演进》,《上海经济研究》第 8 期.

李虹, 鲍金见, 陈文娟, 2020:《大数据视角下物流企业数字资产评估研究: 以顺丰速运公司为例》,《中国资产评估》第 10 期.

李晶晶, 2023:《我国数据要素交易制度的构建与完善》,《湖北社会科学》第 8 期.

李俊丽, 2018:《基于 DEA 的大数据企业经营绩效评价研究》, 哈尔滨, 哈尔滨工程大学.

李凯, 李相辰, 2021:《谈判势力视角下平台独占交易行为效应研究: 兼论中国 B2C 市场的"二选一"与反垄断规制》,《管理评论》第 33 卷.

李文莲, 夏健明, 2013:《基于"大数据"的商业模式创新》,《中国工业经济》第 5 期.

李永红, 李金鸷, 2017:《互联网企业数据资产价值评估方法研究》,《经济研究导刊》第 14 期.

李永红, 张淑雯, 2018:《数据资产价值评估模型构建》,《财会月刊》第 9 期.

李泽红, 檀晓云, 2018:《大数据资产会计确认、计量与报告》,《财会通讯》第 10 期.

林飞腾, 2020:《基于成本法的大数据资产价值评估研究》,《商场现代化》第 10 期.

林琳, 陈哲, 潘宏筠, 2023:《我国多层次数据要素市场交易体系概念界定与形成机理》,《数字经济》第 9 期.

刘畅, 2020:《基于二阶段 DEA 的大数据企业技术创新效率研究》, 重庆, 重庆工商大学.

刘传明, 尹秀, 王林杉, 2020:《中国数字经济发展的区域差异及分布动态演进》,《中国科技论坛》第 3 期.

刘江峰, 王虹, 2005:《我国保险产业市场结构与绩效的关联性分析》,《软科学》第 5 期.

刘金钊, 汪寿阳, 2022:《数据要素市场化配置的困境与对策研究》,《中国科学院院刊》第 37 卷.

刘军, 2004:《企业业绩评价发展的理性思考》,《内蒙古科技与经济》第 10 期.

刘满凤, 杨杰, 陈梁, 2022:《数据要素市场建设与城市数字经济发展》,《当代财经》第 1 期.

刘琦, 童洋, 魏永长, 等, 2016:《市场法评估大数据资产的应用》,《中国资产评估》第 11 期.

刘瑞明, 石磊, 2011:《上游垄断、非对称竞争与社会福利: 兼论大中型国有企业利润的性质》,《经济研究》第 46 卷.

刘松, 2022:《支付行业数据价值: 理论基础、形成机制与问题建议》,《金融发展研究》第 1 期.

刘伟, 2014:《买方市场势力与卖方绩效: 基于我国制造业数据的实证检验》,《财经问题研究》第 7 期.

刘小鲁, 王泰茗, 2022:《数据要素市场中的确权与规制: 研究综述》,《中国人民大学学报》第 36 卷.

刘亚婕, 高伟, 李成海, 2018:《市场结构、效率与企业绩效: 对我国风电产业的一项实证》,《产经评论》第 9 卷.

刘英恒太, 杨丽娜, 2021:《中国数字经济产出的空间关联网络结构与影响因素研究》,《技术经济》第 40 卷.

刘玉, 2014:《浅论大数据资产的确认与计量》,《商业会计》第 18 期.

柳峰, 高绍林, 2021:《数据要素市场发展的立法范式研究》,《信息安全研究》第 7 卷.

卢山冰, 万睿, 周向民, 2011:《中国风机行业市场结构、效率与绩效关系实证研究》,《生产力研究》第 4 期.

陆岷峰, 欧阳文杰, 2021:《数据要素市场化与数据资产估值与定价的体制机制研究》,《新疆社会科学》第 1 期.

陆志鹏, 2021:《数据要素市场化实现路径的思考》,《中国发展观察》第 14 期.

〔英国〕罗宾逊, 1936:《不完全竞争经济学》, 王翼龙, 译. 北京, 华夏出版社.

马建威, 米万东, 张保平, 2023:《数据资产研究热点及趋势分析: 基于 Cite Space 的知识图谱分析》,《会计之友》第 4 期.

马滔, 刘婷, 皇甫震, 等, 2022:《价值互补性、数据披露与交易策略》,《系统管理学报》第 31 卷.

马紫琪, 2019:《大数据产业联盟数据产品及服务定价方法研究》, 哈尔滨, 哈尔滨理工大学.

〔英国〕迈尔-舍恩伯格 V, 库克耶 K, 2013:《大数据时代》, 周涛, 译, 杭州, 浙江人民出版社, 第 20-37 页.

毛凯丰, 柴小青, 欧建平, 2016:《中国啤酒产业市场结构与市场绩效的关联性研究》,《重庆大学学报(社会科学版)》第 22 卷.

孟祎, 2018:《基于 DEA-Tobit 模型的大数据类上市公司运营绩效及影响因素研究》,《当代会计》第 5 期.

牟冬梅, 彭浩, 华树成, 等, 2023:《电子病历数据势能模型研究》,《现代情报》第

43 卷.

南都大数据研究院，2022-04-06：《合规交易通道未普及，超九成数据交易来自"场外"》，《南方都市报》第 16 版.

倪渊，李子峰，张健，2020：《基于 AGA-BP 神经网络的网络平台交易环境下数据资源价值评估研究》，《情报理论与实践》第 43 卷.

欧阳日辉，2022：《我国多层次数据要素交易市场体系建设机制与路径》，《江西社会科学》第 42 卷.

欧阳日辉，杜青青，2022：《数据要素定价机制研究进展》，《经济学动态》第 2 期.

欧阳日辉，龚伟，2022：《基于价值和市场评价贡献的数据要素定价机制》，《改革》第 3 期.

潘康，2019：《大数据企业融资效率及其影响因素研究》，贵阳，贵州财经大学.

彭慧波，周亚建，2019：《数据定价机制现状及发展趋势》，《北京邮电大学学报》第 42 卷.

彭琦，2006：《中国商业银行绩效决定因素的实证研究》，成都，西南财经大学.

普华永道，2021：《开放数据资产估值白皮书》，https://www.cbdio.com/BigData/2021-07/12/content_6165914.htm[2024-11-27].

戚聿东，刘欢欢，2020：《数字经济下数据的生产要素属性及其市场化配置机制研究》，《经济纵横》第 11 期.

钱学锋，张洁，毛海涛，2019：《垂直结构、资源误置与产业政策》，《经济研究》第 54 卷.

秦荣生，2020：《企业数据资产的确认、计量与报告研究》，《会计与经济研究》第 34 卷.

秦宛顺，欧阳俊，2001：《中国商业银行业市场结构、效率和绩效》，《经济科学》第 4 期.

曲创，刘重阳，2016：《平台厂商市场势力测度研究：以搜索引擎市场为例》，《中国工业经济》第 2 期.

曲创，刘重阳，2019：《平台竞争一定能提高信息匹配效率吗？——基于中国搜索引擎市场的分析》，《经济研究》第 54 卷.

冉从敬，唐心宇，何梦婷，2022：《数据信托：个人数据交易与管理新机制》，《图书馆论坛》第 42 卷.

冉光和，肖渝，2014：《市场势力、收入多元化与商业银行绩效》，《金融论坛》第 19 卷.

任紫娴，陈思，2023：《基于文本分析法改进的社交电商数据资产评估：以拼多多为例》，《中国资产评估》第 10 期.

上海市数商协会，上海数据交易所有限公司，复旦大学，等，2022：《全国数商产业发展报告（2022）》，https://13115299.s21i.faiusr.com/61/1/ABUIABA9GAAg-5OInAYorbvY2wQ.pdf[2024-11-27].

上海数据交易所研究院，2022：《金融业数据流通交易市场研究报告》，https://www.

13115299.s21i.faiusr.com/61/1/ABUIABA9GAAgj9WNnAYo4pX-9gQ.pdf[2024-11-27].

邵汉华,杨俊,廖尝君,2014:《中国银行业的竞争度与效率:基于102家商业银行的实证分析》,《金融论坛》第19卷.

邵立敏,2022:《政务数据资产化路径与交易模式研究:基于数字经济背景》,《财会通讯》第6期.

邵小彧,朱佳玲,刘云强,2021:《我国工业技术创新空间关联的时空演化及影响因素:基于规模以上工业企业数据的分析》,《地域研究与开发》第40卷.

申卫星,2020:《论数据用益权》,《中国社会科学》第11期.

盛国辉,2004:《我国商业银行业的市场结构与绩效分析》,成都,西南财经大学.

石艾鑫,邰鼎,谢婧,2017:互联网企业数据资产价值评估体系的构建》,《时代金融》第14期.

史普润,曹佳颖,贾军,2021:《基于消费者数据价值的垄断网络平台定价机理与反垄断启示》,《数学的实践与认识》第51卷.

宋栋,张雷,苏马婧,2020:《基于AHP-模糊综合评价法的泄露数据价值评估模型》,《信息技术与网络安全》第39卷.

宋方青,邱子键,2022:《数据要素市场治理法治化:主体、权属与路径》,《上海经济研究》第4期.

宋健,刘艳,2006:《影响证券业市场绩效的因素研究》,《金融与经济》第5期.

宋杰鲲,张业蒙,赵志浩,2021:《企业数据资产价值评估研究》,《会计之友》第13期.

宋炜,张彩红,周勇,等,2022:《数据要素与研发决策对工业全要素生产率的影响:来自2010-2019年中国工业的经验证据》,《科技进步与对策》第39卷.

苏治,荆文君,孙宝文,2018:《分层式垄断竞争:互联网行业市场结构特征研究:基于互联网平台类企业的分析》,《管理世界》第34卷.

孙健,张春海,刘春红,等,2014:《我国保险业市场结构、效率与绩效》,《南京审计学院学报》第11卷.

孙俐丽,吴建华,袁勤俭,2017:《B2C企业数据资产质量影响因素研究》,《情报理论与实践》第40卷.

孙莹,2023:《企业数据确权与授权机制研究》,《比较法研究》第3期.

孙玉涛,张宏烨,姜琳,2022:《贡献者还是中间人:中央部门在创新政策网络治理中的角色:一项1980—2019年的实证研究》,《科学学与科学技术管理》第43卷.

谭明军,2021:《论数据资产的概念发展与理论框架》,《财会月刊》第10期.

唐薇,2016:《大数据交易会计处理问题研究》,《财会研究》第7期.

唐要家,2021:《数字平台反垄断的基本导向与体系创新》,《经济学家》第5期.

唐要家,唐春晖,2020:《数据要素经济增长倍增机制及治理体系》,《人文杂志》第11期.

唐要家,唐春晖,2022:《数据价值释放的理论逻辑、实现路径与治理体系》,《长白学刊》第1期.

陶卓, 黄卫东, 闻超群, 2021:《数据要素市场化配置典型模式的经验启示与未来展望》,《经济体制改革》第 4 期.

田杰棠, 刘露瑶, 2020:《交易模式、权利界定与数据要素市场培育》,《改革》第 7 期.

万秀斌, 汪志球, 黄娴, 等, 2015-03-05:《大数据产业发展的贵州路径》,《人民日报》第 19 版.

王艾敏, 2009:《集中度、效率与绩效的实证分析: 基于一种理论假说在中国饲料行业的验证》,《经济经纬》第 4 期.

王福涛, 郝雄磊, 袁永, 2022:《数字商业生态系统特征: 数据控制和数据协调模式比较》,《南方经济》第 2 期.

王皓, 2013:《合资模式对市场势力来源的影响: 以中国轿车行业为例》,《金融研究》第 8 期.

王继东, 杨蕙馨, 2016:《中国汽车制造业市场结构与绩效关系》,《经济与管理研究》第 37 卷.

王建伯, 2016:《数据资产价值评价方法研究》,《时代金融》第 12 期.

王健, 钟俊娟, 2013:《我国物流业市场结构与绩效的关系研究: 基于物流上市公司数据的实证检验》,《东南学术》第 3 期.

王珅, 2021:《数据交易场所的机制构建与法律保障: 以数据要素市场化配置为中心》,《江汉论坛》第 9 期.

王进江, 2021:《数据资产收益和期限量化及其折现率确定方法》,《中国资产评估》第 9 期.

王静, 王娟, 2019:《互联网金融企业数据资产价值评估: 基于 B-S 理论模型的研究》,《技术经济与管理研究》第 7 期.

王玲, 2021:《证券公司数据治理模式和路径研究》,《清华金融评论》第 3 期.

王谦, 付晓东, 2021:《数据要素赋能经济增长机制探究》,《上海经济研究》第 4 期.

王青兰, 王喆, 2023:《数据交易动态合规: 理论框架、范式创新与实践探索》,《改革》第 8 期.

王庆德, 乔夫, 2023:《数据要素交易市场建设的制度创新与实践》,《价格理论与实践》第 7 期.

王颂吉, 李怡璇, 高伊凡, 2020:《数据要素的产权界定与收入分配机制》,《福建论坛 (人文社会科学版)》第 12 期.

王伟玲, 2023:《中国数据要素市场体系总体框架和发展路径研究》,《电子政务》第 7 期.

王卫, 张梦君, 王晶, 2020:《数据交易与数据保护的均衡问题研究》,《图书馆》第 2 期.

王笑笑, 郝红军, 张树臣, 等, 2019:《基于模糊神经网络的大数据价值评估研究》,《科技与管理》第 21 卷.

王治, 李馨岚, 2021:《互联网企业价值评估模型比较研究》,《财经理论与实践》第 42 卷.

王忠, 2015:《大数据时代个人数据交易许可机制研究》,《理论月刊》第 6 期.

魏晓菁, 陈峰, 董媛媛, 2015:《数据资产可信度评估模型研究》,《计算机应用》第 35 卷.

邬贺铨, 2013:《大数据时代的机遇与挑战》,《求是》第 4 期.

吴江, 马小宁, 邹丹, 等, 2021:《基于 AHP-FCE 的铁路数据资产价值评估方法》,《铁道运输与经济》第 43 期.

吴玉烁, 2019:《基于收益法的软件类企业价值评估选择》,《财会通讯》第 20 期.

相羽帆, 宋良荣, 2023:《基于多期超额收益模型的数据资产估值研究: 以美的集团为例》,《财会研究》第 10 期.

肖潇, 2022:《数字时代电子商务数据流通: 合规方案、法律模式与规范路径》,《中国流通经济》第 36 卷.

谢波峰, 朱扬勇, 2020:《数据财政框架和实现路径探索》,《财政研究》第 7 期.

谢卫红, 樊炳东, 董策, 2018:《国内外大数据产业发展比较分析》,《现代情报》第 38 卷.

辛勇飞, 2023:《中国数据治理规则体系构建: 现状、挑战与展望》,《人民论坛·学术前沿》第 6 期.

熊鸿儒, 田杰棠, 2021:《突出重围: 数据跨境流动规则的"中国方案"》,《人民论坛·学术前沿》第 17 期.

熊巧琴, 汤珂, 2021:《数据要素的界权、交易和定价研究进展》,《经济学动态》第 2 期.

胥子灵, 刘春学, 白彧颖, 2022:《多期超额收益法评估数据资产价值: 以 M 通信企业为例》,《中国资产评估》第 3 期.

徐齐利, 2017:《互联网平台电商企业的垄断势力与结构: 对百度搜索平台客户集中度的测算》,《当代财经》第 3 期.

徐翔, 厉克奥博, 田晓轩, 2021:《数据生产要素研究进展》,《经济学动态》第 4 期.

许娟, 黎浩田, 2023:《企业数据产权与个人信息权利的再平衡: 结合"数据二十条"的解读》,《上海大学学报(社会科学版)》第 40 卷.

严鹏, 史一翔, 方劲平, 2023:《我国数据要素资产化价值评估研究: 基于机器学习的探索性分析》,《价格理论与实践》第 10 期.

杨东, 高清纯, 2023:《加快建设全国统一大市场背景下数据交易平台规制研究》,《法治研究》, https://doi.org/10.16224/j.cnki.cn33-1343/d.20230224.002[2024-11-27].

杨艳, 王理, 廖祖君, 2021:《数据要素市场化配置与区域经济发展: 基于数据交易平台的视角》,《社会科学研究》第 6 期.

杨毅, 2021:《数据权属与合规交易研究》,《武汉金融》第 5 期.

姚秦, 2003:《中国证券业市场结构与绩效实证研究》,《证券市场导报》第 2 期.

叶田阳, 常志有, 2021:《数字经济竞争力对国家进出口贸易影响研究: 基于 50 国面板数据》,《经济视角》第 40 卷.

尹传儒, 金涛, 张鹏, 等, 2021:《数据资产价值评估与定价: 研究综述和展望》,《大数据》第7卷.

于立, 王建林, 2020: 《生产要素理论新论: 兼论数据要素的共性和特性》, 《经济与管理研究》第41期.

于施洋, 王建冬, 郭巧敏, 2020: 《我国构建数据新型要素市场体系面临的挑战与对策》, 《电子政务》第3卷.

余静文, 惠天宇, 矫欣蕊, 2021: 《银行业"松绑"与企业"走出去": 基于中国工业企业数据的分析》, 《统计研究》第38卷.

俞伯阳, 丛屹, 2021: 《数字经济、人力资本红利与产业结构高级化》, 《财经理论与实践》第42卷.

袁宁怿, 2010: 《中国商业银行的结构与绩效: 基于市场力量假说与效率结构假说的实证分析》, 济南, 山东大学.

袁绍波, 2012: 《我国银行业市场势力与效率》, 成都, 西南财经大学.

曾雪云, 杜晟, 2023: 《企业自有数据资产的分类与估值方法探究: 基于光大银行数据资产估值实践》, 《财务与会计》第19期.

翟丽丽, 王佳妮, 2016: 《移动云计算联盟数据资产价值评估方法研究》, 《情报杂志》第35卷.

翟永会, 2014: 《市场结构、获利能力与证券公司效率》, 《财经理论与实践》第35卷.

张宝山, 2023: 《数据确权的中国方案: 要素市场语境下分类分级产权制度研究》, 《北方法学》第17卷.

[美国] 张伯仑, 1958: 《垄断竞争理论》, 郭家麟, 译, 北京, 三联出版社, 第58页.

张帆, 李春光, 2022: 《数据流通交易平台的全生命周期治理路径研究》, 《学习与实践》第5期.

张俊瑞, 董雯君, 危雁麟, 2023: 《商务大数据分析: 交易性数据资产估值方法研究》, 《情报杂志》第42卷.

张丽芳, 张清辨, 2006: 《网络经济与市场结构变迁: 新经济条件下垄断与竞争关系的检验分析》, 《财经研究》第5期.

张敏, 朱雪燕, 2018: 《我国大数据交易的立法思考》, 《学习与实践》第7期.

张树臣, 陈伟, 高长元, 2020: 《创新联盟大数据服务交易模式及动态定价模型研究》, 《情报杂志》第39卷.

张素华, 李雅男, 2018: 《数据保护的路径选择》, 《学术界》第7期.

张文妍, 李恩极, 李群, 2019: 《基于Rubinstein讨价还价博弈的农地流转价格研究》, 《数学的实践与认识》第49卷.

张小伟, 江东, 袁野, 2021: 《基于博弈论和拍卖的数据定价综述》, 《大数据》第7卷.

张晓玉, 2016: 《基于讨价还价博弈的大数据商品交易价格研究》, 鞍山, 辽宁科技大学.

张迎, 张志平, 梁冰, 2017: 《科学数据管理应用模式的研究》, 《情报工程》第3卷.

张咏梅, 穆文娟, 2015: 《大数据时代下金融数据资产的特征及价值分析》, 《财会研究》第8期.

张志刚, 杨栋枢, 吴红侠, 2015: 《数据资产价值评估模型研究与应用》, 《现代电子技术》第 38 卷.

赵栋祥, 陈烨, 张斌, 2017:《数据集市及其在交易中的价值》,《图书情报工作》第 61 卷.

赵放, 刘雨佳, 2021:《中国数字经济的联系强度、空间结构与发展策略》,《山西大学学报(哲学社会科学版)》第 44 卷.

赵需要, 郭义钊, 姬祥飞, 等, 2022:《政府开放数据生态链上数据要素价值分析及评估模型构建: 基于"数据势能"的方法》,《情报理论与实践》第 45 卷.

赵旭, 2011:《中国商业银行市场势力、效率及其福利效应》,《财经研究》第 37 卷.

赵艳, 倪渊, 2019:《数字平台内容资源价值评估指标体系研究》,《情报科学》第 37 卷.

赵艳, 王文举, 倪渊, 2022:《基于 GCA-RFR 模型的数字内容资源价值评估方法研究》,《统计与信息论坛》第 37 卷.

赵振洋, 陈金歌, 2018:《物流企业的无形资产评估研究: 以圆通为例》,《中国资产评估》第 7 期.

赵峥, 2017:《我国大数据服务业发展的路径、挑战与对策》,《科学与现代化》第 4 期.

中国信息通信研究院, 2019:《数据资产管理实践白皮书（4.0 版）》, 北京, 中国信息通信研究院.

周辉, 孙牧原, 2023:《我国的数据治理挑战及其应对》,《信息安全研究》第 9 卷.

周坤琳, 李悦, 2020:《论数据交易的征税理据》,《税收经济研究》第 25 卷.

周芹, 魏永长, 宋刚, 等, 2016:《数据资产对电商企业价值贡献案例研究》,《中国资产评估》第 1 期.

朱良杰, 何佳讯, 黄海洋, 2017:《数字世界的价值共创: 构念、主题与研究展望》,《经济管理》第 39 卷.

朱晓琴, 王宣童, 2023:《数字经济背景下数据资产评估研究述评与展望》,《财会月刊》第 44 卷.

朱扬勇, 叶雅珍, 2018:《从数据的属性看数据资产》,《大数据》第 4 卷.

祝金甫, 张兆鹏, 朱庆展, 等, 2021:《文化视频产业内容价值的量化评估研究》,《中国软科学》第 1 期.

邹传伟, 2021:《数据要素市场的组织形式和估值框架》,《大数据》第 7 卷.

邹贵林, 陈雯, 吴良峥, 等, 2022:《电网数据资产定价方法研究: 基于两阶段修正成本法的分析》,《价格理论与实践》第 3 期.

Acquisti, A. et al, 2016: "The economics of privacy", Journal of Economic Literature, June.

Admati, A R. et al, 1986: "A monopolistic market for information", Journal of Economic Theory, August.

Admati, A R. Pfleiderer, P, 1990: "Direct and indirect sale of information", Econometrica: Journal of the Econometric Society, July.

Agarwal, A. et al, 2019: "A marketplace for data: an algorithmic solution", Phoenix, The

2019 ACM Conference on Economics and Computation: 701-726.

Akcigit, U. Liu, Q, 2016: "The role of information in innovation and competition", Journal of the European Economic Association, August.

Bai, J. et al, 2016: "Have financial markets become more informative?", Journal of Financial Economics, December.

Bajari, P. et al, 2019: "The impact of big data on firm performance: an empirical investigation", AEA Papers and Proceedings, May.

Bergemann, D. Bonatti, A, 2019: "Markets for information: an introduction", Annual Review of Economics, August.

Bergemann, D. et al, 2018: "The design and price of information", American Economic Review, January.

Berger, A N, 1995: "The profit-structure relationship in banking: tests of market-power and efficient-structure hypotheses", Journal of Money, Credit and Banking, May.

Berger, A N. Humphrey, D, 1997: "Efficiency of financial institutions: international survey and directions for future research", European Journal of Operational Research, April.

Brynjolfsson, E. et al, 2011: "Strength in numbers: how does data-driven decision-making affect firm performance?", https://ide.mit.edu/sites/default/files/publications/2011.12_Brynjolfsson_Hitt_Kim_Strength%20in%20Numbers_302.pdf[2024-11-27].

Brynjolfsson, E. et al, 2019a: "GDP-B: accounting for the value of new and free goods in the digital economy", National Bureau of Economic Research, March.

Brynjolfsson, E. et al, 2019b: "How should we measure the digital economy", Harvard Business Review, Noviembre.

Brynjolfsson, E. et al, 2019c: "Using massive online choice experiments to measure changes in well-being", Proceedings of the National Academy of Sciences of the United States of America, April.

Chawla, S. et al, 2019: "Revenue maximization for query pricing", Proceedings of the VLDB Endowment, September.

Che, Y K. et al, 2017: "An experimental study of sponsored-search auctions", Games and Economic Behavior, March.

Choi, J P. et al, 2019: "Privacy and personal data collection with information externalities", Journal of Public Economics, May.

Farboodi, M. Veldkamp, L, 2020: "Long-run growth of financial data technology", American Economic Review, August.

Faulhaber, G R. et al, 2000: "The market structure of broadband telecommunications", The Journal of Industrial Economics, September.

Gargano, M L. Raggad, B G, 1999: "Data mining-a powerful information creating tool", Oclc Systems &Services, June.

Ghosh, A. et al, 2015: "Selling privacy at auction", Games and Economic Behavior, May.

Horton, F W, Jr, 1981: "Information resources management(IRM): where did it come from and where is it going", Washington, The ACM'81 Conference: 277-278.

Humphrey, D B, 1990: "Why do estimates of bank scale economies differ?", Economic Quarterly, Federal Reserve Bank of Richmond, September.

Jones, C I. Tonetti, C, 2020: "Nonrivalry and the economics of data", American Economic Review, April.

Jorgenson, D W. Vu, K M. et al, 2016: "The ICT revolution, world economic growth, and policy issues", Telecommunications Policy, May.

Jung, K. Park, S, 2019: "Privacy bargaining with fairness: privacy-price negotiation system for applying differential privacy in data market environments", Los Angeles, 2019 IEEE International Conference on Big Data: 1389-1394.

Kaback, S M, 1977: "A user's experience with the Derwent patent files", Journal of Chemical Information and Computer Sciences, August.

Koh, D. et al, 2020: "Labor share decline and intellectual property products capital", Econometrica, November.

Koutris, P. et al, 2015: "Query-based data pricing", Journal of ACM, October.

Kshetri, N, 2014: "Big data's impact on privacy, security and consumer welfare", Telecommunications Policy, December.

Kubina, M. et al, 2015: "Use of big data for competitive advantage of company", Procedia Economics and Finance, October.

Leibenstein H.1966: Allocative efficiency vs. X-efficiency. American Economic Review, 56: 392-415.

Li, X J. et al, 2017: "A first look at information entropy-based data pricing", Atlanta, 2017 IEEE 37th International Conference on Distributed Computing Systems: 2053-2060.

Liu, K. et al, 2019: "Optimal pricing mechanism for data market in blockchain-enhanced Internet of Things", IEEE Internet of Things Journal, December.

Muthoo, A, 1999: "Bargaining Theory with Applications", Cambridge, Cambridge University Press: 86.

Myers, S C, 1977: "Determinants of corporate borrowing", Journal of Financial Economics, November.

Pei, J, 2022: "A survey on data pricing: from economics to data science", IEEE Transactions on Knowledge and Data Engineering, October.

Peterson, R E, 1974: "A cross section study of the demand for money: the United States, 1960-1962", The Journal of Finance, March.

Roderick, L, 2014: "Discipline and power in the digital age: the case of the US consumer data broker industry", Critical Sociology, January.

Shen, Y C. et al, 2016: "A pricing model for big personal data", Tsinghua Science and Technology, October.

Sheperd, W G, 1986: "The Economics of Industrial Organization", Upper Sudbury, Prentice Hall Inc: 56-58.

Smirlock, M L, 1985: "Evidence on the (non) relationship between concentration and profitability in banking", Journal of Money, Credit and Banking, February.

Smirlock, M. et al, 1984: "Tobin's q and the structure-performance relationship: reply", The American Economic Review, December.

Varian, H R, 2014: "Beyond big data", Business Economics, March.

Veldkamp, L. Chung C, et al, 2024: "Data and the aggregate economy", Journal of Economic Literature, June.

Xu, C Z. et al, 2020: "Data pricing for blockchain-based car sharing: a Stackelberg game approach", Taipei, GLOBECOM 2020-2020 IEEE Global Communications Conference: 1-5.

Yakel, E, 2004: "Digital assets for the next millennium", OCLC Systems & Services: International Digital Library Perspectives, September.

附　　录

附表 1　第七章样本企业名录

行业	企业名称
通信技术服务	中电科普天科技股份有限公司
	润建股份有限公司
	梦网云科技集团股份有限公司
	中国卫通集团有限公司
	中嘉博创信息技术股份有限公司
	宜通世纪科技股份有限公司
	创意信息技术股份有限公司
	超讯通信股份有限公司
	杭州华星创业通信技术股份有限公司
	杭州纵横通信股份有限公司
	珠海世纪鼎利科技股份有限公司
	深圳震有科技股份有限公司
	吉林吉大通信设计院股份有限公司
	国脉科技股份有限公司
	杭州初灵信息技术股份有限公司
电信增值服务	鹏博士电信传媒集团股份有限公司
	杭州平治信息技术股份有限公司
	中信国安信息产业股份有限公司
	无锡线上线下通讯信息技术股份有限公司
	二六三网络通信股份有限公司
	南凌科技股份有限公司
	恒信东方文化股份有限公司
	北京北纬通信科技股份有限公司

续表

行业	企业名称
信息技术服务	中国铁路通信信号股份有限公司
	神州数码信息服务集团股份有限公司
	石家庄常山北明科技股份有限公司
	北京千方科技股份有限公司
	太极计算机股份有限公司
	上海华东电脑股份有限公司
	中国软件与技术服务股份有限公司
	国网信息通信股份有限公司
	有棵树科技股份有限公司
	北京先进数通信息技术股份公司
互联网相关服务	上海钢联电子商务股份有限公司
	北京国联视讯信息技术股份有限公司
	三六零安全科技股份有限公司
	智度科技股份有限公司
	北京光环新网科技股份有限公司
	天融信科技集团股份有限公司
	网宿科技股份有限公司
	云赛智联股份有限公司
	号百控股股份有限公司
	厦门吉宏科技股份有限公司

附表2　第七章企业2016~2020年交易额原始数据（每个行业前10名）

行业	供应商	客户	交易额/万元
通信技术服务	国脉科技股份有限公司	宁德市城建教育投资有限公司	17 483 346
	中电科普天科技股份有限公司	江西省药品检验检测研究院	942 000
	珠海世纪鼎利科技股份有限公司	广西省河池市公安局	785 000
	广州杰赛科技股份有限公司	广东省水电集团有限公司	688 800
	润建股份有限公司	辛亥革命纪念馆	234 612
	广西展飞劳务有限公司	润建股份有限公司	99 738.31
	润建股份有限公司	中国移动通信集团公司	96 539.54
	润建股份有限公司	广西溥天建筑劳务有限公司	64 376.73
	超讯通信股份有限公司	中国移动通信集团有限公司	64 320.89
	超讯通信股份有限公司	中国移动通信集团有限公司	57 974.43

续表

行业	供应商	客户	交易额/万元
电信增值服务	北京格林伟迪科技股份有限公司	鹏博士电信传媒集团股份有限公司	17 771.81
	恒信东方文化股份有限公司	澳投（横琴）健康旅游有限公司	9 798.21
	优刻得科技股份有限公司	鹏博士电信传媒集团股份有限公司	7 472.87
	中国移动通信集团江苏有限公司无锡分公司	无锡线上线下通讯信息技术股份有限公司	5 853.01
	上海尔坤通信科技有限公司	无锡线上线下通讯信息技术股份有限公司	5 819.47
	武汉石呈运益建筑工程有限公司	恒信东方文化股份有限公司	5 270.64
	中国移动通信集团河北有限公司石家庄分公司	无锡线上线下通讯信息技术股份有限公司	4 540.63
	恒信东方文化股份有限公司	北京龙步视觉文化产业有限公司	4 277.36
	恒信东方文化股份有限公司	江苏赛博宇华科技有限公司	3 753.89
	北京北纬通信科技股份有限公司	北京易橙天下科技有限公司	3 480.61
信息技术服务	中国铁路通信信号股份有限公司	中国国家铁路集团有限公司	1 188 552.26
	中国铁路通信信号股份有限公司	中国国家铁路集团有限公司	1 167 887.09
	中国铁路通信信号股份有限公司	中国铁路工程集团有限公司	282 900.28
	中国铁路通信信号股份有限公司	天水市住房和城乡建设局	244 626.00
	石家庄常山北明科技股份有限公司	华为技术有限公司	202 180.55
	中国铁路通信信号股份有限公司	中国铁道建筑集团有限公司	191 268.29
	北京全国棉花交易市场集团有限公司	石家庄常山北明科技股份有限公司	181 355.67
	中国铁路工程集团有限公司	中国铁路通信信号股份有限公司	149 127.03
	中国铁路通信信号股份有限公司	鲁南高速铁路有限公司	132 221.58
	石家庄常山北明科技股份有限公司	天津纺织集团（控股）有限公司	127 209.89
互联网相关服务	网宿科技股份有限公司	中央人民广播电台	2 880 000
	杭州老板电器股份有限公司	三六零安全科技股份有限公司	207 783.17
	上海钢联电子商务股份有限公司	山西建龙实业有限公司	191 941.92
	上海钢联电子商务股份有限公司	天津物产九江国际贸易有限公司	132 227.98
	天津物产九江国际贸易有限公司	上海钢联电子商务股份有限公司	132 227.98
	上海钢联电子商务股份有限公司	上海宝源钢国际贸易有限公司	126 850.87
	上海钢联电子商务股份有限公司	天津天盛翔新能源科技集团有限公司	119 139.92
	天津天盛翔新能源科技集团有限公司	上海钢联电子商务股份有限公司	119 139.92
	上海钢联电子商务股份有限公司	盐城市物资集团有限公司	117 951.51
	盐城市物资集团有限公司	上海钢联电子商务股份有限公司	117 951.51

附表3 第九章部分互联网企业名录及相关指标一览表

证券代码	证券简称	ROA	MS	CONC	XEFF	SEFF	EFF
000503.SZ	国新健康	0.293 04	0.083 81	0.035 19	0.161 44	0.265 57	0.042 87
000997.SZ	新大陆	0.013 10	0.049 92	0.035 19	0.060 00	0.982 90	0.058 97
002095.SZ	生意宝	0.043 68	0.043 82	0.035 19	0.134 12	0.248 09	0.033 27
002131.SZ	利欧股份	0.021 38	0.039 93	0.035 19	0.309 38	0.759 91	0.235 10
002168.SZ	惠程	0.041 80	0.034 27	0.035 19	0.220 99	0.797 70	0.176 28
002174.SZ	游族网络	0.012 71	0.033 94	0.035 19	0.015 72	0.094 82	0.001 49
002235.SZ	安妮股份	0.098 54	0.029 42	0.035 19	0.479 38	0.292 66	0.140 30
002306.SZ	中科云网	0.002 17	0.023 98	0.035 19	1.000 00	1.000 00	1.000 00
002315.SZ	焦点科技	0.219 74	0.023 77	0.035 19	0.111 82	0.998 91	0.111 70
002316.SZ	亚联	0.079 13	0.023 23	0.035 19	0.111 48	0.368 91	0.041 13
002354.SZ	天娱数科	0.038 81	0.022 60	0.035 19	0.097 90	0.076 07	0.007 45
002425.SZ	凯文	0.106 14	0.019 66	0.035 19	0.082 99	0.147 25	0.012 22
002517.SZ	恺英网络	0.086 02	0.017 63	0.035 19	0.072 41	0.669 61	0.048 48
002530.SZ	金财互联	0.043 34	0.017 31	0.035 19	0.287 01	0.835 04	0.239 67
002558.SZ	巨人网络	−0.095 54	0.016 38	0.035 19	0.024 62	0.061 04	0.001 50
002605.SZ	姚记科技	−0.176 23	0.016 22	0.035 19	0.087 12	0.941 74	0.082 04
002624.SZ	完美世界	−0.333 56	0.015 16	0.035 19	0.009 46	0.292 61	0.002 77
002803.SZ	吉宏股份	0.424 90	0.014 77	0.035 19	0.627 16	0.849 59	0.532 83
300031.SZ	宝通科技	0.100 19	0.011 95	0.035 19	0.159 55	0.914 52	0.145 91
300043.SZ	星辉娱乐	0.022 96	0.011 53	0.035 19	0.315 52	0.984 42	0.310 61
300052.SZ	中青宝	0.120 47	0.011 11	0.035 19	0.266 27	0.075 00	0.019 97
300113.SZ	顺网科技	0.103 61	0.009 74	0.035 19	0.052 81	0.237 29	0.012 53
300148.SZ	天舟文化	0.051 19	0.009 64	0.035 19	0.049 61	0.098 36	0.004 88
300226.SZ	上海钢联	−0.061 67	0.008 50	0.035 19	0.074 88	0.523 96	0.039 23
300242.SZ	佳云科技	0.061 75	0.008 30	0.035 19	0.638 53	0.144 25	0.092 11
300315.SZ	掌趣科技	0.056 87	0.007 13	0.035 19	0.038 86	0.422 64	0.016 43
300392.SZ	腾信股份	−0.321 38	0.005 45	0.035 19	0.499 19	0.120 86	0.060 33
300418.SZ	昆仑万维	−0.285 39	0.005 43	0.035 19	1.000 00	0.929 10	0.929 10
300459.SZ	汤姆猫	0.180 92	0.005 35	0.035 19	0.056 78	0.988 85	0.056 14
300467.SZ	迅游科技	−0.308 37	0.005 24	0.035 19	0.194 96	0.775 64	0.151 22
300494.SZ	盛天网络	0.080 30	0.005 06	0.035 19	0.099 41	0.126 21	0.012 55
300571.SZ	平治信息	−0.014 03	0.004 52	0.035 19	0.624 12	0.980 19	0.611 76

续表

证券代码	证券简称	ROA	MS	CONC	XEFF	SEFF	EFF
300766.SZ	每日互动	0.007 65	0.003 64	0.035 19	0.114 45	0.836 69	0.095 76
300773.SZ	拉卡拉	0.087 36	0.003 56	0.035 19	0.069 85	0.442 09	0.030 88
300785.SZ	值得买	0.006 67	0.003 45	0.035 19	0.082 62	0.182 57	0.015 08
300792.SZ	壹网壹创	0.016 38	0.003 45	0.035 19	0.280 23	0.138 54	0.038 82
600070.SH	富润	0.152 98	0.003 08	0.035 19	0.522 73	0.985 93	0.515 37
600358.SH	国旅联合	0.037 52	0.002 82	0.035 19	1.000 00	0.892 10	0.892 10
600556.SH	天下秀	0.130 74	0.002 67	0.035 19	0.117 68	0.329 14	0.038 73
600633.SH	浙数文化	0.027 51	0.002 62	0.035 19	0.017 66	0.790 33	0.013 95
600640.SH	国脉文化	−0.072 55	0.002 47	0.035 19	0.049 35	0.523 89	0.025 85
600804.SH	鹏博	0.102 72	0.002 31	0.035 19	0.040 49	0.322 20	0.013 05
600986.SH	浙文互联	0.049 11	0.002 08	0.035 19	0.115 05	0.238 70	0.027 46
603000.SH	人民网	0.025 26	0.002 03	0.035 19	0.100 07	0.880 27	0.088 09
603444.SH	吉比特	0.010 76	0.001 84	0.035 19	0.077 04	0.091 35	0.007 04
603533.SH	掌阅科技	−0.322 08	0.001 80	0.035 19	0.949 99	0.924 96	0.878 71
603613.SH	国联股份	0.069 43	0.001 77	0.035 19	0.154 69	0.138 43	0.021 41
603825.SH	华扬联众	0.066 33	0.001 69	0.035 19	0.053 15	0.082 46	0.004 38
603881.SH	数据港	0.036 78	0.001 66	0.035 19	0.866 73	0.880 78	0.763 40
603888.SH	新华网	0.081 32	0.001 62	0.035 19	0.123 50	0.602 70	0.074 43

注：SZ 表示深圳证券交易所上市，SH 表示上海证券交易所上市

附表 4　第九章部分软件产品企业名录及相关指标一览表

证券代码	证券简称	ROA	MS	CONC	XEFF	SEFF	EFF
000409.SZ	云鼎科技	0.079 97	0.093 87	0.147 73	0.665 46	0.994 10	0.661 53
000555.SZ	神州信息	0.079 16	0.081 97	0.147 73	0.022 55	0.778 21	0.017 55
000682.SZ	东方电子	0.040 90	0.058 46	0.147 73	0.129 38	0.977 74	0.126 50
002065.SZ	东华软件	0.031 39	0.050 03	0.147 73	0.030 30	0.834 18	0.025 28
002148.SZ	北纬科技	0.060 92	0.038 36	0.147 73	1.000 00	1.000 00	1.000 00
002609.SZ	捷顺科技	0.112 88	0.016 31	0.147 73	0.196 47	0.996 34	0.195 75
002642.SZ	荣联科技	0.049 29	0.015 35	0.147 73	0.117 04	0.392 72	0.045 97
002771.SZ	真视通	0.272 95	0.015 00	0.147 73	0.258 98	0.064 01	0.016 58
300036.SZ	超图软件	0.041 16	0.011 84	0.147 73	0.025 95	0.353 26	0.009 17
300047.SZ	天源迪科	0.074 36	0.011 49	0.147 73	0.030 42	0.695 79	0.021 17

续表

证券代码	证券简称	ROA	MS	CONC	XEFF	SEFF	EFF
300170.SZ	汉得信息	0.042 34	0.009 03	0.147 73	0.016 62	0.167 07	0.002 78
300231.SZ	银信科技	0.112 29	0.008 48	0.147 73	0.122 50	0.099 99	0.012 25
300245.SZ	天玑科技	0.056 36	0.008 32	0.147 73	0.150 62	0.450 27	0.067 82
300264.SZ	佳创视讯	0.098 90	0.008 11	0.147 73	0.384 33	0.492 01	0.189 09
300271.SZ	华宇软件	0.031 34	0.008 09	0.147 73	0.017 48	0.421 58	0.007 37
300277.SZ	海联讯	0.032 16	0.007 75	0.147 73	1.000 00	0.424 94	0.424 94
300299.SZ	富春股份	0.054 52	0.007 50	0.147 73	0.228 33	0.711 59	0.162 48
300330.SZ	华虹计通	0.113 06	0.007 16	0.147 73	0.446 17	0.376 30	0.167 89
300333.SZ	兆日科技	0.201 06	0.007 10	0.147 73	0.092 48	0.287 00	0.026 54
300352.SZ	北信源	0.090 76	0.006 22	0.147 73	0.359 90	0.999 68	0.359 79
300365.SZ	恒华科技	0.063 06	0.006 21	0.147 73	0.119 05	0.714 24	0.085 03
300377.SZ	赢时胜	0.050 41	0.005 88	0.147 73	0.200 46	0.815 37	0.163 45
300378.SZ	鼎捷数智	0.034 40	0.005 75	0.147 73	0.025 61	0.132 43	0.003 39
300380.SZ	安硕信息	0.036 16	0.005 71	0.147 73	0.202 83	0.500 44	0.101 50
300451.SZ	创业慧康	0.120 75	0.005 46	0.147 73	0.062 79	0.993 01	0.062 35
300465.SZ	高伟达	0.136 26	0.005 34	0.147 73	0.099 64	0.109 47	0.010 91
300468.SZ	四方精创	0.124 52	0.005 31	0.147 73	0.052 20	0.309 59	0.016 16
300496.SZ	中科创达	0.061 95	0.005 13	0.147 73	0.066 00	0.994 16	0.065 61
300508.SZ	维宏股份	0.120 53	0.005 12	0.147 73	0.220 08	1.000 00	0.220 08
300520.SZ	科大国创	0.104 28	0.004 98	0.147 73	0.071 94	0.804 22	0.057 86
300523.SZ	辰安科技	0.031 76	0.004 92	0.147 73	0.397 20	0.957 92	0.380 49
300525.SZ	博思软件	0.053 28	0.004 90	0.147 73	0.031 68	0.255 31	0.008 09
300542.SZ	新晨科技	0.057 27	0.004 79	0.147 73	0.090 93	0.324 85	0.029 54
300550.SZ	和仁科技	0.043 15	0.004 78	0.147 73	0.114 57	0.142 20	0.016 29
300561.SZ	汇金科技	0.069 19	0.004 60	0.147 73	0.980 60	0.920 45	0.902 59
300598.SZ	诚迈科技	0.053 86	0.004 34	0.147 73	0.066 41	0.170 19	0.011 30
300645.SZ	正元智慧	0.080 78	0.004 04	0.147 73	0.107 18	0.701 25	0.075 16
300674.SZ	宇信科技	0.059 21	0.003 86	0.147 73	0.046 84	0.192 73	0.009 03
300682.SZ	朗新集团	0.046 48	0.003 83	0.147 73	0.117 02	0.919 15	0.107 56
300687.SZ	赛意信息	0.073 30	0.003 80	0.147 73	0.111 90	0.654 84	0.073 28
600476.SH	湘邮科技	0.039 86	0.002 74	0.147 73	0.345 90	0.385 79	0.133 44
600570.SH	恒生电子	0.068 52	0.002 70	0.147 73	0.023 18	0.945 76	0.021 92

续表

证券代码	证券简称	ROA	MS	CONC	XEFF	SEFF	EFF
600588.SH	用友网络	0.022 52	0.002 69	0.147 73	0.041 01	0.942 02	0.038 63
600718.SH	东软集团	0.045 91	0.002 43	0.147 73	1.000 00	0.384 53	0.384 53
600756.SH	浪潮软件	0.038 00	0.002 39	0.147 73	0.044 58	0.473 65	0.021 12
600892.SH	大晟文化	0.079 02	0.002 13	0.147 73	0.904 87	0.151 00	0.136 64
603039.SH	泛微网络	0.065 59	0.002 00	0.147 73	0.048 94	0.257 32	0.012 59
603990.SH	麦迪科技	0.073 93	0.001 57	0.147 73	0.189 54	0.566 65	0.107 40
688066.SH	航天宏图	0.072 70	0.001 47	0.147 73	0.164 57	0.760 88	0.125 22
688188.SH	柏楚电子	0.043 72	0.001 19	0.147 73	0.621 77	0.927 29	0.576 56

附表5 第九章部分信息安全及服务企业名录及相关指标一览表

证券代码	证券简称	ROA	MS	CONC	XEFF	SEFF	EFF
000158.SZ	常山北明	0.084 48	0.114 06	0.051 45	0.032 80	0.999 59	0.032 78
000948.SZ	南天信息	0.111 77	0.028 20	0.051 45	0.029 02	0.625 82	0.018 16
002123.SZ	梦网科技	0.068 38	0.022 15	0.051 45	0.265 73	0.931 80	0.247 61
002230.SZ	科大讯飞	0.072 13	0.016 72	0.051 45	1.000 00	0.282 75	0.282 75
002232.SZ	启明信息	0.081 01	0.016 46	0.051 45	0.128 96	0.924 25	0.119 19
002298.SZ	中电鑫龙	0.068 93	0.013 31	0.051 45	0.240 28	0.811 77	0.195 06
002368.SZ	太极股份	0.148 73	0.012 36	0.051 45	0.011 18	0.702 71	0.007 85
002453.SZ	华软科技	0.104 57	0.010 03	0.051 45	1.000 00	1.000 00	1.000 00
002929.SZ	润建股份	0.100 38	0.007 81	0.051 45	0.098 84	0.901 70	0.089 13
002970.SZ	锐明技术	0.107 25	0.007 79	0.051 45	0.227 12	0.977 28	0.221 96
300017.SZ	网宿科技	0.185 33	0.006 79	0.051 45	0.255 49	0.842 54	0.215 26
300020.SZ	银江	0.090 47	0.006 71	0.051 45	0.423 56	0.954 19	0.404 16
300025.SZ	华星创业	0.115 47	0.006 70	0.051 45	0.341 31	0.865 18	0.295 29
300074.SZ	华平股份	0.071 25	0.005 95	0.051 45	0.225 30	0.149 82	0.033 75
300085.SZ	银之杰	0.111 51	0.005 77	0.051 45	0.381 86	0.950 85	0.363 09
300167.SZ	迪威	0.092 99	0.005 01	0.051 45	0.351 08	0.143 36	0.050 33
300168.SZ	万达信息	0.206 51	0.004 93	0.051 45	0.013 89	0.527 90	0.007 33
300183.SZ	东软载波	0.076 08	0.004 84	0.051 45	0.120 71	0.943 61	0.113 90
300188.SZ	国投智能	0.070 47	0.004 77	0.051 45	0.140 51	0.967 01	0.135 88
300212.SZ	易华录	0.109 87	0.004 77	0.051 45	0.351 38	0.829 92	0.291 62
300235.SZ	方直科技	0.065 65	0.004 57	0.051 45	0.312 77	0.223 96	0.070 05

续表

证券代码	证券简称	ROA	MS	CONC	XEFF	SEFF	EFF
300297.SZ	蓝盾退	0.105 13	0.004 10	0.051 45	0.054 65	0.629 90	0.034 42
300339.SZ	润和软件	0.067 48	0.003 75	0.051 45	0.065 88	0.996 52	0.065 65
300349.SZ	金卡智能	0.100 84	0.003 42	0.051 45	0.499 80	0.860 40	0.430 03
300350.SZ	华鹏飞	0.083 94	0.003 40	0.051 45	0.148 71	0.102 82	0.015 29
300359.SZ	全通教育	0.097 02	0.003 36	0.051 45	0.099 25	0.182 17	0.018 08
300386.SZ	飞天诚信	0.149 08	0.003 03	0.051 45	1.000 00	1.000 00	1.000 00
300493.SZ	润欣科技	0.112 30	0.002 83	0.051 45	1.000 00	1.000 00	1.000 00
300532.SZ	今天国际	0.121 28	0.002 64	0.051 45	0.354 68	0.910 28	0.322 86
300552.SZ	万集科技	0.074 11	0.002 54	0.051 45	0.688 84	0.985 37	0.678 76
300559.SZ	佳发教育	0.075 25	0.002 51	0.051 45	0.149 49	0.861 10	0.128 72
300578.SZ	会畅通讯	0.074 79	0.002 48	0.051 45	0.197 41	0.836 35	0.165 11
300603.SZ	立昂技术	0.080 51	0.002 33	0.051 45	0.230 02	0.906 97	0.208 62
300634.SZ	彩讯股份	0.065 70	0.002 26	0.051 45	0.061 67	0.597 12	0.036 83
300678.SZ	中科信息	0.131 67	0.002 08	0.051 45	0.627 58	0.880 28	0.552 45
300730.SZ	科创信息	0.087 37	0.002 02	0.051 45	0.152 37	0.574 85	0.087 59
300738.SZ	奥飞数据	0.122 47	0.002 02	0.051 45	0.109 16	0.928 86	0.101 39
300799.SZ	左江科技	0.148 69	0.001 87	0.051 45	0.343 59	0.949 13	0.326 11
300810.SZ	中科海讯	0.191 72	0.001 87	0.051 45	0.209 38	0.318 98	0.066 79
600131.SH	国网信通	0.124 60	0.001 68	0.051 45	0.214 35	0.962 81	0.206 38
600410.SH	华胜天成	0.085 62	0.001 51	0.051 45	0.070 91	0.953 19	0.067 59
600536.SH	中国软件	0.067 21	0.001 47	0.051 45	0.087 22	0.998 67	0.087 10
600728.SH	佳都科技	0.079 59	0.001 31	0.051 45	0.495 20	0.999 86	0.495 13
603220.SH	中贝通信	0.122 94	0.001 06	0.051 45	0.067 29	0.669 58	0.045 06
603322.SH	超讯通信	0.077 42	0.001 04	0.051 45	0.366 67	0.994 60	0.364 70
603887.SH	城地香江	0.101 15	0.000 91	0.051 45	0.284 36	0.899 37	0.255 74
688039.SH	当虹科技	0.138 21	0.000 83	0.051 45	0.497 27	0.966 35	0.480 53
688088.SH	虹软科技	0.116 04	0.000 78	0.051 45	0.079 29	0.309 44	0.024 54
688099.SH	晶晨股份	0.111 58	0.000 76	0.051 45	0.083 38	0.931 56	0.077 67
688368.SH	晶丰明源	0.121 50	0.000 59	0.051 45	0.291 46	0.790 52	0.230 41